3 1994 01471 3900

$25—

SANTA ANA PUBLIC LIBRARY

Coaching

PARA

DUMMIES®

D0796848

SANTA ANA PUBLIC LIBRARY

Jeni Mumford

Traducción
Isabel Corpas

Obra editada en colaboración con Centro Libros PAPF, S.L.U. – España

Titulo original en inglés: *Life Coaching For Dummies*
de Jeny Mumford

Edición publicada mediante acuerdo con Wiley Publishing, Inc.
© 2007, ...For Dummies y los logos de Wiley Publishing, Inc. son marcas
registradas utilizadas bajo licencia exclusiva de Wiley Publishing, Inc.

Traducción: Parramón Ediciones S.A. (sello Granica)

© 2010, Centro Libros PAPF, S.L.U.
Grupo Planeta
Avda. Diagonal, 662-664
08034 – Barcelona

Reservados todos los derechos

© 2011, Editorial Planeta Mexicana, S.A. de C.V.
Bajo el sello editorial CEAC M.R.
Avenida Presidente Masarik núm. 111, 2o. piso
Colonia Chapultepec Morales
C.P. 11570 México, D. F.
www.editorialplaneta.com.mx

Primera edición impresa en México: abril de 2011
ISBN: 978-607-07-0701-8

No se permite la reproducción total o parcial de este libro ni su incorporación
a un sistema informático, ni su transmisión en cualquier forma o por cualquier
medio, sea éste electrónico, mecánico, por fotocopia, por grabación u otros
métodos, sin el permiso previo y por escrito de los titulares del *copyright*.
La infracción de los derechos mencionados puede ser constitutiva de
delito contra la propiedad intelectual (Arts. 229 y siguientes de la Ley
Federal de Derechos de Autor y Arts. 424 y siguientes del Código Penal).

Impreso en los talleres de Litográfica Ingramex, S.A. de C.V.
Centeno núm. 162, colonia Granjas Esmeralda, México, D.F.
Impreso en México – *Printed in Mexico*

Sobre la autora

En su trabajo como coach, **Jeni Mumford** aplica las técnicas del coaching con individuos y en el entorno empresarial. Antes de tomar la decisión de convertirse en coach estuvo vinculada durante 16 años al grupo Hays en los departamentos de contratación y desarrollo de personal, ventas y gerencia de proyectos. Allí tuvo la oportunidad de enfrentarse a continuos retos al cambiar de cargo cada 18 meses aproximadamente. Con base en esta experiencia llegó a la conclusión de que uno siempre tendrá un jardín florecido donde quiera que esté, siempre y cuando lo cuide bien. Esta experiencia la inspiró a estimular a quienes la rodeaban para que buscaran y gozaran con la vida y el trabajo que soñaban.

La actividad desarrollada por la autora aplica las mejores prácticas del coaching junto con programación neurolingüística. La autora también cuenta con el título de formadora en Tetramap (un modelo holístico de comportamiento) y Goal Mapping (mapa de objetivos, una técnica que identifica y destaca el progreso hacia las metas). El trabajo con sus clientes cuenta con el valor añadido de su continua y asidua dedicación al aprendizaje. Sin embargo, ella reconoce que buena parte del mérito corresponde a sus gatos, de quienes ha tomado parte de su filosofía para asumir los altibajos de la vida.*

Uno de los aspectos que más aprecia la autora sobre su actividad como coach es todo lo que recibe de sus clientes. No tiene palabras para expresar su agradecimiento por el honor de verlos pasar de la frustración al empoderamiento; es suficiente para sentir deseos de escribir un libro sobre esa experiencia, dice.

Encontrará más información sobre la autora y su trabajo en www.reachforstarfish.com.

*Esta filosofía puede resumirse en jugar, meditar y, en caso de duda, tomarse una larga siesta al sol o en una cama muy cómoda.

Sobre el asesor

Philip Potdevin es coach profesional certificado por la International Coach Federation (ICF), ex presidente del Capítulo Región Andina y Centroamérica de la ICF y director ejecutivo de la Escuela de Formación Profesional en Coaching SER. Ejerce como coach ejecutivo en diversas empresas con sede en Colombia y colabora en algunas revistas especializadas en coaching. Ha publicado varios libros, entre ellos la novela *Metatrón* (premio nacional de novela 1994, Colombia) y *Lideré su propia carrera* (Planeta, 2003), con Patricia Afanador como coautora. Tiene en preparación el libro *SER Coach*.

Dedicatoria

Este libro no existiría sin el amor y el constante estímulo de mi esposo Brian, quien me ha respaldado en cada paso que he dado para encontrar mi propósito en la vida. Tu confianza en mí nunca decayó, ni siquiera cuando nuestros gatos me señalaban mis limitaciones. Este libro recoge mi amor por ti, y pienso que también por los gatos, quienes, en principio, no lo leerán.

Agradecimientos

Este libro es un estudio personal sobre el poder de la actividad del coaching. Me siento privilegiada de haber hecho realidad un sueño y de encontrar que uno no tiene que limitar sus deseos si se trata de aquello que realmente se propone.

Mi primera expresión de agradecimiento está dirigida al equipo editorial de Wiley. Rara vez se tiene el gusto de trabajar con personas tan profesionales, en todos los niveles. Muchas gracias a Rachel, mi perfecta editora, quien combina habilidad con inteligencia y cálida sensibilidad. Sam, quien me ayudó a saltar los primeros obstáculos con gracia y profesionalismo. A Charlotte, cuyo entusiasmo y energía pusieron con orgullo este libro en el mercado. Y a Romilla, mi modelo reverenciado, otro autor de la serie ...*para Dummies*, quien me dio la idea. Cuánto me alegro de que se presentara la circunstancia en la que nos encontramos.

La inspiración principal en mi trabajo es mi gente, y tengo la suerte de contar con muchas personas que me estimulan. Gracias de corazón a mamá, a mi familia y a mis amigos, que me han acompañado y aplaudido desde el principio.

Este libro es mejor gracias a la sabia retroalimentación de mi grupo de lectores, quienes hicieron la lectura previa de los capítulos, desarrollaron las actividades y respondieron un sinfín de preguntas necesarias para la investigación. Quiero dar especialmente las gracias a Ali, porque comprendiste el proceso creativo y, con ingenio y sabiduría, me impulsaste a superar los tropiezos del camino. Pam, Carolyn, Jos, Pennie, Roma, Debbie, Brian C., Liza, Sue, Doug, Paul S., todos y cada uno, de manera única, me ayudaron a poner al lector en primer plano, de manera que pudiera crear el mejor libro posible. También agradezco a mis asociados de *Unlimited Learning*, Carol, Margaret y Anne, que siempre me han proporcionado valiosa inspiración, diversión y risa. Tim, a ti te encontré tarde en mi camino como escritora y, como eres un coach maravilloso, me iluminaste para que pudiera ver con claridad hasta el último renglón. Gracias, compañero.

Finalmente, a todos aquellos que me han inspirado y guiado como coaches y a todos los clientes que me han enseñado tanto, gracias por compartir conmigo la magia práctica del coaching. Todos saben lo que significa y lo contenta que estoy de que juntos hayamos encontrado el libro de magia.

Tabla de contenido

· ·

Introducción

Hace algunos años dejé mi prestigioso y bien pagado puesto de trabajo para aventurarme en el riesgoso mundo de los trabajadores independientes y dedicarme al coaching. Muchos de mis más apreciados colegas de profesión me desearon suerte y me preguntaron qué iba a hacer exactamente. Les respondí que lo que realmente me interesaba era inspirar a las personas para que encontraran el equilibrio, la alegría y el sentido de la vida.

Con una mirada distante me respondieron que a ellos también les gustaría mucho dedicarse a eso, pero su atención volvió a centrarse en su escritorio lleno de papeles y en el insistente teléfono como si dijeran: "¿Y cómo hago para dejar mi trabajo?" Con una sonrisa respondieron al teléfono, e hicieron lo que sabían hacer. Esta actitud me pareció muy interesante, pues reflejaba exactamente los sentimientos con los que tuve que luchar durante tres largos años hasta que, finalmente, tomé la decisión. Empecé a trabajar con personas de entornos muy diversos y con distintas razones para acercarse al coaching. Me di cuenta de que todo cobra sentido cuando uno se toma el tiempo necesario para cuestionar las propias ideas y analizar la vida en lugar de simplemente verla como los demás piensan, o uno mismo, que debería ser. Empieza a sentirse más equilibrado, a disfrutar más y a encontrarle más sentido.

Utilizar el coaching es como emplear un motor de búsqueda muy eficiente como herramienta para encontrar lo que uno verdaderamente quiere. Nada mejor que el coaching para encontrar las claves que revelan el sentido de la vida. Por esa razón he escrito este libro, para que ustedes, como lectores, también tengan la posibilidad de utilizar el coaching.

Acerca de este libro

Este libro trata sobre cómo aplicar el coaching de manera personal para que la vida cobre mayor equilibrio, alegría y sentido. También puede servir como apoyo a las personas que ya están trabajando con un experto en coaching que las guíe. Los profesionales del coaching pueden sugerir este libro a sus clientes como una guía entre las sesiones. El lector también encontrará información que le permitirá utilizar sus habilidades de coaching para ayudar a otras personas.

Convenciones utilizadas

Respire con tranquilidad: este libro no utiliza un lenguaje especializado. Algunos libros sobre coaching pueden confundirlo. En éste, en cambio, se presenta la información de una manera práctica, de forma que usted pueda empezar a cambiar su vida. Al introducir un término nuevo, lo presento en letra *cursiva* y lo defino.

Las otras dos convenciones que utilizo en este libro son escribir las direcciones web en `tipografía especial` y los pasos numerados de un proceso con **negrita.**

Algunos supuestos

Supongo, y tal vez me equivoco, que algunos de los siguientes planteamientos podrían aplicarse a usted, lector o lectora:

✔ Conoce el término *coaching* y cree que en esta expresión etérea podría haber algo útil para usted.

✔ Se dirige a las estanterías de desarrollo personal, rendimiento óptimo o autoayuda en los puestos de libros y revistas y siempre intenta contestar las encuestas de personalidad y estilos de vida.

✔ Ya no quiere saber nada de los gurús que, en los distintos medios de comunicación, hablan de haber encontrado la clave de la satisfacción personal. Usted considera que sabe más que ellos (seguro que sabe más).

✔ Desea dar siempre lo mejor de sí pero a veces se siente frustrado porque le parece muy difícil.

✔ Busca inspiración y una guía práctica para completar el rompecabezas de su vida y no tiene tiempo para asistir a seminarios de motivación.

Este libro está dirigido a todos aquellos que tienen una vida y quieren vivirla de verdad.

Cómo está organizado este libro

El libro está dividido en cinco partes y cada una de ellas trata ampliamente un tema diferente.

Parte I: Aspectos básicos del coaching

En este capítulo se plantea qué es y qué no es el coaching. Usted descubrirá cómo funciona y gracias a él podrá decidir lo que espera del coaching y cómo prepararse para tener éxito.

Parte II: Recorrido personal

La parte II le permitirá revisar las creencias que pueden impulsarlo o detenerlo en el proceso del coaching. Encontrará cómo hacerse preguntas que le ayudarán en el recorrido del coaching. Los capítulos que conforman esta parte del libro lo estimulan para que establezca sus metas y una buena estrategia para completar su plan.

Parte III: Aspectos centrales de la vida

En esta parte el libro gira alrededor de los diferentes aspectos de su vida que posiblemente necesiten mayor atención:

- ✔ Profesión y trabajo.
- ✔ Dinero.
- ✔ Relaciones interpersonales.
- ✔ Salud y bienestar.
- ✔ Crecimiento personal.

Los capítulos que forman esta parte del libro plantean las opciones que tiene en los retos de la vida diaria dentro de estas áreas.

Parte IV: Creación de una vida armónica completa

Si se aferra a un solo aspecto de los muchos que componen el sistema, es posible que todo el sistema se desequilibre. En esta parte se considerará qué significa para usted el equilibrio y cuál es la mejor forma de encontrarlo.

También puede sopesar sin riesgos la decisión de hacer un cambio radical de vida.

Asimismo, podrá explorar cómo el coaching podría tener influencias más amplias en el mundo que lo rodea.

Parte V: La parte de los diez

Encontrará diez creencias básicas sobre usted que pueden ser la base de su progreso; diez preguntas importantes que debe hacerse para seguir creciendo; diez cosas para hacer todos los días que le ayudarán a mantener el equilibrio; diez recursos que debe tener a mano como inspiración.

Iconos empleados

Todos los libros ...*para Dummies* presentan iconos para llamar la atención de los lectores sobre párrafos particulares. En este libro encontrará los siguientes:

Se destacan actividades, unas divertidas, otras más serias, que le ayudarán en su recorrido de coaching. Búsquelas si es asiduo a los test de personalidad en las revistas.

He presenciado transformaciones sorprendentes como resultado del coaching. Este icono presenta lo que han hecho personas como usted y cómo lo han logrado. Esas experiencias pueden darle claves para trazar su camino.

Este icono llama su atención hacia un punto importante que debe tener en cuenta, con frecuencia algo que se planteó en otro capítulo. También lo utilizo cuando necesito asegurarme de que ha relacionado todos los conceptos, en el caso de que esté leyendo al azar los capítulos de este libro.

Cuando uno hace coaching, busca respuestas propias. El icono del trampolín le señala una página web, un recurso o una actividad más prolongada que puede llevarlo a un nivel de conocimiento o pensamiento más alto.

Este icono destaca consejos prácticos que le ayudarán en su recorrido en el coaching.

Y ahora, ¿qué?

"Todos somos únicos" gritaba la multitud en la comedia *La vida de Brian*, de Monty Python. Usted no tiene que vivir su vida ni leer este libro de la manera convencional. Puede desviarse, saltar de un lado a otro o detenerse para admirar el paisaje en el camino. Puede decidir empezar por el capítulo 1 y seguir los capítulos en orden, o empezar a leer por donde quiera.

Tal vez prefiera ir directamente a La parte de los diez para hacerse una idea de las creencias del coaching, o simplemente abra el libro en cualquier parte para ver qué encuentra. Y después de devorar el libro, puede visitar mi página web (`www.reachforstarfish.com`) en busca de recursos e información adicionales y de algunas curiosidades.

Éste es su libro, su elección, su vida; sáquele el mejor partido.

Parte I

Aspectos básicos del coaching

"ESTOY CANSADO DE SER EL HAZMERREÍR DE TODO EL MUNDO".

En esta parte...

Esta parte abarca desde el concepto del coaching hasta cómo aplicarlo con éxito. Las siguientes páginas se centran en cómo obtener lo mejor del recorrido que inicia.

Capítulo 1

Presentación del coaching

Corren muchos rumores acerca del coaching[1]. Las presentaciones en programas de televisión, revistas y columnas de los periódicos oscilan entre mostrarlo como algo que sirve de inspiración hasta convertirlo en el origen de ideas confusas e incluso peligrosas.

En el verdadero coaching no encontrará un gurú que le diga cómo debe vivir. Es probable que se sienta inclinado a recostarse en un "experto" que organice su vida y se encargue de remediar los defectos de su cuerpo y sus angustias emocionales. Sin embargo, estas soluciones con frecuencia no son duraderos si no se ha producido un verdadero cambio en su interior. El coaching le permite buscar un gurú en su interior, en cualquier momento y lugar, sin necesidad del apoyo de otra persona.

El presente capítulo muestra cómo puede funcionar la magia del coaching en usted y cómo le ayudará a controlar los cambios en su vida, no sólo ahora, sino también a lo largo del recorrido.

---

[1] En español se usarán los términos *coaching* y *coach*, en inglés, que ya forman parte de la disciplina presentada en este libro. *coaching* se refiere a la acción y *coach* es el profesional que lidera o guía el proceso. (N. del T.)

Breve definición del coaching

Ésta es mi definición de coaching:

> *Una conversación significativa que anima a crear la vida que uno quiere.*

Conversamos todo el tiempo (a no ser que seamos ermitaños y vivamos en una cueva). Nuestras conversaciones pueden ser blablablá, para pasar el rato y simplemente comunicarnos, o conversaciones significativas en las que se aclaran procesos de pensamiento, se resuelven problemas, se establecen acuerdos y compromisos. El coaching también utiliza el diálogo para impulsarnos en la dirección correcta. Cuando se mantiene una conversación significativa con el coach, ya sea un profesional preparado en ese campo o uno mismo haciendo las veces de coach, se pasa del blablablá al meollo de la cuestión. Se pueden, por ejemplo, considerar los siguientes temas:

✔ ¿Por qué actúa así?

✔ ¿Qué creencias sobre sí mismo le impiden actuar de otra forma?

✔ ¿Qué opciones tiene realmente?

✔ ¿Qué le conviene más para obtener los mejores resultados?

✔ ¿Cómo puede mantener esa motivación?

Las conversaciones o charlas del coaching renuevan, estimulan y preparan para la acción.

El coaching puede ayudarle a plantearse las preguntas que le permitirán encontrar las respuestas que necesita. Los autores de muchos libros afirman que pueden guiarlo en la búsqueda de la fórmula mágica de la felicidad, el éxito y la satisfacción. Este libro es ligeramente distinto: le da la clave de su propia fórmula mágica. Las respuestas no están "allí", usted ya las tiene todas, y el coaching le mostrará cómo y dónde encontrarlas.

Coaching no es...

En su forma más sencilla, el *coaching* es una técnica que emplea preguntas específicas que ayudan a encontrar respuestas personales. Sin embargo, coincide con muchos otros enfoques similares. La presente sección estudia las diferencias entre el coaching y algunas técnicas que se relacionan con él.

El coaching no es:

✔ **Una terapia.** La terapia generalmente parte de la premisa de que hay que remediar algo. Muchas terapias se basan principalmente en la acción presente y en mirar hacia el futuro; su objetivo es comprender qué ocurrió en el pasado que impida seguir adelante. Con el coaching la perspectiva se centra en el hecho de que el individuo, usted, tiene la fortaleza y la salud necesarias para enfrentarse a los retos que se le presenten.

✔ **Un mentor.** Trabajar con un *mentor* es una excelente forma de desarrollo personal. Uno cuenta con una persona que ha avanzado mucho en algún aspecto importante —habilidades, conocimientos, conciencia— y la toma como modelo. Un mentor comparte generosamente su sabiduría y uno decide si la acepta. También es posible que lo anime a buscar sus recursos más profundos, pero la función del mentor en la construcción de esta habilidad es informal.

Uno de los resultados que pueden obtenerse del coaching es la decisión de buscar un mentor a quien seguir. Puede tratarse de una persona con quien uno trabaja, que comparte el saber en un contexto laboral. Puede tratarse también de una persona que respetamos por su actitud frente a la vida, tal vez alguien muy hábil en establecer relaciones personales fuertes y positivas o que irradia tranquilidad y equilibrio. Se puede trabajar activamente bajo la guía de alguien o seguir el modelo de una persona que se enfrente con fortaleza a los desafíos de la vida, de manera que uno adapte el estilo propio al del mentor.

✔ **Aconsejar.** Un coach no aconseja. Puede analizar o proponer opciones, pero la función esencial del coaching es facilitar los procesos de pensamiento de otra persona. En este libro presento principios prácticos que funcionan como coaching porque ayudan a que hable su voz interior. Cuando uno es su propio coach, se escucha pero no se sermonea.

Un *coach no directivo* es aquel que evita intervenir, guiar y aconsejar. Cuando uno es coach de sí mismo debe permitirse encontrar soluciones propias, tranquila y objetivamente, basadas en lo que realmente quiere y necesita.

En el capítulo 2 se encuentran recomendaciones para elegir el coach profesional adecuado para cada persona, lo que constituye una buena forma de experimentar cómo es un coach no impositivo antes de intentar ser uno su propio coach.

Vivir la vida ideal

John Lennon escribió: "Vida es lo que ocurre cuando uno está haciendo otros planes". Seguro que muchas veces siente que está tan ocupado haciendo lo que tiene que hacer que no tiene tiempo para gozar del fruto de su trabajo, que simplemente "es".

La felicidad depende de mantener un delicado equilibrio:

✔ **Cumplir diariamente con sus tareas y funciones.** Estas tareas son las actividades que lo mantienen y permiten que su vida se desarrolle con normalidad, tanto si se trata de su trabajo, como de ir de compras o de fregar los platos. Otra categoría de función incluye las grandes cosas que puede lograr, como correr en una maratón o desarrollar una habilidad.

✔ **Tener aquello que disfruta.** Pueden ser posesiones materiales, como una casa, un automóvil de lujo o unos zapatos de marca. También pueden ser intangibles como seguridad, paz y amor.

✔ **Sentirse satisfecho y disfrutar con todo lo que hace y tiene.** Este "sentirse" implica saber quién es usted, la sensación de estar a gusto consigo mismo. A veces uno siente que es la persona adecuada y que se encuentra en el momento y el lugar correctos.

Cuando estos tres aspectos están en armonía, siente que la vida va bien.

El coaching no convierte la vida en un cúmulo de experiencias, a no ser que eso quiera usted. Le ayuda a encontrar esos dones únicos suyos, sus prioridades, y le ayuda a eliminar cualquier obstáculo que le impida ser, hacer o tener lo que quiere. El coaching le proporciona esa chispa de polvo mágico que puede transformar su vida en algo mejor que sus sueños más remotos, ya que esos sueños se basan en su realidad ideal.

Prepárese para el cambio

Probablemente tomó este libro de la estantería porque su vida le aburre. O tal vez tiene la esperanza de que en algún lugar le espera la posibilidad de sentirse feliz y satisfecho. Decididamente, usted ya está listo para el cambio; no quiere que su vida siga igual.

Piense: los resultados que obtenga del coaching dependen en gran parte de cómo está usted en términos de disponibilidad y actitud de cambio. Aunque considere que quiere un cambio, es posible que todavía no esté preparado para ello.

Muchos propósitos de Año Nuevo no se cumplen porque las metas establecidas no coinciden con el nivel de disponibilidad o preparación para el cambio de la persona que se los hace. Si no está convencido, no ha considerado bien las opciones o no ha preparado el terreno para la acción, su loable resolución de perder diez kilos, dejar de fumar o encontrar la pareja de sus sueños perderá impulso antes de que acabe enero. Si esto ocurre, no hay nada malo en usted, simplemente no se ha preparado lo suficiente para cumplir la promesa.

Es necesario que lleve a cabo los siguientes pasos para que cualquier cambio sea efectivo:

1. **Salga del Pantano de la Negación.** Si compró este libro, probablemente no esté negando que quiere cambiar. Con la ayuda del coaching es posible que descubra que se resiste obstinadamente al cambio en un determinado aspecto de su vida. La negación es una fase dura, especialmente porque cuesta reconocerla en uno mismo. Debe buscar las pistas en su comunicación con los demás. ¿Se pone a la defensiva cuando le dicen que fuma o bebe mucho, o que trabaja demasiado? Si es así, puede que tenga una actitud negativa y que no la modifique hasta que se dé cuenta de la necesidad de cambio. Este libro, en especial el capítulo 5, le ayudará a salir más rápidamente de ese estado de estancamiento.

2. **Observe desde la Meseta de la Contemplación.** Una vez que ha salido del Pantano de la Negación, no puede apresurarse a hacer cambios, aunque mucha gente lo hace si ha tenido un choque muy fuerte con el comportamiento o la actividad que debe cambiar. Usualmente hay que hacerse a la idea del cambio. Puede que empiece aceptando, para sus adentros, que es demasiado asiduo al trabajo, y se promete buscar tarde o temprano un equilibrio entre el trabajo y la vida. Escudriña las diferentes opciones y sopesa su deseo de cambio frente a

aquello que lo mantiene atado. La lectura de este libro puede ayudarle a avanzar por la Meseta de la Contemplación. En el capítulo 9 encontrará más apoyo para contemplar sus opciones.

3. **Organice el Maletín de la Preparación.** Considere su plan de acción. ¿Cómo puede hacer cambios en su vida? ¿Qué necesita? ¿Quién puede ayudarle? No debe detenerse mucho en esta etapa: tener muchos planes y actuar poco es igual que emprender muchas acciones con poca planeación, y ése no es el resultado que usted quiere alcanzar. Los preparativos deben ser los que usted requiere, ya sea sacar de su casa todas las tentaciones en forma de chocolate, si lo que busca es perder peso, o diseñar un proyecto excelente. En este punto el enfoque del coaching es muy valioso para que pueda asegurarse de tener los elementos necesarios para el cambio. En el capítulo 10 encontrará más sugerencias para preparar el cambio.

4. **Suba a la Montaña de la Acción.** Usted ya está preparado para empezar. Tiene el motor encendido y una fuerza incontenible lo impulsa. Ahora se da cuenta de los beneficios de haber pasado por las tres etapas anteriores, porque su fortaleza, voluntad y resolución aumentaron en cada una de ellas, acercándolo a su meta. A medida que avance, preste atención a lo que ocurre en el camino, y no se preocupe si resbala. Revise las partes III y IV para ver cómo las acciones que está emprendiendo afectan a las distintas partes de su vida.

5. **Reclame la Bandera de la Consolidación.** El cambio solamente puede afianzarse en la medida que logre mantenerlo con el paso del tiempo. Es posible que retroceda algunas veces a un paso anterior (por ejemplo, la contemplación), pero eso es normal en la consolidación. Considere esta recaída como parte del proceso a largo plazo por el que se van integrando los cambios en su vida. El coaching es una excelente forma de mantener y renovar la promesa de cambio, y no únicamente en los momentos en los que cumplirla no implica un gran esfuerzo.

Presente el pasaporte para el viaje de coaching

Ya tiene todo lo que necesita para iniciar el proceso de cambio en su vida. Los regalos o dones que puede encontrar en este recorrido de coaching son aquellos que usted ya posee, aunque es probable que no lo sepa. Son dones que pueden describirse así:

✔ Usted es único y nadie está tan bien dotado como usted para crear la vida que desea tener. Tenga en cuenta lo que necesita para vivir una vida plena.

Debe pensar primero en usted, sin ser egoísta, si quiere ser útil a los demás.

✔ Usted es infinitamente recursivo. Es capaz de lograr mucho más de lo que consigue normalmente. Permítase tomar el control de su vida y obtendrá mejores resultados.

✔ Usted es libre y tiene la posibilidad de escoger. Incluso cuando se siente limitado por las circunstancias, acepte la responsabilidad de su actitud frente a esas barreras. Puede confiar en su buen juicio y aprovechar aquello que le ayudará a elegir lo mejor.

El capítulo 19 puede brindarle más fuentes de inspiración.

Opte por el coaching para obtener resultados a largo plazo

Encontrará respuestas para el coaching en muchos lugares. Puede participar en una sesión en la que encuentre respuestas prácticas. Puede leer un libro que lo estimule. Puede conversar sobre el tema con un amigo que lo oriente. Estas opciones son muy efectivas, pero tienen desventajas. Para que alguna o todas funcionen, debe hacer dos cosas:

1. En primer lugar, debe hacer que estas opciones se conviertan en su fuente de inspiración, motivación y guía.

2. Debe comprometerse a llevar a cabo su plan de acción, incluso cuando sienta que flaquea su motivación.

Sea honesto. ¿Cuántas veces se ha propuesto hacer un cambio y, tarde o temprano, ha abandonado esa resolución o ha llegado a la conclusión de que el procedimiento que había escogido era demasiado estricto? El punto en el que su voluntad ha flaqueado es aquel donde los pasos del coaching fortalecen su resolución.

El coaching inspira, motiva y orienta, y además señala los pasos prácticos necesarios para avanzar. Después de una charla o actividad de coaching (ya sea con un profesional o consigo mismo) puede resultar con un plan de acción que le produzca entusiasmo y quiera

Breve historia del coaching

El coaching ha existido desde hace mucho tiempo. En *Los diálogos* de Platón, en la Grecia del siglo IV a.C., se encuentran muchos elementos que podemos considerar como coaching: retos, análisis de ideas, búsqueda de significado.

El coaching moderno debe mucho a los entrenadores (*coaches*) de los equipos deportivos en Estados Unidos. Pensemos en el entrenador de béisbol que anima a su equipo, lo aconseja y lo motiva.

En los últimos diez años se ha vuelto muy popular el coaching en las empresas. El *coach empresarial* funciona de una manera muy similar al coach deportivo: estimula el rendimiento y los resultados y desarrolla habilidades y talentos.

El coaching se ha popularizado tanto en el entorno empresarial como entre el público en general. Si usted también es directivo, es posible que pueda trasladar muchas de las ideas en este libro al ambiente de trabajo. En muchas organizaciones existe la conciencia de que, si el personal está contento, la productividad de la empresa es mayor. En algunas empresas los directivos tienen un coach que los apoya para conseguir la excelencia en el trabajo y también les ofrece una perspectiva completa de la vida en áreas como equilibrio trabajo/realización personal.

En mi página web (**www.reachforstarfish.com**) encuentra información sobre los diferentes tipos de coach profesional que hay, en caso de que decida trabajar con un profesional de esta disciplina.

poner en práctica de inmediato. El coaching lo apoya constantemente para que encuentre las soluciones correctas y elimine las ideas que lo limitan.

Sintonícese con su coach interior

Usted puede avanzar con la ayuda de su coach interior. Es probable que ya lo conozca, pero creo que todavía no lo respeta como debe. La razón por la que no lo hace es que, desde hace demasiado tiempo, ha prestado más atención a las quejas de su crítico interior que a su coach. Ha llegado el momento de dejar actuar a su coach. Para empezar, puede tratar de entender los aspectos de su identidad que se presentan a continuación.

Presentación de su doble personalidad

A su crítico o "saboteador" interior le fascina hablar, previniéndolo sobre las terribles consecuencias de todo lo que usted hace. Su crítico interior le habla desde su pasado y solamente le recuerda lo que salió mal, cuándo suspendió un examen, cuándo no pudo quedar con el amor de su vida y cuándo lo despidieron del trabajo. Su crítico interior intenta hacer más seguros tanto su presente como su futuro, envolviéndolo en algodones y convenciéndolo de tener el menor número posible de iniciativas para evitarle contrariedades futuras. Estas conversaciones con su crítico interior lo hacen sentir miserable y asfixiado. Y esto no es lo peor: el crítico interior está dispuesto a emplear tácticas detestables para impedirle vivir sus sueños. Distorsiona y transforma la realidad de manera que usted vea únicamente aquello que cree que no puede ser o hacer. Su crítico interior no teme manifestarle que es incapaz, que está muy gordo o que es estúpido.

Pero tenemos una buena noticia: usted también tiene un coach interior que lo impulsa a continuar y que aplaude sus progresos. Le habla desde su futuro. Esta parte de usted sabe cómo funcionan las cosas y está ansiosa por comunicarle que todo saldrá bien. Usted se ha enfrentado a retos difíciles y ha pasado épocas en las que se ha sentido infeliz y frustrado. Su coach interior observa su pasado y encuentra muchas cosas que celebrar, muchos momentos de crecimiento, amor y felicidad. Incluso las supuestas catástrofes resultaron ser bendiciones disfrazadas. Por ejemplo, ese exceso que produjo un cambio total en su profesión, cuando encontró su verdadero camino. O la suerte que tuvo cuando el amor de su vida rechazó su invitación y usted pudo conocer a su verdadero amor, alguien que inicialmente no había despertado su interés.

La labor de su coach interior consiste en estimularlo a crear un futuro grandioso a partir de sus acciones positivas en el presente. Quiere decirle que puede confiar en sí mismo, ya que siempre que emprenda acciones positivas todo saldrá bien. Usted puede aprender a controlar los pasos en falso que dé en el camino y, en lugar de sentirse miserable y asfixiado, puede considerarse libre y lleno de energía, respirar aire puro y esperar con ilusión la próxima aventura.

Es posible que, con frecuencia, no oiga la voz de su coach interior porque la de su crítico o saboteador interior es estridente y omnipresente. Y cuando finalmente lo oye, su crítico interior opaca su sabiduría y considera su punto de vista poco realista e incluso indulgente.

Los críticos interiores son fantásticos. Su función es convencernos de que la preocupación, el cinismo y la duda son las únicas realidades que nos deben guiar, y que el optimismo y la autoestima son engañosos. Sin embargo, ambas voces son suyas, ambas perspectivas son valiosas, en sus debidas proporciones. A veces su crítico interior señala algo que puede ser útil y que debe tener en cuenta. (Los críticos interiores suelen empezar con algo lógico para deslumbrarnos y llevarnos a un diálogo donde puedan dominarnos con el sentimiento de culpa.)

Posiblemente usted no sabe que su coach interior tiene una voz en la que se puede confiar. De pronto deja que su crítico interior lo guíe con piloto automático y su coach interior nunca tiene la oportunidad de pilotar el avión. Se pueden obtener mejores resultados en la vida si uno deja que el coach interior sea el piloto del avión y el crítico interior pueda reemplazarlo como apoyo y bajo estricta supervisión.

El regalo de su propio buen concepto

Su coach interior, igual que un coach profesional, lo apoyará en los siguientes aspectos:

✔ Lo estimula para que establezca retos y metas que lo motiven y que coincidan con sus valores.

✔ Cree que usted puede lograrlo.

✔ Espera lo mejor de usted y sabe que está a la altura de esa expectativa.

✔ Busca opciones con usted.

✔ Ayuda a establecer pasos que usted pueda dar.

✔ Lo mantiene avanzando.

✔ Celebra sus logros durante el recorrido.

✔ Goza con sus éxitos.

Su crítico interior, en cambio, busca todo lo contrario de lo anterior y se regocija cuando usted se permite sabotear sus propósitos; lo mantiene enredado en recovecos que no llevan a ninguna parte.

¿A quién prefiere prestar atención?

Suba el tono de la voz de su coach interior

El primer paso para acercarse a su coach interior es permitir que su voz se oiga clara y fuerte en medio del ruido que produce su crítico interior. Realice la siguiente actividad:

1. **Concédase 15 minutos de tiempo, en un lugar donde nada lo moleste.** Deje que sus pensamientos vaguen libremente; centre la atención en alguna experiencia reciente, un proyecto en su trabajo o un encuentro con amigos o un ser querido.

2. **Empiece a escuchar las voces que surgen.** ¿Escucha la voz de su crítico interior? ¿Cómo suena? ¿Qué dice? ¿Con qué frecuencia usa un lenguaje negativo? ¿Utiliza palabras como "debe", "debería", "tiene", "tendría"? ¿El tono es de burla, de reproche, de sarcasmo? ¿Es de queja, de tristeza y rechazo? ¿Es algo distinto?

3. **Imagine ahora una voz totalmente diferente.** ¿Cómo suena? ¿Qué dice? ¿Se trata de una voz que usted conoce y ama o es deliciosamente nueva? Si sube el tono de esta voz, ¿qué siente? ¿Se queja su crítico interior? Si es así, deje que se desvanezca y se apague mientras sigue subiendo el tono de la voz de su coach interior. ¿Qué novedades le ofrece? ¿Qué sentimientos despierta en usted?

4. **Practique con frecuencia esta actividad.** Quince minutos diarios durante algún tiempo le permitirán escuchar lo que le diga su coach interior siempre que usted quiera.

Cuando Margarita empezó a hacer coaching descubrió que una ayuda muy efectiva para recuperar la voz de su coach interior era escribir en su diario. También servía para calmar a su crítico interior. Siempre que se acercaba el ataque del crítico interior, dejaba lo que estaba haciendo y dedicaba unos minutos a escribir lo que sentía. El desprecio en las palabras de su crítico interior solía resultar ridículo puesto sobre una hoja. A los cinco o diez minutos Margarita se daba cuenta de que surgían otras palabras, esta vez con la sabiduría de su coach interior. Para ella, escribir el diálogo que se desarrollaba en su cabeza funcionaba como una forma de meditación; después de esta reflexión, se sentía renovada y fortalecida.

Una conversación de coaching

Si decide tener un coach profesional, las conversaciones con esa persona tendrán ciertas características. Puede incorporarlas a su actividad personal de coaching. Las siguientes consideraciones hacen que una conversación de coaching tenga un significado especial:

✔ El principal aspecto de la conversación consiste en saber qué resultado espera obtener de ella. Su coach interior le propone establecer un objetivo para la sesión, por ejemplo: "Al terminar esta reflexión personal, quiero haber aclarado qué me hace creer que tengo limitaciones para cerrar una venta".

✔ Su coach interior hace preguntas muy concretas que le hacen pensar en lo que le ocurre y es importante. Es posible que muchas de estas preguntas jamás hayan cruzado su mente o no se haya atrevido a planteárselas.

✔ Durante la conversación se aclaran muchas cosas. La comunicación puede ser poco precisa; un buen coach jamás hace demasiadas suposiciones. Su coach interior intenta oír la voz del crítico interior y observa cuándo cae en los "debe", "debería", "tiene que" y "tendría que", pues nota que usted no quiere hacer algo pero considera que debería.

✔ La conversación de coaching implica una llamada a la acción pero no necesariamente la identificación de un plan completo. Posiblemente la acción consiste en buscar más opciones, investigar más e incluso seguir reflexionando sobre el tema. La llamada de su coach interior asegura que usted avance y siga pensando.

✔ La atención se centra en lo actual, dentro del contexto de su vida. Si su gran prioridad en la vida es su *swing* en el golf, su actividad girará sobre ese eje hasta que decida hacer un cambio hacia otro aspecto. Como el coaching pretende destacar las conexiones a lo largo de su vida, o precisamente la falta de ellas, es probable que su plan cambie cuando surjan otras prioridades.

Identifique sus prioridades actuales para el coaching

Puede que le parezca difícil saber por dónde empezar a aplicar las técnicas del coaching en los distintos aspectos de su vida. A veces ve claro cuál es el área que requiere más atención, su trabajo o su profesión, por ejemplo. Otras veces sentirá que, en general, todas las áreas de su vida necesitan revisión e impulso.

Esta sección le permite adentrarse en el área en la cual el coaching puede proporcionarle inmediatamente mayores beneficios. Puede retomarlo cuando quiera para revisar su progreso, porque, tenga la seguridad, las prioridades cambian con el paso del tiempo; y así debe ser.

Dividir la vida en secciones puede parecer una solución simplista. La vida está llena de conexiones y consecuencias. Durante el día uno salta de la profesión a las finanzas o a las relaciones interpersonales. Por eso en su agenda consta que está en su trabajo de 8 de la maña-na a 6 de la tarde, que tiene un almuerzo de trabajo con su contador y que pasará la velada en familia. Todas las secciones de su vida confluyen y se complementan. Sin embargo, al aplicar las técnicas del coaching es muy útil separarlas en secciones, de manera que pueda ser muy específico con los cambios y con las acciones que debe realizar. Más adelante podrá pensar en el impacto que puedan tener los cambios en otras áreas de su vida.

Identificar lo que usted considera verdaderamente importante (sus valores esenciales) proporciona una base sólida para el coaching, ya que le permite señalar temas comunes o áreas específicas de su vida donde hace falta más desorden.

La siguiente actividad le ayudará a identificar su prioridad en el coaching, si todavía no la ha encontrado.

1. **Señale en la columna A de la tabla 1-1 la importancia que tiene para usted cada uno de los factores que aparecen allí.** Tres ✔ significa que este factor es muy importante para us-ted, dos ✔ significa que tiene una importancia moderada y un ✔ significa que le importa poco.

Tabla 1·1	Identificación de las áreas de coaching	
	A ¿Me importa mucho?	*B ¿Estoy satisfecho con este aspecto actualmente?*
Profesión y trabajo		
Disfruto con mi trabajo y me produce satisfacción.		
Recibo reconocimiento acorde a mi trabajo.		

(continúa)

Tabla 1-1 *(continuación)*

	A ¿Me importa mucho?	B ¿Estoy satisfecho con este aspecto actualmente?
Tengo suficientes oportunidades de desarrollo personal en mi trabajo.		
Dinero y capital		
Tengo seguridad económica.		
Tengo suficiente dinero para llevar el tipo de vida que me gusta.		
Estoy ahorrando para el futuro.		
Relaciones interpersonales		
Disfruto de las relaciones familiares cariñosas.		
Tengo amistades cercanas y de mucho apoyo.		
Tengo acceso a buenas redes y comunidades de apoyo.		
Salud y bienestar		
Cuido mi salud para prevenir la enfermedad.		
Soy fuerte, tengo suficiente energía y me encuentro en buen estado físico.		
Reacciono bien física y emocionalmente.		
Aprendizaje y crecimiento		
Me divierto y descanso lo suficiente.		
Constantemente estoy aprendiendo y desarrollándome.		
Mi vida tiene un propósito claro.		

2. Considere cuáles son las áreas prioritarias para usted. Se sorprenderá al darse cuenta de que una o dos áreas no llegan a tener dos o tres ✔. O tal vez todas las áreas tienen tres ✔, pero usted concede más importancia a unas marcas que a

INSPIRACIÓN

Cómo precisar las prioridades

Después de contestar a las preguntas de la tabla 1-1, Laura obtuvo resultados sorprendentes. Ella pensaba que la prioridad en la que debía centrarse era su trabajo y esperaba encontrar grandes diferencias entre el nivel de importancia y de satisfacción. Sin embargo, sólo hubo una gran diferencia: el reconocimiento a su esfuerzo. Se dio cuenta de que, para ella, es muy importante el reconocimiento por su trabajo y que estaba muy poco satisfecha en este aspecto, a pesar de que marcó tres ✔ en cuanto a su posibilidad de disfrutar del trabajo y desarrollar habilidades. Antes de analizar su trabajo desde estos puntos de vista, ella hubiera pensado que, en general, era muy infeliz con todos los aspectos relacionados con el trabajo. La sensación de falta de reconocimiento estaba afectando a sus actitudes positivas en los demás aspectos. No recibir reconocimiento se relacionaba con algunas de sus creencias negativas sobre sí misma: "Si no me lo dicen diariamente, no siento que esté haciendo bien mi trabajo".

La actividad de coaching le ayudó a admitir que la aceptación de los demás puede ser errática y no estar relacionada con la calidad del trabajo. Sin embargo, el reconocimiento interno que podía darse a sí misma estaba bajo control y, por medio del coaching, empezó a ser más satisfactorio. Finalmente, se sintió con libertad para pedir que le dieran retroalimentación sobre su trabajo, ya que se sentía segura de sí misma.

Cuando Laura se dio cuenta que había marcado en la tabla con dos ✔ a su familia, se quedó atónita. Siempre había pensado que era una persona muy familiar. Con el paso de los años la familia llegó a ser menos importante que sus amigos, incluso que otras actividades sociales. Ella sabía que concedía mucha importancia a su relación con sus padres y parientes y pensó que debía prestarle atención. Su familia era muy especial y estaba reduciendo el tiempo para sus padres y familiares. Llegó a la conclusión de que este aspecto era uno de los más importantes y que requería toda su atención.

Finalmente, el orden de prioridades de sus acciones fue el siguiente:

✔ Analizar los sentimientos negativos sobre sí misma en el trabajo e intentar cambiarlos.

✔ Mejorar la comunicación con su familia.

✔ Buscar el reconocimiento en el trabajo mediante la retroalimentación.

otras. No se preocupe, es natural. De todas maneras, intente tener claros los factores sobre los cuales puede apoyarse.

3. **Considere cada planteamiento a la luz de su nivel de satisfacción actual.** Señale tres ✔ en la columna B si está muy satisfecho, dos ✔ si está moderadamente satisfecho y un ✔ si no lo está.

4. **Observe los resultados y céntrese en los aspectos señalados con tres ✔.** Si tiene un total de seis ✔ en algunas áreas (en las dos columnas en conjunto), hay una gran satisfacción en un aspecto de su vida que considera muy importante.

¿Dispone de un alto nivel de satisfacción en un área que tiene poca importancia para usted? Eso está bien, pero tal vez valga la pena modificar el equilibrio, de manera que las áreas prioritarias reciban más atención. O quizá esta situación muestra que está pasando algo importante en su vida pero usted lo da por supuesto.

Preste atención a las áreas cuyo nivel de satisfacción es uno o dos ✔. Son las áreas que requieren una atención más urgente cuanto aplique las técnicas de coaching.

En la parte III encontrará más formas de ayuda práctica enfocadas a las distintas áreas de la vida. Si la actividad anterior le hizo pensar que su vida está desequilibrada, siga directamente al capítulo 15. El capítulo 16 será de gran ayuda si ha encontrado un área que necesita un cambio y eso le inspira cierto temor.

Capítulo 2

Decida qué aspectos del coaching quiere aplicar

*U*no de los aspectos más sorprendentes del coaching consiste en que no es preciso saber con exactitud qué necesita mejorar u ordenar en su vida para que funcione la magia. Fijarse una meta (por ejemplo, tener una bonita figura) o un área específica de mejora (las relaciones interpersonales) es de gran ayuda en el proceso del coaching. El coaching también puede emplearse como apoyo para identificar qué le produce esa sensación molesta y difusa de insatisfacción y qué debe cambiar para recuperar el entusiasmo. En ocasiones tener una meta demasiado precisa impide gozar de muchos de los beneficios del proceso. He tenido clientes que tenían objetivos muy claros sobre el cambio en un área específica de la vida y que posteriormente llegaron a la conclusión de que lo que suponían que era la meta o el problema en realidad no lo era, o era algo secundario. Si le preocupa no tener una idea clara sobre lo que no funciona o lo que podría ser mejor, ¡tranquilícese! El coaching para alcanzar una vida plena es la mejor forma de averiguar qué ocurre.

Como el coaching puede proporcionarle más beneficios o recompensas de los que pretendía encontrar, tener la mente abierta ayuda a apreciarlos cuando se presentan. El coaching muestra las interconexiones existentes en las distintas áreas de la vida. Tal vez usted tenga la meta de que el coaching le permita desarrollar seguridad en sí mismo a nivel laboral y es posible que termine descubriendo que también ha encontrado cómo mejorar sus relaciones interpersonales. De pronto, al considerar detalladamente el "problema" que enfrenta al buscar tener una bonita figura, encuentre nuevos recursos de motivación que impliquen un mejor rendimiento laboral e incluso un ascenso en su trabajo.

Puede usar los conceptos de este capítulo para hacerse una idea de los muchos beneficios que puede obtener del coaching, de manera que empiece su recorrido con una idea de lo que quiere alcanzar. También le será útil para prepararse para enfrentar algunas de las consecuencias que tendrá el proceso.

Evalúe los beneficios y retos del coaching

Todos los procesos de coaching tienen resultados, pero no todos los resultados son parecidos. Usted obtendrá mucho más del proceso si tiene las expectativas adecuadas sobre lo que quiere lograr; en tal caso, los resultados del coaching serán mucho más visibles y tangibles: un nuevo trabajo o una silueta más esbelta, por ejemplo. Estos resultados también pueden reflejarse en cambios en su manera de pensar y actuar que lo hagan sentirse más feliz en la vida cotidiana. El principal beneficio consiste en proporcionarle mayor conciencia sobre sí mismo y tranquilidad al tomar decisiones. Piense en los siguientes beneficios del coaching y decida cuáles son prioritarios para usted.

El hecho de lograr sus metas le proporciona gran alegría.

Alcanzar metas

El coaching es un mecanismo de apoyo muy efectivo para identificar y lograr propósitos. Posiblemente usted busque un resultado o resultados específicos como, por ejemplo:

✔ Cambiar de trabajo o empezar otra carrera.

✔ Establecer un negocio propio.

✔ Mejorar una relación personal.

✔ Tener una mejor figura y sentirse saludable.

✔ Dejar de fumar.

✔ Aumentar su fortuna personal.

✔ Tener más confianza en sí mismo.

La lista puede continuar hasta el infinito. En el proceso de coaching puede incluir cualquier aspecto tangible de su vida que quiera cambiar o mejorar. Si tiene una larga lista de propósitos, organícelos según su escala de prioridades, porque no puede lograrlo todo al mismo tiempo.

El coaching también puede ayudarle a definir estas prioridades; es posible que aquello que usted consideraba muy importante termine siendo mucho menos crítico después de mirarlo a través de la lente de este proceso.

En la parte III encontrará ayuda para escoger las metas y los propósitos que quiere alcanzar en áreas muy específicas de su vida como:

✔ Profesión.

✔ Dinero.

✔ Relaciones interpersonales.

✔ Salud.

✔ Crecimiento personal.

La siguiente actividad le ayudará a centrarse en los principales beneficios que puede obtener del coaching.

Piense en algunos de los grandes resultados que espera alcanzar mediante el coaching:

✔ ¿En qué metas quiero concentrarme?

✔ ¿Qué tanto equilibrio hay en mi vida?

✔ ¿Tengo una idea de mi propósito en la vida? Si no, ¿será ésta un área clave para mí?

✔ ¿Están sincronizados mi pensamiento y mi comportamiento?

✔ ¿Con qué frecuencia analizo mis acciones sin ser autocrítico?

✔ ¿Qué importancia le doy a gozar del momento que estoy viviendo?

Cuando tenga algunas respuestas, aunque aún no sean muy precisas, pregúntese cuáles de esos aspectos le parecen prioritarios. ¿Qué beneficios podrá encontrar si decide centrarse en ellos? ¿A qué retos deberá enfrentarse?

Encontrar estabilidad

Posiblemente está contento con lo que ha logrado en la vida. Tiene de todo, menos tiempo. El coaching puede ayudarle a encontrar lo que para usted significa estabilidad y a diseñar la estrategia que le permita reencontrar el equilibrio cuando lo pierda. Este método le ayudará a administrar su vida y sus recursos de una manera más eficiente. También es un apoyo para precisar sus prioridades, de manera que pueda desprenderse de aquello que le sobra o le estorba.

El capítulo 15 se centra en los elementos de la estabilidad en una vida plena y proporciona una sencilla herramienta de diagnóstico para evaluar, en cualquier momento, en qué punto está el equilibrio de su vida.

Descubrir su propósito en la vida

Usted ya ha alcanzado todas sus metas y ha estructurado la forma de administrar su tiempo y sus recursos. Sin embargo, tiene una sensación de descontento, de que le falta algo. No está satisfecho: no sufre, pero siente un vacío.

Si se ve reflejado en la descripción anterior, es posible que ande buscando un significado y un propósito para su vida. El coaching puede ser una excelente manera de identificar sus cualidades únicas para contribuir con el mundo exterior. Gracias al coaching personal puede dar el primer paso en ese recorrido espiritual o identificar el trabajo o la actividad con la que sueña su alma. Con frecuencia esta búsqueda de significado y propósito implica un gran cambio en la dirección o en la estructura de la vida; a veces sólo implica variaciones más sutiles entretejidas con su forma actual de vida.

Por ejemplo, Sandra descubrió que su trabajo como consultora informática no la llenaba a nivel espiritual, de manera que renunció a su puesto y se dedicó de tiempo completo a su pasión por la fotografía de paisajes. El convencimiento de que iba por buen camino la sostuvo a lo largo de los años en que tuvo dificultades financieras, hasta que logró establecerse.

Para Felipe, la búsqueda de su objetivo lo hizo volver con su familia e intentó ser un mejor padre para sus dos hijos. Este cambio de orientación fue relativamente fácil de integrar en su vida.

El capítulo 16 presenta distintas formas de enfrentarse a los períodos de grandes transformaciones producidas por un cambio en el enfoque central de la vida.

Cambiar la actitud

Tal vez usted ha llegado al coaching porque considera que su forma de pensar y actuar no lo hacen feliz. Ha alcanzado grandes éxitos en la vida pero se siente miserable porque generalmente es demasiado exigente consigo mismo y no valora sus logros. O tal vez ha caído en patrones de comportamiento que funcionan bien hasta cierto punto pero, de alguna manera, hacen que se sienta mal consigo mismo.

Conocí a una excelente vendedora que siempre era la primera en las ventas. Me confesó que se sentía muy infeliz porque la única manera de tener éxito era jugando sucio con sus colegas, aprovechándose de su buena fe, de manera que ella siempre lograba la venta. Admitió que esta estrategia no sólo la hacía infeliz, sino que le exigía cambiar continuamente de trabajo para encontrar nuevas "víctimas".

La metodología del coaching se basa en el principio de que se pueden obtener los mejores resultados con enfoques que respondan a lo que es importante para usted. Los comportamientos y conceptos que tienen profundas raíces a veces se tratan más eficientemente con terapias o consejeros; sin embargo, el coaching puede ser la mejor forma de enfrentarse a los pensamientos y a las formas de actuar poco provechosas y de diseñar una estrategia apropiada para reemplazarlos por actitudes más saludables.

La parte II de este libro incluye información sobre cómo puede buscar un cambio en su manera de verse usted y a su vida, para que pueda avanzar de forma positiva.

Crecer gracias al conocimiento personal

Todos los tipos de coaching ofrecen la posibilidad de crecimiento interior gracias al conocimiento personal. Imagínese como una cebolla, con sus múltiples capas (¡ya sé que no es una comparación muy atractiva!). A medida que quita una capa, va descubriendo su verdadera identidad, hasta llegar a comprender quién es y qué puede lograr. Hay personas que lo describen como un "regresar a casa". Es similar a haber hecho un largo viaje, rico en experiencias, y regresar después a casa enriquecido con lo que se ha aprendido. La casa sigue siendo la misma, pero uno la ve con otros ojos gracias a las experiencias vividas.

A lo largo de este libro descubrirá cómo el coaching le permite reflexionar y encontrar nuevos significados en aquellos aspectos de la vida que son importantes para usted.

Disfrutar del recorrido

El coaching consiste tanto en obtener los resultados deseados como en dar los pasos necesarios para obtenerlos. A veces las metas no son suficientes para hacerlo feliz. ¿No le ha pasado alguna vez que, después de trabajar intensamente en busca de algún propósito, al final no encuentra la satisfacción esperada? Con frecuencia el reto de alcanzar una meta lo llena de vida ya que es una prueba para usted y sus capacidades. La alegría que se siente al lograr un objetivo es más perdurable en la medida en que esté comprometido con cada paso dado para alcanzarlo. Y puede volverse adicto al coaching, ya que establecer y lograr objetivos es muy importante y le producirá muchos beneficios cuando empiece a ver lo que es capaz de lograr. Estos resultados se convierten en un gran premio.

Si su objetivo es eliminar un mal hábito, es muy importante que establezca una manera significativa de lograrlo. Deja de fumar quien se propone un plan de vida saludable y dedica los ahorros del antiguo vicio a financiar la cuota de un gimnasio. Quien no reemplaza el cigarrillo por una distracción positiva andará aburrido pensando en todo el placer del que se está perdiendo. Ser realista en el recorrido del coaching significa saber que se necesita hacer un gran esfuerzo para alcanzar un objetivo y ser consciente de la gran satisfacción que se obtiene cuando se logra.

Este libro pretende ayudarle a definir sus expectativas con respecto al coaching, al tiempo que lo prepara para los altibajos que encuentre en la ruta hacia su nueva personalidad.

Esté atento

Si bien el aspecto que quiere tratar puede parecer sencillo, el proceso de coaching a veces es muy complejo. Si su actividad de coaching es compartida o si la está desarrollando solo, debe asegurarse de que usted y su compañero de proceso cuenten con el mejor apoyo posible. Preste atención a las señales de alarma que indican que se está saliendo del camino: sentirse incómodo, no percibir el progreso o tener sentimientos negativos. Recuerde que el coaching y las profesiones terapéuticas se relacionan, y no siempre está claro si un aspecto del comportamiento puede ser tratado de mejor manera por otro tipo de especialista. Por eso, el trabajo con un coach profesional es más seguro que el trabajo independiente.

Considerar los retos del coaching

No todos los resultados del coaching se perciben como algo positivo. Tal como ocurre en otros procesos de desarrollo personal, es necesario prepararse para trabajar con ahínco y sufrir desilusiones. Posiblemente deba dejar atrás algo que le ha servido de apoyo, enfrentar duras realidades sobre sí mismo y tomar decisiones. No considere los desafíos como sufrimientos. Hay tantos aspectos positivos en el recorrido del coaching, que se convierte en una experiencia que vale la pena. Saber que siempre habrá espinas entre las rosas le ayudará a mantener los pies en el suelo.

La selección del método de coaching

Esta sección le ayudará a decidir si, para su recorrido de coaching, quiere contratar a un coach profesional, buscar quién comparta el proceso con usted o ser su propio coach. No existe un único método bueno. La decisión depende de muchos factores, entre los que se encuentra el estilo personal de desarrollo.

Siempre es una buena idea trabajar con un coach profesional durante el periodo inicial del recorrido y volver a verlo en distintos momentos, cuando necesite un apoyo adicional. El coaching es una profesión que requiere agilidad y experiencia, y la inversión en tiempo y en dinero vale la pena. En especial, puede beneficiarse si contrata a un coach profesional durante un tiempo para las áreas en las que quiere concentrarse para cambiar de actitud, encontrar el equilibrio o identificar un significado y propósito.

Si ya tiene experiencia en coaching, posiblemente con este libro u otras fuentes puede hacer coaching compartido o coaching independiente. El coaching compartido y el coaching independiente pueden ser métodos muy convenientes si el área sobre la que se quiere centrar es una meta específica, como mejorar su figura o aprender a administrar mejor el tiempo.

Encuentre el coach apropiado

El enfoque profesional del coaching tardará todavía un tiempo en llegar a su forma definitiva. Por ahora, la profesión del coaching aún no se ha reglamentado, lo que significa que cualquiera puede autodenominarse coach y cobrar lo que quiera por una sesión de una hora, según las condiciones del mercado. No existe un único progra-

De los carteles a las referencias personales

¿Cómo encontrar un coach? Si quiere mejorar su figura, puede averiguar en un gimnasio, con un médico o incluso en una tienda naturista si conocen a algún coach.

Si su meta de coaching es más general y todavía no esta claramente definida, puede empezar buscando en internet.

La información que le proporcionen sus conocidos también puede ser útil, ya que tendrá la garantía de que el coach recomendado ha atendido a alguien que usted conoce.

ma reconocido que lleve a una calificación de coaching, ni obstáculo alguno para que cualquiera diseñe y ofrezca un programa de formación como coach.

En todo caso, muchas compañías y universidades de renombre están dedicadas a la preparación de programas para formar coaches personales. Algunas asociaciones profesionales trabajan en la formalización de la práctica. En el apéndice encontrará más información sobre este tema y también en mi página web: www.reachforstarfish.com.

Tenga cuidado, pues hay personas que ejercen el coaching personal sin tener las habilidades, la experiencia y la formación necesarias. Esta sección le ayudará a precisar las preguntas que debe hacer para no caer en manos de alguien que no tenga la capacidad de llevarlo por el mejor camino.

Establezca términos y condiciones en la primera sesión

En muchos casos, la consulta inicial con un coach es gratuita y puede durar entre 30 y 60 minutos. La primera sesión le permite averiguar de qué se trata y si existe la posibilidad de establecer una buena relación de trabajo conjunto (si el coach percibe que su estilo y condiciones personales no son los más apropiados para el caso suyo, lo remitirá a un colega o a otro especialista).

Un profesional en coaching le planteará claramente los términos y las condiciones desde el principio y se los dará por escrito. Normalmente el precio corresponde al valor de una sesión de una hora y varía dependiendo de si se trata de una consulta telefónica o personal. La consulta telefónica tiene ventajas para el coach y para usted ya que no implica tiempo ni costo de desplazamiento para el profesional. El precio de la consulta con el coach generalmente no incluye la llamada telefónica (suele ser usted quien llama al coach). De todas maneras, el coach debe dejar muy claras las condiciones desde el principio.

Con frecuencia los costos de las consultas de coaching son un poco más altos que los de los profesionales terapéuticos (consejeros y terapeutas) y, en el caso de un coach muy destacado, pueden estar más cerca de las tarifas de los consultores de negocio. Averigüe primero, de manera que encuentre las mejores condiciones para usted y para su presupuesto.

Muchos profesionales en coaching ofrecen diversos programas compuestos por un número determinado de sesiones con el propósito de establecer objetivos concretos; uno sabe siempre a qué se compromete y cuál es el precio total. Por ejemplo, puede comenzar con un programa de 12 semanas con unas 9-12 sesiones; otra propuesta puede ser un programa de prueba con 2-4 sesiones. Muchos coaches trabajan de una manera muy flexible y, después de la primera sesión, podrán proponerle la opción que más le convenga; no existe un plan único para todo el mundo.

El coach podrá exigirle que firme un contrato o acuerdo. Por lo general se recomienda que no se trabaje durante mucho tiempo con el mismo coach. La duración depende de usted y de los beneficios que esté obteniendo de esta relación; conviene revisar las condiciones del proceso cada 3-4 meses. Si trabaja con el mismo coach durante un año o más, sin interrupciones, es posible que llegue a establecer una relación demasiado cómoda y sin retos. Una de las metas del coaching consiste en fortalecer la confianza en uno mismo y la habilidad para ser su propio coach, por lo que la mayoría de los profesionales establecen etapas de revisión periódicas. La experiencia del coaching es tan atractiva para la mayoría que, frecuentemente, continúan con el coach durante un período mayor del que realmente necesitan. Ambas partes deben estar atentas acerca de los beneficios tangibles del proceso.

Cualquier acuerdo con un coach profesional implica costos de cancelación; si usted no encuentra tiempo para su sesión y la cancela a última hora, demuestra que su compromiso consigo mismo no es completo. En todo caso, tenga cuidado con los acuerdos o contratos sin reembolso; debe tener derecho a finalizar la relación en cualquier momento. Defina claramente estas reglas con su coach.

Acreditación profesional

Muchos coaches tienen un certificado o diploma en coaching de una institución educativa o de un profesional de reconocida trayectoria. Un certificado corresponde a una etapa básica de formación, mientras que un diploma implica un periodo de estudio más prolongado. Ambos documentos son muy recientes y no necesariamente todos los coaches tienen este tipo de certificaciones de idoneidad. Asimismo, la competencia de muchos está respaldada por su experiencia, o tienen títulos que les permiten centrarse en áreas como la programación neurolingüística y la psicoterapia, o en disciplinas más amplias como recursos humanos o formación, e incluso tienen la educación necesaria para realizar e interpretar pruebas psicosométricas. Pregunte qué títulos o certificaciones tiene su coach y asegúrese de que le explique qué relevancia tienen en relación con su trabajo, en especial con lo que usted espera lograr mediante el coaching. Un coach con formación y experiencia tiene amplios conocimientos y habilidades y está actualizándose continuamente.

Si no sabe cómo interpretar las certificaciones de idoneidad de su coach, pregunte por una página web o en la oficina central de la institución que le otorgó el título e investigue. Tiene todo el derecho de solicitar que le muestren una certificación.

No obstante, los títulos no son siempre el factor más importante. Sin embargo, son un buen indicador de la integridad profesional y muestran el compromiso del coach con su desarrollo personal. Si su posible coach no tiene ningún tipo de certificación, usted puede preguntarle por qué y qué ha hecho para asegurar su formación como coach. Tal vez sea miembro de una asociación que lo supervisa. Esta supervisión significa que cuenta con el apoyo de un coach con más experiencia y títulos que él.

No excluya a un coach simplemente porque no está acreditado. Excelentes coaches personales tienen amplia y reconocida experiencia en coaching y no disponen de un certificado. Esa experiencia y sus atributos personales pueden hacerlo idóneo.

Experiencia

Pregúntele a su posible coach qué tipo de trabajos ha realizado y si le puede mostrar los resultados. Muchos profesionales tienen a mano testimonios de sus clientes. También puede hablar directamente con algunos de los clientes para obtener más información sobre el coach y su proceso, su estilo y enfoque (esta opción no siempre es posible por motivos de confidencialidad).

Áreas de especialización

Conseguir coaching para una vida plena no es lo mismo que el coaching empresarial. Por lo general, los profesionales dedicados al entorno corporativo se centran exclusivamente en el contexto laboral y, a pesar de considerar aspectos del desarrollo personal, su principal propósito no es ese. Tenga claro el campo en el que está especializado su posible coach, ya sea en el área empresarial o personal. Si está interesado en un coach empresarial, preste atención a los testimonios de los clientes con quienes ha trabajado.

El enfoque del coaching

Usted recibirá mejor atención de un coach cuyo enfoque sea *no directivo*. Esto significa que el profesional lo apoye y le ayude a encontrar respuestas sin imponer soluciones, que utiliza sus conocimientos y habilidades para ayudarle a pensar y a aclarar sus ideas, que le sugiere opciones y las analiza con usted, pero nunca le recomienda la mejor forma de progresar, ya que no existe una solución única para todos en el proceso de coaching. Si decide trabajar con un coach del tipo *directivo*, los resultados no necesariamente se adaptarán a sus necesidades.

Puede reconocer un enfoque de coaching no directivo cuando el coach hace preguntas abiertas, escucha atentamente y plantea ideas y sugerencias que le permiten generar varias opciones. El coaching no directivo también implica algunas técnicas muy específicas para centrarse en sus decisiones y plantea desafíos constantemente. Un coach con estilo directivo genera resultados rápidos, pero las soluciones pueden ser menos efectivas para usted, de manera que no necesariamente es la mejor opción.

El más adecuado

Un coach competente es capaz de mantener la relación y la comunicación con muchos clientes. Durante la consulta inicial, usted tiene la oportunidad de analizar el estilo del coach para ver si coincide con sus necesidades y preferencias.

Hágase las siguientes preguntas:

✔ ¿Me siento a gusto con esta persona?

✔ ¿Estoy seguro de que esta persona busca lo mejor para mí?

✔ ¿Confío en su experiencia y sus habilidades?

✔ ¿Siento que enfrento un reto?

Mantenga abiertas sus opciones

Busque muchas opciones y hable con dos o tres coaches antes de tomar una decisión. A nivel práctico, esto le ayudará a comparar los precios y, lo más importante, a considerar varias propuestas. A lo largo de su experiencia con el coaching es posible que necesite distintos estilos, dependiendo del momento de su vida y de los diferentes retos a los que se tenga que enfrentar.

✔ ¿Me siento apoyado?

✔ ¿Me siento motivado para actuar?

Considere la opción de hacer coaching compartido

Considere también la posibilidad de hacer *coaching compartido*. Esto le proporcionará la visión objetiva que tendría al trabajar con un coach profesional. Se trata de formar equipo con personas que estén en las mismas condiciones que usted, con quienes pueda intercambiar funciones. Puede ser un grupo pequeño, incluso de dos personas. Uno de los miembros de la pareja asume el papel de coach una vez, y en la próxima sesión vuelve a su condición de receptor. Este sistema también puede funcionar bien en grupos de tres, con uno de los participantes como observador. Los principios de coaching compartido también pueden aplicarse a grupos pequeños que trabajen en un interés común.

Con el coaching compartido puede lograr motivación e impulso. Así funcionan muchos de los clubes de personas que quieren adelgazar, pues comparten experiencias e ideas y los miembros se apoyan mutuamente.

Si usted no tiene experiencia, el proceso de coaching compartido presenta algunas limitaciones en su caso. Habilidades como la empatía y la objetividad tardan en alcanzar su desarrollo y se corre el riesgo de ser condescendiente y de aconsejar a los demás. (El coaching compartido con familiares y amigos puede ser una mala idea si esas personas no son capaces de contener el deseo de decirle cómo debería organizar su vida.)

Puede utilizar y adaptar todas las ideas de este libro como parte de su práctica de coaching compartido.

Las siguientes ideas pueden servirle de guía para formar un grupo de coaching compartido:

✔ **Tenga muy claro que el objetivo del coaching compartido es darse mutuo apoyo para generar las soluciones correctas para cada uno, sin ningún tipo de juicio u opinión.** Pídales a sus amigos que lean este libro para que comprendan la diferencia entre coaching y aconsejar.

✔ **No forme un grupo de muchas personas.** El coaching compartido funciona bien con dos personas que intercambien el papel de coach. También puede formar un equipo de tres individuos que se turnen los papeles de coach, receptor y observador. El observador comenta lo que le parece que funciona y ayuda a mejorar las habilidades de coaching.

✔ **Utilice también el teléfono.** El coaching presencial funciona bien si todos pueden reunirse con cierta frecuencia. También pueden optar por una llamada telefónica.

✔ **Organice las sesiones con regularidad.** Trate de establecer las sesiones con intervalos de una semana a un mes entre una y otra. Ha de tener suficiente tiempo entre las sesiones para que funcionen las acciones propuestas. Sin embargo, no pueden ser tan distantes como para que se pierda el entusiasmo.

✔ **Considere la posibilidad de trabajar con un coach profesional antes o durante el proceso de coaching compartido.** Encontrará los aspectos clave y el apoyo que asegurarán los mejores resultados de su actividad informal.

La decisión de hacerse coaching a sí mismo

Usted puede recurrir a esta modalidad de coaching en cualquier momento y lugar. Este libro está especialmente diseñado para usted, si quiere ser su propio coach. En realidad, uno de los objetivos de cualquier tipo de coaching es ayudar a desarrollar el coach interior, de manera que se adquiera confianza en sí mismo. Puede intentar hacerse coaching basándose en las ideas de este libro antes de comprometerse con un coach profesional o antes de hacer coaching compartido. Si es su propio coach, no incurrirá en costo alguno y necesitará pocos recursos (entre ellos, tiempo). Sin embargo, no es necesariamente el método más fácil, porque debe trabajar con ahínco para ser objetivo. Igual que ocurre con el coaching comparti-do, posiblemente deba considerar la posibilidad de trabajar con un coach profesional de vez en cuando.

Este libro le ofrece una guía para escuchar la voz de su coach inte-rior de manera que consiga ser más objetivo durante el proceso de llegar a ser su propio coach.

Un compromiso consigo mismo

Usted se preguntará si será capaz de mantener un compromiso con sus metas actuales. Posiblemente ya ha pasado por la desilusión de retrocesos anteriores y conoce la dificultad de mantener la moti-vación después de haber superado el impulso inicial que lo llevó a definir los objetivos. ¿Cuál es la diferencia ahora?

Si quiere centrarse en lo que es realmente importante para usted, piense que, si se compromete consigo mismo, alcanzará los cam-bios que se propone. Esto es muy distinto de un compromiso en el que los resultados son concretos: el acuerdo que usted establece en el coaching puede implicar que se permita aprender y crecer durante el proceso, continuar a pesar de los retrocesos, ser hones-to consigo mismo acerca de lo que es importante y dejar de censu-rarse cuando las cosas no funcionen. Como parte de esta promesa, hay obligaciones que debe intentar cumplir. El contexto general de su promesa es su compromiso de llevar a cabo los cambios y tomar las decisiones más convenientes para usted; aquellos que lo hacen, progresan.

Revisión de las condiciones actuales

¿Sus condiciones de vida actuales son adecuadas para iniciar este recorrido de coaching? Puede ser un camino con muchos retos, y usted ha de tener la fortaleza y capacidad necesarias para asumir-los. Todo el mundo pasa por etapas de baja autoestima y confianza en sí mismo. Si sus condiciones emocionales son negativas y se siente deprimido, vale la pena pensar en otro tipo de ayuda, como una asesoría o terapia que le permitan prepararse para el proceso de coaching.

Posiblemente esté bajo mucha presión. Es posible que haya considerado que el coaching puede ser la respuesta a sus plegarias. Sin embargo, si en este momento su vida está tan desordenada que no le queda tiempo para el coaching y no puede cumplir con las sesiones con usted o con su coach, ha llegado el momento de hacerse varias preguntas serias y concretas.

Pregúntese si está preparado para el proceso de coaching. Tal vez sea conveniente tener una sesión con un coach profesional para analizar la situación y tomar una decisión. Un compromiso a medias es peor que la falta de compromiso, y no tiene por qué sentirse mal si sus condiciones actuales no le permiten dedicarse al coaching. Tal vez lo mejor sea continuar como está durante un tiempo. Piense en otros mecanismos de apoyo, lea este libro para prepararse y prométase dar el primer paso cuando esté listo.

Preparación del escenario para su compromiso

Podrá tener un verdadero compromiso con el coaching si logra precisar los términos de su acuerdo o de su promesa de coaching. Con el corazón en la mano, piense en las condiciones que han limitado el cumplimiento de acuerdos similares en el pasado. Recuerde lo que sintió la última vez que hizo una promesa solemne y lo que le daba la seguridad de cumplirla. ¿Cómo puede encontrar ahora esa seguridad?

Los siguientes son ejemplos de compromisos del coaching:

- ✔ Me comprometo a asumir la responsabilidad de encontrar las soluciones más convenientes para mí y que me permitan ser mejor.

- ✔ Me comprometo a estar dispuesto, a ser honesto conmigo mismo y a confiar en que estaré progresando siempre que mis acciones sean positivas.

- ✔ Me comprometo a aprender a conocerme, de manera que pueda modificar o cambiar hábitos y comportamientos nocivos por otros creativos y productivos.

- ✔ Me comprometo a no aceptar ponerme en segundo lugar.

- ✔ Me comprometo a aprender algo de todas mis experiencias y acciones.

¿Cuál es su compromiso?

Capítulo 3

Prepárese para el proceso del coaching

*L*a preparación para el proceso de coaching le ayuda a disfrutar del logro de los objetivos que se ha fijado. Esa preparación consiste en encontrar la actitud adecuada para enfrentar el proceso y tener confianza en el compromiso de alcanzar la meta establecida. También consiste en organizar y entender bien las etapas que debe superar en su recorrido hacia la meta.

En este capítulo mostraré cómo la revisión constante de cada uno de los pasos hacia la meta y el estímulo en el recorrido aseguran que cada paso dado sea una acción positiva. También presentaré de manera sucinta los pasos futuros que es preciso dar, como una ayuda para decidir las áreas a las que se les quiere dar más énfasis, ya sea en su trabajo individual de coaching o con un coach profesional (si aún no ha decidido cuál de estas alternativas tomar, vaya al capítulo 2).

Prepare su sesión de coaching

Si va a trabajar con un coach profesional, desde el principio esa persona estudiará con usted la mejor forma de aprovechar cada sesión. Si va a realizar esta actividad por su cuenta, conviene establecer unas reglas básicas que le ayudarán a organizarse. Tenga en cuenta algunas de las siguientes normas:

✔ **Programe el tiempo dedicado al coaching en su diario o agenda y considérelo una prioridad.** Si no lo hace, usted será el responsable de posponer sus necesidades. Estará mejor preparado para asumir las emergencias que se presentan en la vida si se toma el tiempo necesario para realizar el coaching. Obviamente, habrá circunstancias inesperadas que lo obligarán a cancelar su sesión de coaching, pero darle prioridad evitará que sacrifique ese tiempo en favor de otra actividad.

✔ **Asegúrese de contar con un espacio tranquilo para su sesión de coaching.** Si va a tener una sesión telefónica con un coach profesional, debe estar seguro de que no lo van a interrumpir y de que nada lo va a distraer. Puede ser conveniente tener música suave de fondo y una vela encendida para crear el ambiente apropiado.

✔ **Tómese el tiempo necesario para revisar las metas propuestas y las tareas que ha cumplido desde la última sesión de coaching.** Generalmente será lo primero que analizará con su coach; la reflexión previa le ayudará a mantenerse firme en sus propósitos y a tener la actitud adecuada. Si usted es su propio coach, cierre los ojos y revise sus metas y tareas durante unos segundos.

✔ **Lleve un diario del coaching, de manera que pueda seguir su progreso.** Puede utilizarlo para tomar nota de las conversaciones durante cada sesión, para completar los ejercicios propuestos y para anotar las respuestas a las grandes preguntas.

✔ **Haga sus tareas entre las sesiones.** Muchos coaches profesionales suelen proponer "tareas" entre las sesiones. Puede tratarse de reflexionar acerca de una idea o un concepto nuevo, un ejercicio específico o una investigación que le permita acercarse a sus metas. Si usted es su propio coach, puede realizar algunas de las actividades anotadas en el diario o ir juntando en él recursos que lo mantengan motivado.

✔ **Después de cada sesión, dedique unos minutos a ordenar sus ideas y a redefinir sus acciones.** Si tiene un coach profesional, envíele un mensaje de correo electrónico para confirmar las acciones que acordaron que usted llevaría a cabo. Si usted es su propio coach, dicho mensaje debe ser para usted. Confirmar los compromisos los hace mucho más reales y concretos.

Inicie su recorrido de coaching

Es posible que usted ya esté familiarizado con ciertos conceptos del desarrollo personal que ha leído en otros libros o aplicado en programas en los que ha participado; o tal vez ésta sea la primera vez que se enfrenta a la idea del desarrollo personal. Lo interesante del método de coaching es que se inicia al nivel en el que se encuentra cada persona; y funciona como un mecanismo que respalda y reúne todo lo que ha aprendido sobre usted y las teorías útiles de la autoayuda y el desarrollo personal que han identificado otras personas.

Para tener una visión general

Su recorrido de coaching no es en línea recta. Observe la figura 3-1. El elemento central es la *conciencia de sí mismo*, que comienza con la percepción de cómo es usted, por qué se comporta de determinada manera y cómo podría cambiar esa manera de actuar para mejorar su vida. En el siguiente círculo usted empieza a encontrar aquello que lo hace único: sus *creencias, necesidades* y *valores*.

Cuando ya tiene una idea clara sobre usted, puede iniciar el recorrido en una de las tres etapas de tercer círculo. Puede comenzar por observar los resultados que ya ha alcanzado, destacando *aquello que funciona bien*. Continúe con el *análisis de sus alternativas*. Ya está usted listo para iniciar la *acción*, que lo devolverá a considerar los resultados obtenidos, y así continuará el ciclo sucesivamente. Toda esta actividad está rodeada de un círculo externo que representa la habilidad para hacerse *preguntas poderosas* que lo fortalecerán, le ayudarán en el recorrido y le permitirán adquirir más conciencia de sí mismo.

En las siguientes secciones exploraré con más detalle estos ciclos.

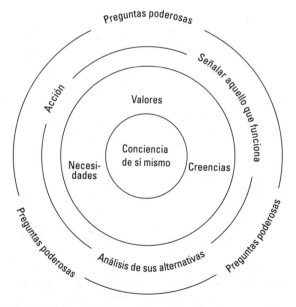

Figura 3-1: El círculo del coaching personal.

Prepare su equipo de supervivencia

Para empezar el recorrido necesita un conjunto de cualidades que le permita desarrollarse y precisar su identidad. Estas cualidades lo harán continuar adelante y le ayudarán a encontrar su camino en medio de los recodos de la ruta. Debe incluir conciencia de sí mismo, actitud positiva, motivación y una enorme cantidad de preguntas que le ayuden a llegar a su destino.

Busque apoyo en las preguntas poderosas

El proceso del coaching lo remonta a un hábito que todos tuvimos de niños, cuando preguntábamos incesantemente por todo lo que había a nuestro alrededor. Como adulto, es posible que haya perdido la costumbre de preguntar y explorar, porque considera que sus preguntas deben ser inteligentes y no quiere parecer estúpido. Piensa que puede arreglárselas bien a pesar de que es consciente de que ignora muchas cosas. Con el coaching puede recuperar la curiosidad infantil que le permitirá llegar a lo que realmente le interesa. Apóyese en preguntas que le den fortaleza; por ejemplo: "¿Qué pasará si no realizo este cambio en mi vida?" En el capítulo 7 se ofrece orientación para formular estas preguntas, una excelente ayuda en su recorrido.

Seleccione lo que debe creer

Usted tiene toda una serie de concepciones útiles sobre sí mismo y otras que son destructivas. Por ejemplo, yo creo que soy muy buena con las palabras y muy mala con los números. El concepto positivo me dio la confianza necesaria para escribir este libro, algo que es excelente. Sin embargo, el concepto negativo me lleva a aplazar continuamente mi contabilidad, algo que es desastroso. Gracias al coaching se fortalecen los conceptos positivos sobre uno mismo y se reducen o rechazan los negativos, liberándolo de esas dudas que le impiden lograr lo que quiere. En el capítulo 5 trataré el tema de las creencias con más detalle.

Descubra los valores que le sirven de motivación

Los valores, junto con las creencias, se encuentran en el círculo interno del coaching (figura 3-1). Estos valores se refieren a aquello que es importante para usted, sus necesidades, en gran parte lo que lo impulsa a avanzar. Usted ha creado esa motivación en su interior a medida que ha ido construyendo su mundo. Comprender cómo funcionan esos valores y necesidades es una excelente herramienta para avanzar. En el capítulo 6 se trata este aspecto con mayor profundidad.

Encuentre lo mejor sí mismo

En el centro de los círculos del coaching se encuentra la *conciencia de sí mismo,* es decir, la comprensión de usted mismo y de cómo responde a su entorno. Cuanta más conciencia tenga, más capaz será de entender a los demás y de interactuar mejor con ellos.

El mejor resultado de cualquier proceso de desarrollo personal consiste en alcanzar el más alto nivel de conciencia de sí mismo, y uno de los mejores métodos para lograrlo es el proceso del coaching. Al conocerse mejor, usted empieza a cambiar aspectos de su comportamiento que no le hacen bien, puede averiguar qué lo hace feliz, puede ser realista acerca de lo que no está dispuesto a sacrificar y, finalmente, puede encontrar paz y armonía espiritual consigo mismo y su lugar en el mundo. En el capítulo 4 encontrará más detalles sobre cómo entenderse mejor, sus preferencias y sus actitudes.

Al terminar un programa de coaching un cliente me comentó que su meta era encontrar la manera de equilibrar las demandas de su profesión y las de su familia, o aceptar que debía sacrificar algo y sentirse a gusto con esa decisión. A veces es necesario aceptar que no se puede tener todo y que la tranquilidad frente a esa decisión es una forma de conocimiento personal.

Las etapas del recorrido

¿Ya tiene el equipo? Muy bien. Ha llegado el momento de dar los primeros pasos. Esta sección le proporciona una visión general de las etapas en este viaje. Recuerde que se trata de un trayecto circular. En general, se inicia con el planteamiento de aquellos aspectos que se quieren cambiar, después se buscan las alternativas para hacerlo y, posteriormente, se toman las medidas pertinentes.

Considere los aspectos que sí funcionan

En el proceso del coaching se analizan tanto los aspectos que sí funcionan en la vida como aquellos que van mal. Cambiar el enfoque le permite ver con claridad qué no quiere y, al mismo tiempo, tener una actitud más decidida para iniciar la acción. Al poner más énfasis en lo que hace bien y le produce gusto, muchos otros aspectos encuentran su lugar. Usted seguirá sintiendo el impulso hacia el cambio y los comportamientos nuevos, pero su actividad central será identificar los nuevos hábitos positivos, sin culparse por sus antiguas malas costumbres. El capítulo 8 le ayudará a desarrollar ese conocimiento necesario para identificar lo que sí funciona en su vida.

Explore sus alternativas y posibilidades

Durante el recorrido del coaching usted se anima a probar nuevos enfoques en la búsqueda de sus metas. Si sigue actuando como siempre, lo más probable es que llegue a los mismos resultados de siempre; la flexibilidad, la creatividad y la imaginación se convierten en sus nuevos aliados sólo cuando prueba opciones nuevas. El capítulo 9 analiza más detalladamente sus opciones.

Empiece a actuar

Una vez haya identificado lo que realmente quiere o su meta específica, así como la manera de alcanzarla, puede poner en marcha las acciones —paso a paso— que lo conduzcan a ella. En el capítulo 10 presento cómo planificar la acción de una manera efectiva.

Ubique su lugar en el recorrido

¿Dónde está usted? Puesto que está organizando su viaje de coaching, tiene que decidir por dónde empieza. Su punto de partida depende de lo que necesita en este momento. ¿Se siente estancado y no sabe cómo salir del atolladero? Probablemente lo primero que quiera hacer es averiguar qué quiere cambiar realmente y precisar, después, su motivación. Tal vez ya tenga un plan pero le falte confianza en sí mismo para llevarlo a cabo; en ese caso, le convendría revisar las creencias que lo inmovilizan. O tal vez note que el compromiso que lo impulsa a alcanzar sus metas se ha debilitado, de manera que sus estrategias de acción requieren más atención.

La siguiente actividad le ayudará a identificar dónde se encuentra en la ruta.

Antes de comenzar el recorrido en busca de la conciencia de sí mismo, hágase las siguientes preguntas:

✔ ¿Sé por qué me comporto como lo hago? (capítulo 4).

✔ ¿Sé cuáles de mis creencias me ayudan y cuáles me limitan? (capítulo 5).

✔ ¿Conozco mi verdadera motivación en la vida? ¿Qué necesidades tengo y cómo las asumo? (capítulo 6).

✔ ¿Sé cuestionarme? (capítulo 7).

✔ ¿Sé qué me sirve y por qué? (capítulo 8).

✔ ¿Qué tan flexible soy en la búsqueda de alternativas y soluciones? (capítulo 9).

La escalera de los aplazamientos

Martín, un cliente que hacía coaching conmigo, había trabajado con bastante éxito para vencer su costumbre de aplazar las acciones y decisiones. Decía que plantearse las razones que llevan a postergar las acciones es muy parecido a subir una escalera.

En primer lugar, Martín se dio cuenta de que su costumbre de aplazar algunas tareas hasta el último minuto era una estrategia; la descarga de adrenalina que se producía al final hacía que su trabajo fuera muy bueno. Como esta actitud no siempre llevaba al resultado adecuado porque muchos otros aspectos sufrían (por ejemplo, la relación con sus frustrados colegas), decidió buscar otras formas de motivación que aumentaran su rendimiento. Al recapacitar, describía el compromiso de encontrar otros tipos de motivación como "el primer escalón", y durante un tiempo este paso funcionó bien. Sin embargo, Martín seguía aplazando sus decisiones en algunas áreas y sentía que no había llegado todavía a la causa real del problema.

Durante el proceso de coaching se dio cuenta de que estaba convencido de que si dejaba las cosas para el último momento y no alcanzaba a cumplir, siempre podía decirse que no había tenido suficiente tiempo y no tenía por qué sentir que no era "tan competente". Este descubrimiento fue el "segundo escalón", de manera que se dedicó a fortalecer su autoestima para no seguir aplazando las decisiones.

Martín encontró entonces el "tercer escalón". A pesar de todas sus estrategias para mantenerse motivado y fortalecer su autoestima, seguía aplazando algunas actividades, por ejemplo el presupuesto mensual de ventas, porque no estaba realmente comprometido con los resultados. Empezó a analizar las razones de su actitud y se dio cuenta de que quería cambiar el rumbo de su carrera para recuperar la energía que solía tener. Buscó en su compañía otra posición más cercana a sus verdaderas inclinaciones.

Al pasar por los distintos peldaños de la escalera, Martín pudo encontrar la solución apropiada. Si no hubiera subido los primeros dos escalones, no lo habría conseguido.

✔ ¿Soy efectivo cuando decido actuar? ¿Qué estrategias utilizo? (capítulo 10).

Recuerde que usted se está desplazando todo el tiempo entre los círculos del coaching y cuenta con distintos niveles de comprensión y conocimiento de sí mismo. Dedicar unos minutos a pensar qué lo motiva y encontrar algunas respuestas no significa que ya tenga las soluciones. Lo importante es que se conoce mejor. Posiblemente no experimente un cambio radical, pero tiene una mejor comprensión de sí mismo.

Imagine que sube a una montaña. El aire es más limpio a medida que asciende y cada vez ve mejor el paisaje que lo rodea. Desplazarse por los distintos niveles del conocimiento personal significa que es capaz de interpretar la interrelación entre sus acciones y puede ser más consecuente consigo mismo. Acepte que puede avanzar rápidamente por algunos niveles —posiblemente la comprensión de aquello que lo motiva— y que es posible que se atasque en niveles relativamente bajos, por ejemplo en el área de sus creencias. El ritmo de su progreso no será constante, y eso está bien.

Califique sus progresos

Con frecuencia el proceso del coaching produce resultados difíciles de medir, ya que son más cualitativos que cuantitativos. Si su meta es un ascenso laboral, sabrá que la ha alcanzado cuando reciba el nuevo contrato. ¿Qué pasa si tarda un año en alcanzar la meta? Siempre existen formas de calificar el progreso y de ver cuánto ha avanzado, algo que constituye una gran ayuda especialmente cuando el proceso no es fácil.

A medida que usted cambia y progresa establece estándares más altos y a veces es fácil olvidar dónde empezó. ¿Alguna vez ha realizado un proyecto de renovación en su hogar? El trabajo puede volverse frustrante a medida que se acerca el final y es necesario mirar las fotografías de los escombros y el desorden para hacerse una idea de la transformación.

Utilice las metas intermedias para celebrar

Muy probablemente no alcanzará de un día para otro una meta importante. Por esa razón, le conviene pensar cómo va a celebrar los logros que vaya obteniendo en el camino. Una bonita figura, conseguir un ascenso o dejar un hábito nocivo para la salud son metas que también proporcionan beneficios durante el proceso, además de los que se consiguen al final, y bien vale la pena celebrarlas. Estos acontecimientos son independientes del propósito que usted se ha propuesto. Pueden ser tangibles, como bajar una talla (si su objetivo final es reducir tres), o preparar un excelente currículo para solicitar un trabajo. Sus metas pueden producirse por etapas; por ejemplo, mantener el compromiso de no consumir licor o tabaco durante un mes.

Premiarse cuando alcance metas intermedias ayuda a centrarse en lo inmediato, el aquí y el ahora, y no simplemente en el futuro. Además, refuerza su compromiso.

¿Qué es para usted un estímulo? Naturalmente, alcanzar la meta es un gran estímulo, pero es probable que se haya propuesto un objetivo a largo plazo. Si tiene que esperar meses e incluso años para poder felicitarse por algo bien hecho, no le resultará fácil mantener la motivación. Es mejor fijarse metas intermedias que pueda asociar con pequeñas satisfacciones o premios que mantengan vivo su entusiasmo.

No celebre el logro de una meta intermedia con un premio que vaya contra el objetivo final. Si su propósito es adelgazar, no se premie con un banquete cada vez que logre bajar de peso. Busque premios nutritivos y saludables. Tampoco han de ser recompensas caras, aunque puede darse algún pequeño lujo cuando la meta que alcance valga la pena. Considere alguno de los siguientes ejemplos:

- ✔ Dos horas de lectura de una buena novela.

- ✔ Un relajante baño de espuma.

- ✔ Un circuito de golf.

- ✔ Un rato de su deporte favorito en TV.

- ✔ Una ida al cine o al teatro.

- ✔ La compra de algo que desde hace tiempo desea.

- ✔ Un fin de semana en el campo con un amigo o con un ser querido.

- ✔ Algo novedoso, que libere adrenalina, como dar una vuelta en helicóptero o practicar un deporte extremo.

Piense en las cosas que le gustan y tiene que aplazar porque debe atender primero otras responsabilidades. Un premio puede ser una de estas actividades que no hace todos los días y para la que no siempre tiene tiempo.

¿Por qué no introducir un elemento de sorpresa en sus recompensas? Pídale a alguien que escoja al azar una opción de su lista de recompensas en el momento en que se la merezca. Puede también poner bonos de premio en tarjetas individuales en una caja que le sirva como "banco de estímulo" y, cada vez que complete una meta significativa, sacar una tarjeta al azar.

En el capítulo 10 se presentan las metas intermedias con detalle.

Una palmadita en la espalda

Una de las maneras más sencillas de señalar el progreso es darse una palmadita en la espalda cuando observe que ha avanzado. Una de las personas más felices que conozco es un antiguo jefe mío, cuyo secreto está en buscar las pequeñas cosas del día que lo hacen sentirse orgulloso, y felicitarse por ello.

La mayoría de la gente no está acostumbrada a darse crédito de esa manera y lograr que lo haga implica toda una batalla con su crítico interior (en el capítulo 7 se trata el tema del crítico interior). Ensaye a darse crédito en cualquier situación: desde encontrar aparcamiento en una zona congestionada hasta hacer una excelente presentación para un cliente. En la medida en que convierta en un hábito los reconocimientos, le será mucho más fácil dedicar esos momentos de reflexión a celebrar los grandes y pequeños pasos en dirección a las metas importantes de su vida.

Busque personas que lo estimulen

No todas las personas a su alrededor estarán convencidas de su compromiso con el cambio. Para algunas será difícil aceptar que ha iniciado un proceso de cambio, especialmente para aquellas que están en otro momento de la vida o consideran que, de alguna manera, el cambio que usted está llevando a cabo desorganiza su mundo.

Identifique quiénes pueden estimularlo en el proceso del coaching. Probablemente esas personas también estén llevando a cabo alguna actividad de cambio y puedan darle apoyo cuando sufra altibajos. Seguramente verán con satisfacción las acciones positivas que usted emprenda y estarán siempre listas a ofrecerle unas palabras de estímulo. Una forma de afirmarse en el proceso es identificar con anticipación quiénes pueden darle apoyo e informarles sobre sus planes. Después de declarar abiertamente sus intenciones, tendrá más posibilidades de cumplir con su propósito y podrá disfrutar compartiendo su progreso con los demás.

No hay necesidad de predicar a los cuatro vientos sus metas tratando de que la opinión de todos lo impulse a seguir adelante. Podría sentirse culpable y la culpabilidad poco sirve cuando debe guiarse a lo largo del proceso de cambio, aunque a veces parezca dar buenos resultados. Algunas personas necesitan comentarle sus metas a todo el mundo, incluso a quienes ellas creen que, en el fondo, esperan que el proceso falle. En estas circunstancias funciona la teoría del "tengo que demostrarles que soy capaz". Por mi experiencia y

Cadena de favores

Posiblemente usted haya leído el libro *Cadena de favores* o haya visto la película basada en él, en la que un niño transforma el mundo con una idea surgida de un proyecto escolar: el pago con tres buenas obras por cada cosa buena que uno recibe.

Investigaciones recientes sobre la felicidad sugieren que un factor clave en el bienestar personal está en ayudar a los demás a ser felices. Es una de las razones por las que la gente que hace trabajos voluntarios se muestra satisfecha a pesar de que el tiempo y el esfuerzo que dedica a su trabajo no tiene retribución económica. No se trata de dedicar todo el tiempo al servicio de los demás (a no ser que eso quiera) pero, al prepararse para el proceso de coaching, es importante mirar más allá de sí mismo. Los pequeños detalles amables de la vida no sólo benefician a quien los recibe sino también a quien los tiene con los demás. Un elemento clave en el coaching consiste en encontrar nuevas y mejores formas de vivir la vida cotidiana. Un cambio muy sutil de actitud puede producir transformaciones sorprendentes en su forma de percibir la realidad. Busque más inspiración sobre el tema en `www.helpothers.org`.

la de muchos de mis clientes sé que se logran mejores resultados a largo plazo si no se utiliza el sentimiento de la culpa como impulso.

Anticipe los retrocesos y las reincidencias

Acepte la realidad: en el proceso de cambio tendrá retrocesos. Pero estancarse no es tan terrible si puede prever cómo salir de esa situación. Tenga en cuenta las siguientes guías para anticipar los retos que tendrá que enfrentar:

- ✔ **Recuerde que el cambio implica esfuerzo y que puede ser mucho más difícil de lo que imagina.** Darle forma a la vida que usted quiere ennoblece, de manera que piense en los recursos que va a necesitar en este programa de cambio, en especial en materia de tiempo. Los atajos pueden llevar a periodos de estancamiento más largos.

- ✔ **Elija los métodos apropiados y no las teorías más recientes de "sea feliz y rico rápidamente".** Si algo que inició no le funciona, prepárese para analizar las causas y luego dedíquese a otra actividad.

✔ **Convénzase de que siempre confiamos demasiado en nuestra fuerza de voluntad.** Casi nadie tiene una fuerza de voluntad tan férrea que pueda vencer las tentaciones. Evite las acciones, por pequeñas que sean, que puedan poner en peligro sus propósitos; por ejemplo, tener golosinas en su casa cuando quiere perder peso (¡incluso si dice que las galletitas son para las visitas!).

✔ **Acepte la realidad: casi nunca se alcanza el resultado al primer intento.** Si está entrenándose para una carrera, debe esperar los mejores resultados después de largas sesiones de preparación y entrenamiento, no el primer día del programa. Claro que a veces podrá lograr sus metas en el primer intento y se sentirá feliz ya que dio en el blanco, pero son situaciones excepcionales.

✔ **Espere lo inesperado.** El recorrido hacia el cambio no sigue una línea recta. Puede encontrar sorpresas, encerrarse en sí mismo, andar en zigzag, perderse en rincones oscuros y de pronto descubrir que ha vuelto al punto de partida, pero se dará cuenta de que es rico en experiencias y conocimientos, y posiblemente haya avanzado mucho con relación a la posición inicial.

✔ **No olvide considerar que su estado emocional es importante.** A veces es necesario retirarse para recuperarse, porque se siente maltratado por la situación. De pronto el esfuerzo lo hace sentirse viejo, o una situación personal dolorosa lo aparta de la ruta propuesta. Sea cual fuere la razón, ha de estar preparado para retirarse temporalmente, cuidar su estado emocional y recuperar fuerzas para la siguiente etapa del recorrido.

✔ **No pierda la curiosidad.** Si su entusiasmo decae, no quiere decir que haya fallado: significa que debe reflexionar y hacer algunos ajustes. Prepárese para aprender de estas etapas de falta de entusiasmo, pues empezará a desarrollar cierta curiosidad útil que le permitirá salir de los atolladeros y avanzar a la etapa siguiente.

Lleve un diario de su actividad

A medida que realice las actividades de este libro se dará cuenta de que el hecho de anotar sus pensamientos y reflexiones le ayuda a aclarar y a comprender mejor sus metas. Piense en iniciar un diario para registrar su progreso. Puede hacerlo de distintas formas. Algunos clientes tienen libretas y estilográficas lujosas. Otros se contentan con un simple cuaderno de argollas o una libreta donde anotan sus reflexiones. Los entusiastas de la tecnología suelen grabarlas en ordenadores portátiles.

Llevar un diario le permitirá:

✔ Dejar constancia de sus reflexiones sobre lo que aprende en las sesiones de coaching. Le ayudará a tener una visión más amplia en el tiempo, a conectar sus pensamientos, sentimientos y comportamientos. Podrá ver que existen ciertas tendencias que no serían tan obvias si no las hubiera escrito.

✔ Señale sus metas y resultados de manera que pueda volver a revisar lo que ha logrado. Este aspecto puede ser una excelente motivación en su viaje.

✔ Anote también los ataques de su crítico interior. A veces, releer estos despropósitos es más que suficiente para romper el hechizo y recuperar la confianza en sí mismo.

INSPIRACIÓN

Explore el significado de los objetos

En un taller de coaching al que asistí hace algún tiempo el formador nos pidió que reflexionáramos durante unos minutos sobre algunos ejemplos:

✔ De algo del pasado que nos hubiera afectado mucho.

✔ De algo del presente que nos hiciera sentir orgullosos.

✔ De algo del futuro que estuviéramos buscando.

Luego sugirió que, a medida que reflexionábamos, buscáramos objetos que representaran esas situaciones y que, al volver a la sesión, explicáramos al resto del grupo la razón por la cual esos objetos tenían significado en relación con los eventos en cuestión.

Los resultados fueron impactantes. Algunas personas trajeron hojas de árboles y piedras, otras las llaves del automóvil o una cartera. Cada objeto tenía una historia personal que ayudaba a aclarar el significado de una situación que había vivido esa persona o que esperaba con ilusión. Por ejemplo, la hoja de roble representaba el deseo de ser más natural, las llaves estaban relacionadas con un cierto sentido de libertad. No sólo fue más fácil para las personas hablar de cosas importantes si las representaban de esta manera, sino que también los objetos les siguieron recordando sus ideas mucho tiempo después de haber terminado el taller.

Exprésalo con imágenes

El registro del progreso no necesariamente debe expresarse con palabras. Muchas personas encuentran más significado si emplean imágenes. Hacen un collage, un álbum de recortes o una serie de dibujos que representan las etapas del viaje. Si tiene una habitación individual, puede poner un cronograma en la pared con las etapas que va pasando. Hay muchas formas creativas de expresar el proceso.

También puede emplear objetos para recordar sus metas y reflexiones.

Parte II
Recorrido personal

The 5th Wave   Rich Tennant

"SI SE SUPONE QUE YA HE SUPERADO LA CIMA DE LA COLINA, ¿POR QUÉ SIENTO QUE SIGO SUBIENDO?"

En esta parte...

En los siguientes capítulos usted analizará sus puntos fuertes. Tendrá en cuenta las creencias o los conceptos que debe dejar atrás y encontrará la forma de navegar con sus propias coordenadas, centrándose en los valores que pueden darle un verdadero impulso. Pregunte y siga preguntándose. Centre su atención en aquello que funciona, en las opciones que tiene y en su mejor plan. Organícese y planifique cómo mantener el compromiso que tiene consigo mismo.

Capítulo 4

Saque el mejor partido de sí mismo

En el presente capítulo dará los primeros pasos en su recorrido de coaching mediante un mayor conocimiento de sí mismo. Para empezar, piense en sus puntos fuertes como recursos valiosos con los que puede contar en cualquier momento. Entenderá que aquellos aspectos que consideraba debilidades son mucho menos importantes de lo que creía. Será el momento de conocer algunas actitudes y conductas que quisiera adoptar —ser más organizado o tener habilidades para hablar en público, por ejemplo—, y empezará a experimentar con otras formas de abordar la realidad. Ante todo, se dará cuenta de que tiene un estilo único que puede desarrollar para conseguir una personalidad más plena y ser más auténtico.

Tenga en cuenta que usted tiene dones únicos

Cuando era pequeño nunca pensó que, ya que gateaba tan bien, su destino sería gatear durante el resto de su vida porque era su principal fortaleza. Incluso, cuando empezaba a caminar y se caía con más frecuencia que los demás niños de su edad, nunca se dio por vencido. Pronto pudo caminar tan bien como había gateado.

Sin embargo, muchas personas se estancan a medida que crecen porque se refugian en ciertos calificativos (por ejemplo, "yo no puedo con la ortografía"). Uno empieza a darse cuenta de que hay cosas que se le facilitan e ignora lo que le cuesta trabajo. Los demás, incluidos sus padres y sus maestros, posiblemente refuercen esa conducta diciéndole que tiene aptitudes para la música, pero que el campo del arte no se le da muy bien. Puesto que desde muy temprano aprende que las cosas bien hechas reciben reconocimiento, tiende a hacer éstas en busca de las puntuaciones más altas y fáciles de obtener.

Esto no está mal, en absoluto. Posiblemente esta actitud le ha dado muchas satisfacciones: excelente calificación en un examen, un triunfo en su deporte favorito o un ascenso en el trabajo gracias a sus dones naturales.

Probablemente usted también ha sufrido frustraciones y siente que algunas cosas simplemente están fuera de su alcance. A pesar de sus múltiples esfuerzos, se sigue sintiendo inepto frente la computadora, o es la séptima vez que presenta el examen de conducir y no lo aprueba, y ya no le parece gracioso. La gente tiene una gran capacidad de adaptación y encuentra soluciones para no hacer lo que no le gusta o le cuesta. Deja los asuntos informáticos en manos del compañero o sigue viajando en autobús. Pero aunque es posible evadir situaciones y nadie se da cuenta de que lo hace, no se engaña a sí mismo.

Imagínese capaz de enfrentar y asumir cualquier reto, todo lo que se le presente. Piense en sí mismo frente a montones de datos que se le facilitan y también frente a algunos que, por ahora, tendrá que enfrentar con talentos todavía ocultos. Considere sus "debilidades" como simples aspectos de su personalidad y no de los más importantes. Puede buscar un cambio de mentalidad con ideas como éstas:

✔ Hay más cosas que sí puede hacer que cosas que no puede hacer.

✔ Aquellas que no puede hacer suelen ser habilidades que aún no domina y que prefiere evitar. Si quiere, puede esforzarse y llegar a ser bueno en casi cualquier cosa, dentro de límites realistas.

✔ Al centrarse en sus cualidades positivas, que son únicas, puede progresar más que si se esfuerza por destacar en un campo que no es su fuerte. Esta posición le da la confianza necesaria para asumir retos mayores, con una actitud tranquila y productiva.

¿Qué hace usted muy bien?

¿Le es fácil ver sus puntos fuertes? Posiblemente le cueste, por una de las siguientes razones:

✔ **Considera sus puntos fuertes como lo más natural:** *Hacer algo bien es un estándar mínimo. Para obtener el nivel de excelencia, he de ser el mejor.*

✔ **Siempre relaciona sus puntos fuertes con alguna debilidad o con un mal momento:** *Logro que la gente sea participativa en las reuniones, pero a veces tardo mucho tiempo en conseguirlo.*

✔ **No sabe qué tan bueno es:** *No creo que esté haciéndolo bien porque nadie me lo dice.*

✔ **Se siente ridículo si se elogia:** *No quiero ser un presumido, como algunas personas que sólo hablan de sí mismas.*

¿Se da cuenta de que muchas veces lo que usted piensa de sus puntos fuertes está relacionado con lo que piensan de usted los demás? ¿O está relacionado con comparaciones con otras personas? ¿O que cuando identifica un punto fuerte, piensa de inmediato en algo que le resta valor? Pensar en los puntos fuertes y en las debilidades desde este punto de vista hace que se sienta juzgado; considera que las balanzas deben estar equilibradas y que, por lo tanto, debe de tener puntos negativos que contrarresten los positivos. Posiblemente esté tan acostumbrado a mirar lo que no le sale bien, que su autoestima se ha escondido; en el capítulo 13 encontrará consejos para fortalecerla.

En vez de pensar en puntos "buenos" y "malos", hágase la siguiente pregunta: "¿Qué cualidades me hacen único?" Aunque para responder piense en los mismos argumentos ya expuestos, es una forma distinta de verse. La pregunta se centra en aquello que lo hace único. Si confía en sus aspectos positivos, puede ser más objetivo con las demás características de su personalidad.

Desde ese punto de vista, todo lo que gire en torno a quién es usted es importante para ser mejor. En lugar de ocuparse de sus debilidades, puede empezar a pensar en términos de las oportunidades que tiene de desarrollar los aspectos que le gustan en usted, aquello que sabe hacer, y tratar de cambiar lo que le estorba. Un rasgo de su personalidad que considere una "debilidad" puede convertirse en una de sus grandes fortalezas cuando haya encontrado el modo de utilizarlo de forma adecuada. Una antigua colega mía se preocupaba mucho porque se ponía nerviosa cuando debía abordar a un nuevo cliente y al principio le costaba empezar a hablar. Hasta que alguien le dijo que sus clientes la respetaban por su capacidad para escucharlos y se sentían mejor atendidos por ella que por sus compañeros, más seguros de sí mismos.

Dos postulados básicos del coaching sustentan la idea de que usted ya es "bastante bueno": "es recursivo" y "es capaz de lograr excelentes resultados" (véase el capítulo 19).

Pensar en cómo hace lo que hace bien es esencial en el proceso del coaching.

¿Cómo hace lo que hace? Fortalezca sus competencias

Además de que fortalece la confianza en sí mismo, el análisis de las oportunidades en que obtuvo resultados importantes es una buena forma de aprender sobre sí mismo. Un resultado importante no tiene que ser ganar el Premio Nobel de Paz; se trata simplemente de considerar aquellas cosas que salieron tal como usted quería. En el capítulo 8 defino el éxito.

Examine la siguiente lista de logros. Posiblemente todos estén en su lista:

✔ Obtuvo la licencia de conducir.

✔ Después de entrevistarlo, le ofrecieron trabajo.

✔ Invitó a salir a una persona que le interesaba.

✔ Aprendió a montar en bicicleta.

✔ Consiguió dominar una lengua extranjera.

✔ Tuvo éxito en una llamada de negocios.

✔ Aprendió a utilizar la computadora.

✔ Preparó un informe muy complejo para su jefe.

✔ En las vacaciones, se orientó sin dificultad por una ciudad desconocida.

✔ Preparó una cena elegante con los pocos ingredientes que había en el refrigerador.

Si tuviera que describir cómo hizo todo lo que anotó en la lista, su relato sería totalmente distinto del de otras personas, pero los detalles de cada tarea serían más o menos los mismos. Incluso el más sencillo de estos logros requiere muchos conocimientos y destrezas. La diferencia está en cómo los usa.

Junto a los conocimientos y las destrezas, el tercer componente mágico necesario para lograr excelentes resultados en cualquier empresa son las *competencias*, o *habilidades*, es decir, el "cómo" se lleva a cabo una acción. ¿Ha de escribir un informe complejo? Probablemente cuenta con suficientes conocimientos técnicos pero nunca ha escrito un informe. Use su capacidad de persuasión para conseguir la ayuda de alguien con experiencia.

Con frecuencia las competencias pueden compensar la falta de conocimientos o destrezas. Si sabe cómo usarlas, encontrará la forma de perfeccionar los conocimientos que le hacen falta. Lo mejor de todo es que las competencias no son cualidades que salen a relucir una vez al año; aparecen en todas las áreas de la vida, con algunas modificaciones aquí y allá. La tabla 4-1 presenta algunos ejemplos sobre cómo utilizarlas.

Tabla 4-1	Ejemplos del uso de las capacidades	
Competencia o habilidad	*En el trabajo*	*En el hogar/ a nivel social*
De comunicación	Escribir un informe.	Dar su opinión a un amigo sobre algún aspecto de las noticias.
Para obtener resultados	Concretar un negocio.	Termina a tiempo la organización de una fiesta de bienvenida.
Para trabajar en equipo	Preparar el presupuesto de su departamento con otros compañeros.	Preparar en compañía la comida para una gran reunión familiar.
De planificación y organización	Preparar una nómina de personal.	Organizar una celebración familiar.
De flexibilidad / adaptabilidad	Asumir trabajos adicionales.	Adaptarse a un gran cambio en la vida.
De contribución al desarrollo de otras personas	Dar formación y coaching.	Enseñar a un niño a montar en bicicleta.
Para solucionar problemas	Reparar una fotocopiadora atascada.	Acondicionar en la casa un espacio apropiado para un adolescente.

(continúa)

Tabla 4-1 *(continuación)*

Competencia o habilidad	En el trabajo	En el hogar/ a nivel social
Para establecer relaciones interpersonales	Atender clientes nuevos.	Formar parte de un grupo o asociación.

Otras habilidades que se pueden tener en cuenta son:

- ✔ Creatividad.
- ✔ Decisión.
- ✔ Iniciativa.
- ✔ Confianza en sí mismo.
- ✔ Persuasión e influencia.
- ✔ Negociación.
- ✔ Empatía.

Haga una lista de sus competencias o habilidades. Una buena forma de iniciar este "inventario" es solicitar a un amigo o familiar que lo describa. Es poco probable que le diga lo que usted puede hacer; se centrará, más bien, en cómo lo hace.

El proceso del coaching conlleva la búsqueda de aquellas prácticas que contribuyen a desarrollar recursos interiores que le permitan obtener los resultados que desea. Siempre que uno prueba cosas nuevas siente cierto temor porque aún no cuenta con el conocimiento ni la destreza apropiados. En todo caso, si cuenta con un conjunto de competencias bien desarrolladas, puede enfrentar cualquier reto.

Si desea averiguar algo más acerca de los recursos con los que usted ya cuenta en cuanto a conocimientos, destrezas y competencias para obtener resultados, siga estos pasos:

1. **Escriba una lista de Recursos Importantes a partir de diez ejemplos de logros que haya conseguido.** Recuerde incluir ejemplos de su vida laboral, familiar y social.

2. **Seleccione un ejemplo y analice qué destrezas utilizó para alcanzar ese logro.** Antes de aprender a usar la computadora, posiblemente usted ya dominaba el uso del teclado. ¿Qué

más aprendió? Es probable que aprendiera a navegar por internet. ¿Qué conocimientos tenía al empezar y qué había aprendido al final? ¿Qué competencias, o habilidades, utilizó en esta tarea? Enuncie todos los ejemplos que se le ocurran.

3. **Haga lo mismo con los otros nueve elementos de la lista.**

4. **Ahora analice cuidadosamente la gran cantidad de conocimientos, destrezas y competencias que tiene. Piense que en este ejercicio sólo analizó diez logros.** ¿Cómo sería la lista si la actividad los hubiera incluido todos?

5. **Piense qué quiere hacer con el conocimiento que ha adquirido.** Puede considerar las habilidades que ya tiene en determinadas áreas y transferirlas a otras diferentes. Plantéese nuevamente sus metas y analice qué habilidades propias y únicas pueden ayudarle a alcanzarlas.

Preste atención a sus preferencias

¿Se ha dado cuenta de lo fácil que es caer en una cómoda rutina cotidiana? Por ejemplo, se sienta siempre en el mismo lugar en las reuniones de equipo. Posiblemente antes de salir de su casa por las mañanas hace siempre lo mismo y siente cierto temor cuando se altera ese orden. La vida puede ser tan caótica que, consciente o inconscientemente, las personas prefieren seguir el mismo proceso en algunas actividades. Seguir patrones de conducta es una estrategia efectiva para enfrentarse a situaciones en las que uno está bajo presión o ha de tomar decisiones que conducen a territorios desconocidos.

Estas "preferencias" se parecen a esa cómoda prenda de vestir que usted usa cuando se queda en casa y no quiere ocuparse de coordinar la ropa que va a ponerse. Así como esa prenda de vestir está bien para la casa y en determinada situación, las preferencias no siempre son apropiadas en otras circunstancias.

¿Observa su interior o mira a su alrededor?

Los dos patrones de conducta básicos son la *introspección* y la *extraversión*. La gente extrovertida prefiere vivir hacia el exterior, piensa en voz alta y se relaciona con los demás, mientras que la gente introvertida prefiere darle sentido a su mundo mediante la reflexión interior, independientemente de los demás.

De la misma forma que todo el mundo posee algunos elementos de diferentes competencias, ciertas personas los expresan de manera extrovertida y otras de manera introspectiva. Tal vez usted sea más extrovertido que introspectivo. Disfruta en las reuniones acaloradas en las que la gente expresa sus ideas, pero no le gusta escribir. Sin embargo, parte de su trabajo implica preparar un detallado informe financiero que lo obliga a recluirse en la oficina durante un mes. Seguramente esta parte de su trabajo le desagrada, pues no es su fuerte. Para mejorar los resultados en su trabajo puede intentar aumentar las destrezas de introversión, aunque no sean tan sólidas como las de extraversión.

De vez en cuando conviene dejar la comodidad y ser más flexible para obtener buenos resultados en varias áreas.

Un buen ejemplo de cómo salir de esa posición de comodidad para hacer algo que no le resulta sencillo es escribir con la mano izquierda, si es diestro, o con la derecha, si es zurdo. Pruebe la siguiente actividad:

1. **Tome un lápiz y firme.** ¿Cómo se siente? ¿Cómodo? ¿Tranquilo?

2. **Firme ahora con la otra mano.** ¿Qué diferencias ve? Seguramente se siente menos cómodo y es más consciente de lo que está haciendo. ¿Cómo quedó la firma? Es posible que parezca falsificada.

3. **Repita el ejercicio seis veces más, cambiando de mano cada vez. Observe la diferencia.** Probablemente cada vez que repite el ejercicio se sienta un poco más cómodo y los resultados parezcan mejores. Si continúa realizando esta práctica, los resultados llegarán a ser bastante buenos y podrá escribir con ambas manos.

Cuantas más veces realice un trabajo o emplee una habilidad o rasgo de su personalidad, más cómodo se sentirá; habrá adquirido cierta destreza en esa área. Sigue disfrutando al ponerse su vieja prenda de vestir, pero la sensación de comodidad que le produce empieza a parecerse a la del traje elegante. ¡Y sin lugar a dudas al cliente nuevo le causará una mejor impresión su traje elegante!

Descubra sus estilos de conducta

A sus tipos de conducta habituales, ya sea la introversión o la extroversión (explicados en la sección anterior), se les añade otra dimensión: usted puede estar más cerca de las *tareas* o de las *personas* involucradas. Por ejemplo, está más centrado en las tareas si, como directivo de una empresa, piensa primero en los resultados financieros y considera a las personas como parte del sistema y los procesos que llevan a los resultados. Por otra parte, un directivo con un enfoque más humano piensa primero en la gente e intenta que el sistema y los procesos funcionen con esas personas. Ambas posiciones tienen ventajas y desventajas cuando se llevan a extremos: un buen directivo intenta compensar sus propias tendencias adaptando su conducta o buscando que las compense algún miembro del equipo.

Cuando suma su preferencia por la extroversión o la introversión y su inclinación hacia las tareas o las personas, obtiene un cierto estilo o manera de ser que puede reconocer también en otras personas. Es de gran importancia conocer su estilo para definir los tipos de conducta que quiere desarrollar y para predecir la reacción de las personas que lo rodean frente a sus acciones. El conocimiento de los estilos de conducta es útil por las siguientes razones:

✔ Puede dar pasos que le permitan conseguir sus objetivos ajustándose al estilo en que le gusta hacer las cosas, de modo que cumple sus metas con menos esfuerzo y más satisfacción.

✔ Puede identificar a las personas que tienen un estilo de conducta diferente del suyo y ver cómo ellas alcanzan sus metas en áreas en las que posiblemente usted no se sienta seguro.

✔ Entenderá mejor las razones por las cuales las personas que lo rodean reaccionan de determinada forma ante su conducta y podrá asumir mejor situaciones de conflicto y resistencia a medida que introduce cambios.

Muchos caminos le ayudarán a comprender su estilo particular de conducta. El siguiente ejercicio le ofrecerá una rápida imagen de su estilo de conducta preferido.

1. **Estudie las columnas A y B de la tabla 4-2. En cada pareja de actitudes señale aquella con la que más se identifica.** Por ejemplo, si a veces se arriesga y otras veces evita el riesgo, pero en general es prudente frente a los riesgos, marque la respuesta de la columna A. Sume el total de marcas en cada columna.

2. **Haga lo mismo con las columnas C y D.** Si se considera más del estilo "relajado y cálido" que "formal y correcto" en la mayoría de las situaciones, marque la respuesta de la columna C. Sume el total de marcas en cada columna.

3. **Tome la puntuación total de la columna B y haga una marca en el número correspondiente de la línea horizontal de la**

figura 4-1. Esta puntuación muestra su tendencia hacia un estilo de conducta introvertido o extrovertido.

4. **Tome la puntuación de la columna D y haga una marca en la línea vertical.** Así se reflejará su tendencia hacia las tareas o las personas.

5. **La intersección de estas dos marcas muestra con cuál de los cuatro estilos de conducta se siente más a gusto.**

Tabla 4-2

Columna A	Columna B
Evita el riesgo	Se arriesga
Lento para decidir	Rápido para decidir
Indirecto	Directo
Tranquilo	Impaciente
Prefiere escuchar	Prefiere hablar
Reservado	Abierto
Se reserva sus opiniones	Expresa frecuentemente sus opiniones

Puntuación total A:

Puntuación total B:

Columna C	Columna D
Relajado y cálido	Formal y correcto
Se guía por las opiniones	Se guía por los hechos
Abierto	Reservado
Flexible con el tiempo	Estricto con el tiempo
Enfocado en las relaciones	Centrado en las tareas
Comparte sentimientos personales	Se reserva sus sentimientos
Intuitivo	Analítico

Puntuación total C:

Puntuación total D:

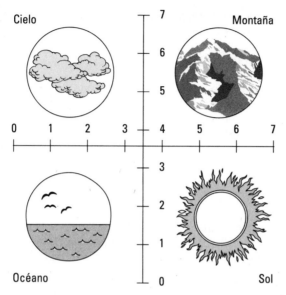

Figura 4-1: Encuentre su estilo de conducta.

Si su estilo es Montaña:

✔ Le gusta centrarse en las tareas y los resultados con una actitud extrovertida.

✔ Se inclina hacia la acción, la toma de decisiones, la efectividad y los resultados.

Si su estilo es Sol:

✔ Le gusta estar rodeado de gente y prefiere tener una actitud extrovertida.

✔ Se inclina hacia la espontaneidad, el entusiasmo, la diversión y la colaboración con los demás.

Si su estilo es Océano:

✔ Le gusta estar rodeado de gente y tiende a ser reflexivo.

✔ Se inclina a la paciencia, la sensibilidad y el apoyo.

Si su estilo es Cielo:

✔ Le gusta centrarse en las tareas y resultados y prefiere una actitud más reflexiva (introvertida).

✔ Se inclina a pensar muy bien las acciones, las estructuras y planifica todo a fondo.

¿Qué observó durante esta actividad?

✔ A veces le resultó difícil decidirse por una de las opciones propuestas. Considera que en algunas situaciones es espontáneo y en otras se comporta con cautela. Usted es un ser humano complejo y todas sus respuestas varían. Esa diversidad lo hace único.

✔ Las altas puntuaciones obtenidas que lo ubican en determinado estilo, ¿lo distancian realmente del estilo opuesto? ¿Considera que su estilo es, decididamente, el "mejor"? Descubrir lo mejor de sí mismo implica celebrar las cualidades positivas únicas y también conlleva conocer las que puede desarrollar. Mostrarse receptivo a los beneficios de las cualidades opuestas a las suyas puede ser muy liberador.

✔ Por otra parte, ¿mira el estilo opuesto con cierto remordimiento, con cierto anhelo de que fuera el suyo? Probablemente a otras personas les pase lo mismo con usted; empiece a valorar sus cualidades; piense qué más puede ampliar, si lo desea.

Este ejercicio le ha dado una idea del entorno general de conducta en el que usted prefiere desenvolverse. Posiblemente encuentre otras personas que también se sientan cómodas en ese entorno; le parecerán muy distintas de usted en algunos aspectos, aunque existe con ellas una estrecha relación porque, en esencia, tienen muchas cosas en común. Intentará relacionarse con personas de un estilo opuesto por esa misma razón. En realidad, muchas relaciones exitosas, ya sea matrimonios o asociaciones, se basan en el concepto de que "los polos opuestos se atraen"; instintivamente buscamos los aspectos distintos de nuestro estilo, probablemente intentando encontrar un complemento.

Identificar el estilo personal es un excelente punto de partida para el conocimiento de sí mismo. Puede considerar estilos de conducta opuestos al suyo y probar algunos aspectos que puedan servirle, igual que sucedía en el ejercicio de escribir primero con una mano y después con la otra. Reflexione más antes de dar su opinión, o comparta esa idea que todavía no tiene del todo clara. Puede hacerlo porque, en el fondo, usted ya posee características de todos los tipos de conducta y puede elegir otro estilo y ver qué resultados produce el cambio. ¡La clave es ser flexible!

Para tener una visión más completa de sí mismo puede recurrir a las *pruebas psicométricas*, que miden rasgos de la personalidad. Estas pruebas parten del principio de "autorreconocimiento", que a su vez se basa en la idea de que usted responde el cuestionario basándose en la percepción que tiene de sí mismo. La aplicación e interpretación de la mayoría de estas pruebas está en manos de profesionales certificados. Los resultados pueden servir de guía y punto de partida para conocerse. Si está interesado en el tema de las pruebas psicométricas, busque en internet y seleccione instituciones reconocidas.

¡No se deje encasillar en los perfiles de personalidad! Es fácil tomárselos literalmente e ignorar que cada individuo tiene una personalidad compleja y única capaz de adaptarse a todas las conductas humanas. Los perfiles de personalidad son útiles para identificar las áreas en las que se concentran sus preferencias, de manera que le sirvan de guía para su crecimiento y desarrollo personal. No permita que se conviertan en un molde rígido, una especie de sello en su mente que diga "acéptame como soy, con todos mis defectos".

Nuevas conductas

Encontrar lo mejor de sí no significa que deba cambiar su forma de actuar; se trata, generalmente, de adaptar algunos comportamientos para obtener mejores resultados.

En realidad, una parte fundamental del coaching consiste en la voluntad de alcanzar un mayor desarrollo personal. Sin embargo, algunas personas son incapaces de cambiar. Seguro que usted conoce personas que han hecho grandes cambios en la vida y al final han regresado a su conducta y comportamiento iniciales. Por ejemplo, el fumador que deja el cigarro durante diez años y de pronto recae en el habito; o el individuo calmado que vuelve a ser irascible después de muchos años de haber controlado sus emociones. Son evidencias bastante desalentadoras de que "la mona, aunque se vista de seda, mona se queda".

Frecuentemente el proceso de cambio es duro y desafiante. Sin embargo, recaer continuamente en las conductas antiguas no significa que sea incapaz de cambiar. Cada nuevo intento aporta información sobre lo que funciona, de manera que se encontrará más cerca del cambio duradero. Piense en la leyenda de Thomas Edison cuando inventó la bombilla eléctrica: se dice que realizó más de diez mil ensayos y que no veía en ellos una prueba de que su idea no iba a funcionar, pues consideraba que cada "fracaso" era un paso que lo acercaba al éxito.

Fundamentalmente, su esencia individual nunca cambia. Los Alcohólicos Anónimos actúan bajo el principio de que una persona puede ser siempre alcohólica, pero es capaz de cambiar su conducta de manera que no viva como alcohólica. Este planteamiento puede parecer deprimente, pero también puede ser muy estimulante saber que su fuerza de voluntad es tan poderosa que le permite elegir una mejor forma de vida y ser una mejor persona.

Empiece a pensar de una manera diferente con relación al proceso de cambio. Enriquézcase con nuevos hábitos. Cualquier persona que haya tenido éxito en un tratamiento para perder peso le dirá que suspender esas golosinas le servirá durante un tiempo, pero incluir en sus hábitos el ejercicio regular no solamente le hará perder peso, sino que no le dejará tiempo para comerse esos bocados tan poco saludables (¡a no ser que sea tan adicto que pueda comerse un helado y pedalear en la bicicleta estática al mismo tiempo!).

Piense en su estado de ánimo cuando decide hacer algo positivo, que le gusta y le parece fácil. Compárelo con la situación opuesta, la sensación de privación que le produce el esfuerzo de luchar contra un mal hábito. La verdad es que casi siempre se disfruta mucho más al hacer algo que al intentar no hacerlo.

Elija conductas nuevas en lugar de apegarse a las conductas viejas; vivirá mucho mejor.

Capítulo 5

Elija sus creencias

· ·

· ·

Es posible que tenga una idea clara sobre los aspectos que quiere cambiar o mejorar en su vida, por ejemplo adoptar una posición más decidida o establecer un negocio propio, y ya ha considerado sus posibilidades. Tal vez ya tiene un plan pero, por alguna razón, no lo ha concretado. Se siente frustrado porque es un buen plan y lo quiere poner en marcha. Sin embargo, sigue encontrando disculpas para aplazarlo o pierde impulso en el camino. Se dice que ahora no tiene tiempo o que primero ha de ocuparse de otras cosas.

¿Qué le pasa? ¿Es debilidad o pereza? Supongo que ya se habrá enfrentado varias veces a situaciones como ésta. Hay una buena noticia, sin embargo: la razón de este bloqueo no tiene nada que ver con la debilidad o la pereza o cualquier otro posible defecto suyo. Tiene este bloqueo porque probablemente, en el fondo del alma, cree que no es capaz de llevar acabo su plan o, aún peor, realmente no cree que merezca ser más feliz de lo que es ahora.

Este capítulo tratará acerca del poder que puede tener el profundo convencimiento que sirva para lanzarlo a la acción. Se verá cómo elegir aquellas creencias o ideas sobre sí mismo que le sirvan de apoyo y cómo reducir el número de creencias que lo limitan.

Comprenda cómo sus creencias determinan su personalidad

Probablemente no cuente con todos los recursos necesarios y su plan se reduzca a unos renglones garabateados en el reverso de un sobre; sin embargo, si su motivación tiene la fuerza necesaria y usted cree que puede lograrlo, su plan puede volverse realidad. La historia está llena de hombres y mujeres que han enfrentado dificultades y han superado inmensos obstáculos para lograr sus metas. Todos tienen algo en común: la profunda convicción de ser la persona idónea para alcanzar lo que se habían propuesto, la elegida, en el momento y la circunstancia precisos, ya fuera escalar una montaña o ganar una maratón.

En el coaching se entiende por *creencia* esa idea o convicción acerca de algo, específicamente sobre sí mismo. Las creencias positivas son la base de la acción. Tener creencias negativas, o creencias que ya no le sirven, tiene el efecto contrario y lo mantiene estancado. Su crítico interior se especializa en sacar a relucir en cualquier momento las creencias negativas.

Las creencias o ideas sobre sí mismo son a veces engañosas: siempre parecen claras y precisas; sin embargo, muchas comunidades han construido su visión del mundo basándose en creencias erróneas. Por ejemplo, la Tierra no es plana pero antes se creía que lo era y se desperdició mucha energía en torno a esa idea.

¿Cuál es el origen de sus creencias?

Algunas creencias se remontan a la infancia. Cuando niño, usted creía que sus padres tenían la respuesta a todas sus preguntas. ¿Y qué decir de Santa Claus o el Ratón Miguelito, en quienes creía? Algunas de las creencias surgidas en la infancia son nocivas. ¿No decía su informe escolar que era perezoso y se distraía fácilmente? Pues sí, algunas veces se comportaba así en clase, pero ése es el tipo de afirmaciones que suelen asociarse con la identidad de una persona, incluso si después se vuelve trabajadora y dedicada. Las creencias que se forman en la infancia pueden llegar a ser muy fuertes y, si son negativas, pueden impedir ver y realizar el potencial personal.

Pero a veces las creencias pueden derrumbarse en un instante. ¿Recuerda la película *The Matrix*? Neo, el protagonista, se queda profundamente confundido cuando descubre que el mundo no es como él pensaba, sino que se elaboró cuidadosamente de cierta forma

Se decía que no era posible...

Algunos de los principales logros en la historia han sido asuntos que se consideraban imposibles. Siempre que crea que no va a poder superar las creencias que lo limitan, recuerde lo siguiente:

✔ Para inventar la bombilla eléctrica, Thomas Edison persistió a lo largo de miles de ensayos frente a los escépticos que consideraban que la única opción de alumbrado era el farol de gas.

✔ Roger Bannister superó la marca de una milla (aproximadamente 1.600 metros) en cuatro minutos, a pesar de que los expertos médicos consideraban que el cuerpo humano no era capaz de esta hazaña.

✔ Neil Armstrong caminó sobre la Luna.

¿Alguna vez ha tenido la experiencia de ver cómo aquello en lo que creía firmemente era diferente de como usted pensaba? Seguramente conoce historias reales acerca de alguien que descubre que su antiguo socio llevaba una doble vida desde hacía años. Cuando una creencia fundamental se derrumba así, deja al descubierto todo un sistema de creencias y uno empieza a cuestionarse muchas cosas que hasta entonces había considerado verdades.

con un propósito siniestro. Su mundo interior, todo su marco de referencia, no vuelve a ser el mismo desde que empieza a tener esas nuevas creencias. En la vida real, los científicos hacen diariamente descubrimientos sorprendentes acerca de asuntos que se creían verdades sobre el mundo exterior y el funcionamiento interno de la conciencia humana.

Algunas veces las creencias que uno se forma son incompletas o confusas. Por ejemplo, se formó una idea sobre una persona a partir de la información que le dio un amigo y luego se dio cuenta de que había otros detalles que también merecían consideración. ¿Qué parte cree usted de las noticias que lee en el periódico? Los medios de comunicación pueden ser convincentes y serios, pero es posible que sólo muestren una parte de la realidad, e incluso distorsionada.

Descubrir que una creencia es errónea no significa que deba vivir en un estado de incredulidad permanente. Pero sí es un hecho que las creencias profundamente arraigadas lo impulsan a actuar por convicción, para bien o para mal. Elegir las creencias que lo llevan a progresar no es una actitud ingenua o un pensamiento positivo, es simple sentido común.

Las creencias que lo frenan no dejan de ser tan reales como aquellas que lo impulsan a una acción positiva, de manera que debe buscar cómo centrarse en las creencias que lo llevan a obtener grandes resultados.

¿Cuáles son sus creencias?

Muchas de sus creencias están tan íntimamente ligadas a su personalidad que muy rara vez se detiene a analizarlas con objetividad. No siempre es suficiente un simple vistazo, porque a primera vista todas sus creencias parecen razonables. La construcción de un buen sistema de creencias comienza con una "limpieza" de ideas: hay que afianzarlas en la mente como si fueran ropa colgada, de manera que se aireen.

Para la siguiente actividad necesita papel y lápiz, o su diario. Busque un rato de calma para hacerse las siguientes preguntas. Escriba todo lo que se le ocurra a medida que vaya respondiendo. No se preocupe mucho por los "por qué" o los "de dónde". Trate simplemente de captar aquello que considera cierto, ya sea agradable o desagradable. Más adelante en este capítulo se considerarán con más detalle estas creencias.

✔ **¿Cómo cree que es usted?** Por ejemplo: *Soy inteligente. Soy perezoso. No sé cantar. Soy amable.*

✔ **¿Qué cree que es posible en su mundo?** *Puedo hacer cualquier cosa que me proponga. Nunca podré dejar de fumar. El mercado laboral es demasiado competitivo para que yo pueda conseguir el trabajo con el que sueño. El trabajo duro siempre tiene su recompensa.*

✔ **¿Cómo se ve en relación con otras personas?** *Por lo general es un gran apoyo. En el trabajo, mis colegas no colaboran con mis planes. Tengo la suerte de tener buenos amigos. A las personas con quienes salgo no les gusta que soy muy reservado.*

¿Qué le aportan sus creencias?

Para usted todas sus creencias son muy reales. Incluso las que son negativas existen por alguna razón. Seguro que ha recogido la evidencia que respalda todas sus creencias. Si tiene el convencimiento de ser negado para el deporte, seguramente tiene suficientes pruebas de ello; por ejemplo, dejar que le marquen un gol muy fácil o llegar de último en una carrera. Tiene más ejemplos negativos que positivos, así que suele buscar solamente las evidencias que respaldan sus creencias negativas acerca de sus habilidades para el deporte. Aceptar esto lo protege de cometer errores y de hacer el ridículo, ya que puede evitar el deporte. Sin embargo, en realidad podría llegar a ser un buen deportista si verdaderamente lo quisiera y si estuviera decidido a esforzarse y a practicar.

Las creencias que limitan impiden la movilización hacia la acción. Mucha gente se mantiene aferrada a sus creencias negativas y se muestra reacia a abandonarlas. De alguna manera, todas las creencias sirven. Si cree que no es lo suficientemente inteligente como para lograr un ascenso laboral, se permite no hacer nada para conseguirlo. Si cree que todas las personas con las que sale son egoístas y poco confiables, puede fabricarse una armadura para que nada lo hiera. Las creencias limitantes tienen una función, pero muy restringida. Las creencias que fortalecen, por el contrario, amplían las posibilidades.

¿Tiene a mano la lista de creencias que elaboró en la última actividad? Utilícela ahora:

1. **Dibuje dos columnas como las de la tabla 5-1.** Titule la primera "Mis creencias" y la segunda "Mis recompensas".

2. **Tome la información de su lista y coloque en la primera columna todas las creencias de las tres preguntas de la actividad anterior, tanto las limitantes como las que fortalecen.**

3. **Considere cuáles son sus recompensas por cada creencia.** ¿Qué ventaja le aporta cada creencia? ¿Un sentimiento de orgullo, de seguridad o de amor? ¿Algo tangible, como un buen salario, demasiada presión o un buen saldo en el banco? ¿Mantener esa creencia le ofrece una justificación para conservarla? ¿La recompensa lo hace sentir bien a corto plazo pero cree que no avanza a largo plazo? La tabla 5-1 muestra un ejemplo.

Tabla 5-1	Creencias y recompensas
Mis creencias	*Mis recompensas*
Soy inteligente.	Confío en mis capacidades.
Soy perezoso.	Tengo libertad para no hacer nada.
No sé cantar.	No corro el riesgo de hacer el ridículo.
Soy amable.	Me siento seguro.
Puedo hacer cualquier cosa que me proponga.	Me siento poderoso.

(continúa)

Tabla 5-1 *(continuación)*

Mis creencias	Mis recompensas
Nunca podré dejar de fumar.	No tengo que intentarlo.
El mercado laboral es demasiado competitivo para que yo pueda conseguir el trabajo con el que sueño.	Puedo conservar el que tengo aunque no me lleve a ninguna parte.
El trabajo duro siempre tiene su recompensa.	Siempre encuentro la fuerza necesaria para terminar mis tareas.
La gente, por lo general, es un gran apoyo.	Me es fácil dar y recibir muestras de confianza.
En el trabajo, mis colegas no colaboran con mis planes.	Puedo permitirme ser gruñón.
Tengo la suerte de tener buenos amigos.	Puedo disfrutar de ellos y los aprecio.
A las personas con quienes salgo no les gusta que soy muy reservado.	Me escondo tras esa actitud reservada y no corro el riesgo de que rechacen mi verdadero yo.

Puede realizar una "investigación" con algunos de sus amigos y familiares. Pregúnteles en qué consiste su sistema de creencias. Probablemente encuentre un panorama diverso, que prueba que cada persona tiene un mapa único del mundo. Todos vemos una versión distinta de los hechos y de la realidad. Esta actividad le mostrará lo arbitrarias que pueden ser algunas creencias y le ayudará a comprender mejor aquello que impulsa a sus seres queridos a la acción. No es el momento de discutir: sus amigos y seres queridos tienen todo el derecho a tener mapas propios, igual que usted.

El cambio de creencias

Algunas veces basta con reconocer que una creencia lo limita para que ésta pierda todo su valor. Se da cuenta de que se trata de una falacia. Independientemente de lo que crea de sí mismo ("soy tramposo", "no soy atractivo", "soy estúpido"), siempre podrá encontrar suficientes evidencias que respalden esa creencia, si se esfuerza. Parece como si su cerebro buscara activamente esas evidencias e ignorara aquellas que muestran que es honesto, atractivo e inteligente.

Como cualquier ser humano, probablemente a veces no es sincero y otras veces es muy honesto. Lo que define su esencia no es su comportamiento. Sin embargo, su conducta condiciona los resultados que obtiene y estos resultados determinan cómo se siente consigo mismo. La mayoría de las veces cambiar sus creencias le permitirá actuar de otras maneras. Si elige tener comportamientos positivos, obtendrá mejores resultados y se sentirá mejor.

Cómo replantear una creencia que limita

¿Es posible decidir de repente que va a abandonar una creencia que lo limita, incluso si siente que está participando en un juego mental consigo mismo? Decididamente sí.

Usted puede derrotar una creencia que lo limita si se repite regularmente *expresiones afirmativas*, o mantras, que no son otra cosa que planteamientos poderosos, positivos y actuales que le ayudan a cambiar sus patrones de pensamiento. Por ejemplo, "irradio energía y vitalidad" es una buena expresión afirmativa que puede utilizar para evitar los alimentos poco sanos. Su cerebro cree lo que le diga. Un excelente punto de partida consiste en tratar de cambiar el lenguaje negativo por un lenguaje positivo. Puede que sienta que se está metiendo en un berenjenal, pero a medida que pase el tiempo empezará a reunir evidencias que respalden ese cambio. De manera que en lugar de ver las evidencias de su pereza (pasar la tarde en el sofá), empieza a concentrarse en las evidencias contrarias (cuando sale a caminar, ordena el armario o se dedica a terminar una tarea).

La siguiente actividad le ayudará a eliminar las ideas limitadoras sobre sí mismo.

1. **Vuelva a su lista de creencias limitadoras y decida cuáles quiere eliminar (¡ojalá todas!).**

2. **Haga una nueva lista de sus creencias negativas en el lado izquierdo de la hoja.** Use frases sencillas como "soy estúpido" o "soy tramposo". Usted ya sabe que esos planteamientos son verdades a medias. Verlos escritos sólo hará que su cerebro proteste.

3. **Piense ahora en un planteamiento opuesto a cada creencia negativa y escríbalo en la parte derecha de la hoja.** Escriba en primera persona (yo) frases sencillas como "soy inteligente" o "soy honesto". Procure escribir el planteamiento positivo en letra más grande que el negativo; use colores si lo desea.

4. **Vuelva a los planteamientos negativos y tache las palabras negativas con un trazo grueso negro, una por una, dejando incompletas las frases.** Esto ayudará a su cerebro a derrumbar las asociaciones negativas.

5. **Lea sus planteamientos positivos en voz alta diez veces. Escuche cómo su voz cobra más fuerza en cada repetición.** Convierta la experiencia en algo divertido. Imagine que se encuentra en un concierto de rock y que se deja arrastrar por el entusiasmo de la multitud. Diez mil personas aclaman con usted sus creencias positivas y usted se siente muy feliz.

6. **Retome diariamente su lista al menos durante dos semanas.** Pregone durante algún tiempo sus nuevas creencias todos los días (no lo haga en compañía, a no ser que sus acompañantes hayan participado en el mismo concierto metafórico de rock).

Se necesita tiempo y práctica para convertir algo en un hábito. Las investigaciones demuestran que es necesario hacer algo 15 veces antes de que comience a formar parte de uno. Esto varía según lo que trate de hacer y lo arraigado que se encuentre. Lo mejor es seguir practicando hasta que descubra que se está convirtiendo en un hábito porque lo ha hecho tres veces seguidas, sin pensar. Continúe.

Llegue hasta el fondo de sus creencias limitantes más persistentes

¿Qué pasa si no consigue replantear una creencia que lo limita? Probablemente significa que necesita llegar al fondo, a la raíz de su verdadero miedo, que siempre se encuentra en lo más profundo de las creencias limitadoras. Algunas veces sabrá que ha llegado al origen del miedo porque experimentará una sensación de asombro y alivio al darle un significado real. Incluso puede que vea claramente cómo deshacerse de esa creencia limitante, aunque con frecuencia es posible que prefiera considerarlo un poco mejor antes de decidir que ya no la necesita.

Su coach interior lo lleva a hacerse preguntas poderosas: ¿dónde está la verdad, entonces?, ¿qué hay detrás de todo esto? No se preocupe mucho por encontrar las razones de su temor; conocer la verdad es más que suficiente.

Al fin y al cabo, usted no es su pasado; su pasado son las cosas que ha vivido y que ha hecho hasta el momento. Su única preocupación debe ser sentirse en paz con las experiencias del pasado y centrarse en el presente, el "aquí" y el "ahora" que dan forma a su futuro.

Algunas veces es necesario estar en paz con el pasado para poder centrarse en el presente. Si tiene creencias angustiantes relacionadas con un trauma infantil, probablemente lo mejor sea conseguir orientación profesional o terapia que le ayude a comprender cómo se formó esa creencia.

Luisa creía conocer muy bien las creencias que la limitaban y durante años se había esforzado por reemplazarlas por creencias positivas. Sin embargo, tuvo que llegar a la conclusión de que algunas de sus creencias negativas estaban tan profundamente arraigadas que posiblemente nunca podría erradicarlas. Durante una sesión de coaching decidió centrarse en el área que consideraba su mayor traba: desde hacía dos años tenía una empresa propia y se sentía frustrada por no haber dado todavía el paso necesario de ampliarla a la siguiente etapa, el mercado europeo. Su coach le preguntó qué creencia la detenía.

Ella respondió: "No soy capaz de mantener el éxito que generaría".

El coach le pidió que pensara en otras creencias que pudieran limitarla aunque no estuvieran relacionadas con la primera. Después de recapacitar, respondió: "Siempre aplazo todo. Se trata de la empresa, desde luego, pero ahora veo que también lo hago con mi vida, y me desespera".

"¿Algo más?"

"Sí, y esto me avergüenza: no soy alcohólica, creo, pero muchas veces necesito un trago. Pienso que lo necesito para levantarme el ánimo cuando estoy deprimida. Sé que no es saludable y nunca funciona realmente. ¿Por qué no puedo controlarlo? No tengo voluntad".

El coach le pidió que pensara en cada una de sus creencias limitantes y que se preguntara qué temor había tras ellas. Empezó con el tema de la empresa, el que le parecía más frustrante. "Tengo miedo de no tener la capacidad necesaria para administrar una empresa exitosa, no soy tan buena".

"¿Cuál es concretamente el temor oculto?"

Luisa se quedó pensativa. Inicialmente no se le ocurrió nada; en realidad, no ser lo suficientemente buena ya era bastante grave. En cuanto se tranquilizó pudo reflexionar mejor y se fue acercando a la respuesta. De repente exclamó: "Mi temor es ser débil".

Fue como una revelación. Luisa descubrió que el temor a ser débil se ocultaba en sus tres creencias limitantes más reacias al cambio.

Encontró evidencias reales como "aplazar decisiones" en el trabajo, "poca disciplina" con sus tareas y "falta de voluntad" en relación con el alcohol, todas expresadas en sus propios términos. Cuando comprendió que su verdadero temor era sentirse débil, supo que no tenía sentido. También logró reunir evidencias que demostraban su fortaleza en las mismas áreas.

Luisa pudo entonces llegar al fondo del pensamiento que la frenaba. Desde muy niña había sido como una princesita para su familia, todos la adoraban y la mimaban. Esa condición le hizo creer que necesitaba ser protegida e, inconscientemente, había creado circunstancias en las que se mostraba vulnerable. Convencida de esta actitud, a veces no asumía una tarea que implicara un reto y la dejaba en manos de otras personas. La claridad que tuvo Luisa sobre su condición fue definitiva para acabar con la creencia negativa sin necesidad de analizarla más. Llegó a la conclusión de que, como persona adulta, ya no necesitaba que nadie la protegiera, de manera que su creencia limitante "soy débil" ya no tenía significado. Reemplazó este profundo temor con un planteamiento positivo: "Soy fuerte y puedo tomar buenas decisiones".

Cómo controlar sus temores

Todas las creencias negativas tienen origen en algún temor. A pesar de que puede parecer contradictorio, a veces el temor es bueno. Los síntomas físicos que acompañan un gran miedo son los mismos que acompañan una gran excitación. Compare la ansiedad que siente cuando tiene que hablar frente a un auditorio con lo que le dice el estómago cuando conoce a la pareja de sus sueños. El significado que asocia a esos sentimientos puede producir un resultado negativo. Los atletas y actores han aprendido a canalizar su temor natural transformándolo en la excitación previa necesaria para tener un rendimiento exitoso. No temer a nada no es tan bueno como parece. A la mayoría de la gente le encanta la emoción del riesgo y responde a los desafíos. De manera que, a pesar de que la sensación no es agradable, es posible que la mente y el cuerpo prefieran el estremecimiento del miedo a la situación de calma en la que parece que nada interesante fuera a pasar.

El temor se convierte en obstáculo cuando uno permite que, bajo su influencia, limite la acción. Si consigue administrar sus temores se encuentra en una posición fuerte que le permite encaminarse en dirección al éxito.

Cómo vencer el temor que lleva a aplazar las decisiones

Con frecuencia la tendencia a aplazar las decisiones es una máscara que oculta algún temor. Es probable que postergue una acción porque teme fallar o tener éxito, o tal vez tiene miedo al ridículo o al rechazo. Reconocer este temor puede ayudarlo a vencer la tendencia a dilatar la acción. La clave para eliminar de raíz esta actitud está en descubrir qué hay detrás de ella y buscar las estrategias que le permitan erradicarla.

En el capítulo 8 se presentan algunas estrategias para tratar la tendencia a aplazar las acciones. Vale la pena que considere por qué lo hace.

Los siguientes planteamientos son ejemplos de lo que posiblemente usted se dice cuando justifica "dejar para mañana lo que debe hacer hoy":

- ✔ "Soy perfeccionista y tardo más que otros en terminar las cosas".
- ✔ "No es justo que me toque hacer esto".
- ✔ "Soy incapaz de hacer esto bien".
- ✔ "Es demasiado difícil".
- ✔ "No tengo tiempo".
- ✔ "No tengo el conocimiento necesario para hacer esto".
- ✔ "No quiero fallar".
- ✔ "No quiero hacer una estupidez".

Algunas veces el temor que se esconde tras la actitud de aplazar es fácil de detectar. Si evita terminar algo porque se considera perfeccionista, es probable que el temor se deba a que si el resultado no es óptimo, teme que la gente se ría de usted. "No tengo el conocimiento necesario" tal vez significa que podría buscar ayuda pero no se atreve a hacerlo porque teme parecer ignorante. Hay otros temores más difíciles de localizar. "No tengo tiempo" puede ser el resultado de su temor a no ser capaz o a no poder completar la tarea.

¿Qué queda cuando posterga una acción? A menudo queda un rastro de tensión y ansiedad e incluso pobres resultados en la tarea en cuestión. Sin embargo, una de las razones por las que sigue aplazando las decisiones es que muchas veces lo que ha dejado para el último momento ha salido bien al final, de manera que considera que la actitud funciona. Incluso puede decirse que se trata de aplicar la economía del esfuerzo. Sin embargo, en cada situación en la que posterga la decisión está reforzando el hábito de la inactividad; en vez de actuar, evita. Y así acaba alimentando sus temores.

De vez en cuando es útil preguntarse lo siguiente:

- ✔ ¿Qué estoy aplazando actualmente?
- ✔ ¿Qué creencia me detiene para adelantar lo que quiero hacer?
- ✔ ¿Qué temor se oculta detrás de esta creencia?

Anote los resultados en su diario. Las siguientes secciones le ayudarán a determinar a qué temores se debe enfrentar.

Identifique los temores que lo impulsan y los que lo frenan

El temor puede ser su amigo cuando el miedo a un resultado lo impulsa a actuar. A algunas personas les ayuda a rendir mejor imaginar la vergüenza que sentirían si cometen un error. Si usted tiene la tendencia a alejarse de lo que no quiere con más facilidad que a acercarse a lo que sí quiere, el temor es una de las fuerzas que lo impulsan. Por ejemplo, dejar de fumar puede ser muy difícil si se centra únicamente en los beneficios para su salud. Su motivación puede aumentar si piensa en las consecuencias negativas de fumar. Peor aún es que su hijo le pida que no fume más porque no quiere que muera.

Utilizar el miedo puede ser una buena estrategia para usted, pero tiene su precio. La culpa, el temor y la vergüenza pueden impulsar la acción a corto plazo, pero los mecanismos negativos que se impone pueden hacerle más daño a largo plazo. Lanzarse a una dieta muy estricta sólo porque su pareja piensa que la necesita no tendrá frutos. Su salud puede debilitarse o es probable que se sienta herido y en esas condiciones no podrá mantener el peso alcanzado. Su crítico interior es feliz bombardeando culpas de todas las formas posibles, y si bien hay momentos en los que este sentimiento puede dar resultados positivos, en el proceso puede perder muchos de los beneficios.

Tenga cuidado si emplea el temor para generar los resultados que espera. A la larga es mucho más sano apoyarse en aquello que uno quiere verdaderamente en la vida que en aquello que no quiere.

Cómo reconocer los temores dañinos

Ponerles nombres a las cosas puede quitarles su poder. Hallar un nombre para sus temores y arrinconarlos puede producir un gran efecto de libertad; es como ver el polvo debajo de la cama, que ha estado ahí durante un año y simplemente ha ignorado, o deshacerse de los trastos viejos que tenía amontonados en un armario.

Hay cuatro tipos básicos de temor: temor al fracaso, temor a la vergüenza, temor al rechazo y temor al triunfo. Probablemente se maraville al descubrir que los grandes temores dañinos no necesariamente son los que usted pensaba.

Temor al fracaso

La mayoría de las personas tiene alguna relación con este tipo de miedo. Posiblemente el mayor temor es fracasar y demostrar que no se es idóneo. El fracaso tiene consecuencias poco deseables: la gente disfruta mucho más con el triunfo. Es posible que su verdadero temor implique que crea que si usted no es lo suficientemente bueno o idóneo, no lo van a querer. Para superar este temor, tendrá que apropiarse de algunos o de todos los planteamientos siguientes:

- ✔ El fracaso simplemente es parte de mi proceso de descubrimiento; el éxito viene con mi voluntad de buscar el conocimiento.

- ✔ Soy lo bastante bueno e idóneo, incluso cuando algo no me sale bien.

- ✔ Siempre tengo éxito cuando intento hacer las cosas bien y con buenas intenciones.

- ✔ Evitar el fracaso significa aislarme de las nuevas posibilidades que de otra forma nunca podría conocer.

Si teme al fracaso porque le preocupa fallarles a los demás, recuerde que el amor propio es el mejor punto de partida para ser mejor consigo mismo y con los demás. En el capítulo 13 se trata este aspecto con más detalle.

Temor a la vergüenza

A veces usted evita hacer ciertas cosas porque no quiere parecer estúpido o inútil: en una reunión, no expresa un punto de vista diferente porque teme hacer el ridículo; o procura no hablar en público porque cree que se tropezará al subir al estrado. Desde niños aprendemos que no todo lo que se hace recibe aplausos y nos acostumbramos a sentirnos tontos. Por eso creemos que es mejor alejarnos de las luces, para no volver a sentirnos avergonzados. Combata el temor a la vergüenza con el siguiente monólogo:

✔ Todo el mundo admira a quienes tienen el valor de decir lo que piensan, aunque no estén de acuerdo con ellos.

✔ ¿Qué es lo peor que me puede pasar? Si hago el ridículo y me burlo de mí mismo, rompo el hielo y la gente sonreirá y será amable conmigo.

✔ No existen preguntas estúpidas; seguro que todos quieren conocer la repuesta a esa inquietud, pero no se atreven a preguntar.

Temor al rechazo

El temor al rechazo está íntimamente ligado al anhelo de ser amado y apreciado. Los buenos vendedores se ven forzados a vencer este temor básico porque deben hacer cientos de llamadas telefónicas para lograr una venta. Acepte que el rechazo es una parte inevitable de la vida; uno no puede esperar que todo el mundo lo quiera y lo aprecie. Y si eso fuera posible, se sentiría miserable tratando de complacer a todos. Acepte el rechazo adoptando una de las siguientes actitudes:

✔ Cuando mis ideas son rechazadas, obtengo el beneficio de haber conseguido más información sobre aquello que no funciona y me acerco más al resultado positivo.

✔ Nada de lo que me hagan los demás es personal; todos tienen razones personales que a veces los hacen portarse mal conmigo.

Temor al triunfo

Sentir temor al triunfo parece bastante extraño. Sin embargo, todos en algún momento lo hemos experimentado. Todo el mundo quiere completar con éxito sus planes. A veces usted no hace ciertas cosas para las cuales está capacitado porque no quiere destacarse, quiere ser como todo el mundo; aún más, no desea sentirse aislado si triunfa. Ser muy bueno en algún aspecto puede dejarlo solo, y las expectativas que tengan los demás sobre su triunfo pueden ser abrumadoras. A veces resulta más fácil no ser el mejor.

El temor al triunfo puede ser más difícil de detectar: se oculta detrás de una posición nada egoísta; no hace alardes, es modesto, evita ser orgulloso. Marianne Williamson afirma en su obra *Volver al amor:* "Nuestro temor más profundo no es que seamos incapaces, nuestro miedo más profundo es que seamos capaces más allá de lo que nos imaginamos". Siéntase a gusto con sus triunfos y reflexione sobre estas ideas:

✔ Frenarme no les sirve a los demás y me hace daño.

✔ A medida que avance iré aprendiendo a asumir mi triunfo.

✔ Podré ser un ejemplo para los demás, y ésta será una experiencia mucho más satisfactoria que dolorosa.

✔ Triunfar vale la pena.

Cómo disminuir los temores dañinos

Resulta irónico pensar que reducir el impacto del temor implique invocarlo y estudiarlo cuidadosamente. Con el tiempo, sin embargo, podrá eliminarlo si vive la realidad y no lo que ofrece su imaginación. A medida que aumenta su confianza en sí mismo, empieza a darse cuenta de que es más frecuente no encontrar fracaso, vergüenza, rechazo ni soledad. Empezará a apreciar las cosas maravillosas que ocurren cuando se decide a actuar, se arriesga y confía en sí mismo.

Intente sentir el miedo como una emoción más, que incluso puede serle útil; permítase sentirla. A veces, luchar contra algo aumenta la resistencia. Puede pensar en sus temores como si fueran monstruos de las tiras cómicas. Diviértase creando personajes; los monstruos de la película *Monsters Inc.* de Pixar pueden servirle de inspiración. Así restará poder a sus temores. ¿Tienen nombre? Pregúntese si dotarlos de una personalidad relativamente ridícula podría anularlos mediante la risa, igual que a los monstruos de la película, cuando descubrieron que la risa es mucho más poderosa que el miedo.

Capítulo 6

Descubra los valores que lo motivan

A veces se obra por razones extrañas. Los factores que parecen fuertes motivaciones, como ganar dinero, carecen de sentido cuando uno se da cuenta de que lo que realmente quiere es tener más tiempo. De pronto ve que aquello que había dejado de lado, como la diversión, le importa. Necesita motivarse a lo largo del día, pero la motivación no es igual en los diversos contextos de la vida.

Sus metas están claras, sus creencias son positivas y están bien fundadas y tiene un plan del que puede sentirse orgulloso (si todavía no tiene estos componentes, en los capítulos 5, 8 y 10 verá cómo alcanzarlos). Sólo falta la motivación necesaria para cumplir el compromiso que tiene consigo mismo a pesar de los obstáculos que encuentre en el camino.

La palabra motivación tiene su origen en la expresión latina *motivus*, que indica movimiento. Todo cambio requiere movimiento, de manera que, junto con sus creencias (que pueden impulsarlo o frenarlo), la motivación es uno de los elementos más importantes en el recorrido del coaching. En el presente capítulo descubrirá cómo afinar sus motivaciones para que pueda aplicar esa energía a los cambios que quiere hacer. Verá por qué los valores pueden estar en conflicto con la motivación y aprenderá a llevar una antorcha que lo guíe hacia aquello que más desea.

Navegue según sus coordenadas

Existen muchas teorías sobre cómo motivar a la gente. Si trabaja en un entorno de ventas o de atención al cliente, posiblemente asocie la motivación con incentivos y metas que hay que alcanzar para conseguir premios. Muchas personas se motivan con la combinación de un entorno competitivo y un atractivo premio. Sin embargo, otras son indiferentes a estas técnicas e incluso pueden sentirse desmotivadas con ellas. Esto se debe a que la motivación es un asunto complejo, diferente con cada persona.

No se puede predecir qué funcionará con una persona si no se conoce muy bien la mezcla de necesidades y valores que la impulsan y la prioridad que les da. Su motivación individual es tan única como sus huellas dactilares.

¿Quiere conocer mejor las distintas teorías sobre la motivación? Consulte la página web www.changingminds.org, donde encontrará muchos ejemplos de teorías sobre la motivación y una enorme variedad de recursos relacionados, presentados en un lenguaje sencillo.

Utilice su propio mapa para orientarse

Ser su propio coach a lo largo del cambio implica navegar hacia delante, y para hacerlo necesita un buen mapa o guía. Algunos de los errores más comunes en el recorrido ocurren cuando no se usa el propio mapa sino el de otra persona. Es posible que usted tenga un excelente modelo que quiera seguir, tal vez un jefe o un colega. Puede pensar que ese modelo se le parece mucho y confía en que sus motivaciones provengan de la misma fuente. Pensará que, para motivar su cambio, lo mejor es emplear las mismas estrategias que esa persona. Sin embargo sus resultados son pobres, nunca tan buenos como los de ella. Cuando esto ocurre, se siente mal y se reprocha por no esforzarse más y por no tener suficiente voluntad.

La verdad es que se encuentra ligeramente desviado de su rumbo. Cualquier viajero sabe que es muy fácil perder el rumbo y apartarse del camino. Un viaje exitoso comienza teniendo el destino claro y las herramientas necesarias para mantener el rumbo. Una manera segura de navegar con sus propias coordenadas es utilizar sus motivaciones para crear su mapa o guía y aprender a interpretarlo con precisión.

Aunque era un exitoso gerente técnico, David pensaba que había llegado el momento de desarrollar habilidades empresariales que le permitieran ampliar su estrecho campo como especialista y establecer una empresa propia como consultor técnico. Tenía muy claras sus metas. Su principal objetivo era ganar más dinero y asegurar el futuro de su familia. Conocía varias personas que habían establecido con éxito una empresa, y había decidido seguir su ejemplo. Durante las sesiones de coaching aceptó sentir temor ante la idea de ofrecer sus servicios como consultor y dedicó varias sesiones a superar muchos de estos temores. Llegó el momento en que se sintió preparado para presentar su carta de renuncia. Sin embargo, titubeó a la hora de actuar en serio.

En la siguiente sesión de coaching, David manifestó su deseo de averiguar qué le impedía dar ese paso tan importante para alcanzar la meta que había soñado. Ésta es una de las preguntas sobre las cuales el coach le pidió que reflexionara: "¿Qué te entusiasma de la idea de dirigir tu propia empresa?"

"Bueno," respondió David, "principalmente la seguridad financiera y lo orgulloso que voy a sentirme".

"¿Qué es lo que menos te interesa?"

"Supongo tendré que trabajar muy duro y que me sentiré muy solo durante un tiempo. Eso será difícil".

El lenguaje que empleó fue revelador. El coach se preguntó si David estaba temiendo que no iba a disfrutar el reto, y le dijo: "Recuérdame por qué deseas trabajar por tu cuenta, David".

David empezó a enumerar los objetivos generales y de pronto se detuvo en la mitad de una frase y exclamó: "¡En realidad no quiero hacer esto! Ya quisiera haberlo terminado. Eso es todo. Veo que otras personas disfrutan cuando dirigen una empresa propia y quisiera ser como ellas, pero no me siento igual, no me veo en las mismas condiciones. ¿Qué hago ahora?"

Cuando David se percató de que había estado tratando de amoldarse a un mapa de motivaciones que no estaba acorde con su personalidad, salió a relucir su creatividad. Rápidamente planteó una nueva estrategia para su jefe, que no había querido considerar mientras tenía la mente puesta únicamente en el mapa de motivaciones de otra persona. En lugar de ser un profesional independiente, se propuso buscar que lo nombraran director técnico en la compañía donde estaba trabajando, meta que logró unos meses más tarde. Su motivación siguió siendo la misma (la seguridad financiera), pero de acuerdo con su propio mapa.

Conozca sus necesidades

El primer paso para establecer un mapa de motivaciones es reconocer las *necesidades emocionales*, aquello que necesita tener para sentirse feliz. Algunas de sus necesidades emocionales básicas pueden ser:

✔ Sentirse amado.

✔ Tener seguridad y protección.

✔ Disfrutar.

✔ Sentirse especial e importante

✔ Tener experiencias nuevas.

También tiene necesidades más "elevadas" que lo hacen sentir bien, benefician a los demás o le permiten alcanzar cierto nivel de desarrollo:

✔ Progresar en la vida.

✔ Aportar algo al mundo.

Puede ser difícil satisfacer todas estas necesidades e incluso puede que esto tenga un costo. La necesidad de sentirse amado puede llevarlo a tratar de complacer a todo el mundo y a olvidarse de lo que le importa. Tal vez la necesidad de seguridad no le permita experimentar. La necesidad de sentirse especial e importante puede llevarlo a buscar un ascenso con el que, a la postre, no sea feliz. La necesidad de tener experiencias nuevas puede llevarlo, por simple hastío, a engañar a su pareja después de varios años de matrimonio.

Sus necesidades más elevadas, el progreso y la diferencia, tienen mayores posibilidades de acercarlo a los buenos resultados, aunque pueden tener consecuencias indeseables si se combinan mal con algunas necesidades básicas. Imagine que tiene la imperiosa necesidad de hacer un aporte a su comunidad, de manera que contribuye con su talento y su tiempo a una obra social local. Hasta ahí, todo va bien. Sin embargo, supongamos que tiene la necesidad aún mayor de sentirse especial e importante. Probablemente su participación en los comités abrume a los demás y produzca malestar en el grupo. ¿Entiende ahora cómo esa necesidad puede llevarlo a ser un presumido en su trabajo como voluntario? La buena obra no se anula, simplemente es posible que haya ciertos resultados desagradables tanto para usted como para los demás debido al interés que tiene de captar la atención que cree merecer.

Igual que sus creencias, sus necesidades pueden desviarlo de su rumbo tanto como pueden hacerlo avanzar. La clave está en reconocer qué lo impulsa y en satisfacer esas necesidades de forma que se ajuste a sus valores. Si necesita sentirse amado y disfruta la emoción del romance, la mejor manera de que esta necesidad quede satisfecha, de acuerdo además con el valor que concede a las relaciones estables, es que hable claramente con su pareja y que deje de coquetear con sus colegas en el trabajo. Y puede seguir sintiéndose importante por su trabajo comunitario sin necesidad de parecer arrogante.

Tiene derecho a tener necesidades, claro, pero debe encontrar cómo satisfacer aquellas que enaltecen su vida. Y a veces le tocará olvidarse de las necesidades que le impiden ser mejor.

En la siguiente actividad, piense en sus necesidades y en cómo se satisfacen. Responda a las siguientes preguntas y analice el impacto de su comportamiento cuando actúa de cierta forma para satisfacerlas.

✔ ¿Cuáles son sus necesidades?

✔ ¿Cuáles son las más importantes?

✔ ¿Cómo las satisface normalmente? ¿Cuántas de estas formas de satisfacción son negativas para los demás o para usted?

✔ ¿Cómo puede satisfacer la mayoría de sus necesidades de una manera sana?

Como resultado de esta actividad, ¿qué acciones quiere emprender?

Defina sus valores

Sus *valores* son sus principios fundamentales. Los valores están relacionados con las necesidades, aunque también pueden ser independientes. Dirigen su motivación en dirección al progreso. Usted puede tener la imperiosa necesidad de sentirse amado y eso lo incita a decir mentiras inocentes para evitar que sus amigos se molesten con usted. Al mismo tiempo, uno de sus valores es la honradez, que le dice que está mal mentir. En situaciones como ésta, puede responder a ambos valores haciendo prevalecer la importancia de la honradez y el don de la compasión, de manera que encuentre formas amables de decir toda la verdad a sus amigos. Esta solución también alimenta su necesidad de ser amado, ya que sus amigos lo respetarán y apreciarán por la atención que les presta.

Algunos valores importantes para usted pueden ser:

✔ Ser compasivo.

✔ Liderar e inspirar a otros.

✔ Generar un buen ambiente.

✔ Amar y ser amado.

✔ Hacer una contribución al mundo.

✔ Cuidar de sus seres queridos.

✔ Dejar un legado para que lo recuerden.

✔ Crear riqueza.

Probablemente usted tiene muchos otros valores y cada uno tiene un significado diferente en su caso, comparado con el caso de otras personas.

Algunos valores también están en la lista de necesidades, aunque haya una ligera diferencia entre unos y otras. El verdadero valor genera un movimiento positivo de avance; le ayuda a gozar plenamente de la vida y a desarrollarse. Además, puede ser benéfico para los que lo rodean y para el mundo en general. Piense en el placer que le produce sentarse a ver la televisión durante horas. Algunas veces lo necesita para relajarse y divertirse, pero esto no necesariamente amplía su horizonte. Por su parte, ver una buena película o leer un buen libro le permite sentirse más comprometido con el mundo; así alimenta el valor que otorga al desarrollo personal.

Si sólo atiende a sus necesidades, posiblemente se encierre dentro de sí y se comporte de una manera egoísta. Cuando lleva una vida más acorde con sus valores, no con los de los demás, con frecuencia se encuentra en armonía con el mundo. No se convertirá de un día para otro en un santo, pero si todos los aspectos de su vida están sincronizados con esos valores, lo disfrutará tanto que querrá que todos sean tan felices como usted. Esta motivación lo hará más feliz.

Seguir los valores personales no siempre es un lecho de rosas. Parte de la vida consiste en tomar decisiones dolorosas. Sin embargo, encontrará una gran diferencia entre el malestar que le produce ser honesto consigo mismo y el dolor de evitarlo. Algunos tipos de depresión son el resultado de evitar vivir de acuerdo con los propios valores; al reprimir el instinto de ser auténtico, se produce una depresión física que puede ser un mensaje del cuerpo y la mente para que tenga en cuenta sus valores.

¿Cuáles son sus valores?

No importa qué nombre les ponga. Aunque se refieran a lo mismo, una persona puede llamar a un valor "integridad" y otra puede denominarlo "honestidad". Por otra parte, dos personas que se refieren al "respeto" como un valor clave pueden descubrir que sus definiciones difieren profundamente.

En la presente actividad, ponga especial atención a las palabras que primero le vienen a la mente y a las imágenes, sonidos y sensaciones asociados. Esto le permitirá definir el significado de cada valor desde un punto de vista práctico.

Primera etapa: Identifique los valores que le sirven de motivación

1. **Haga una tabla con tres columnas, similar a la tabla 6-1. En la primera columna escriba las respuestas a la siguiente pregunta:** *¿Qué personas, lugares y cosas son primordiales en mi vida en este momento*?

   Sus respuestas pueden incluir "mi trabajo", "mis hijos", "mi automóvil deportivo", "el mar Caribe", cualquier persona, lugar o cosa que tenga algún valor para usted. Anote lo que le resulte importante.

2. **En la segunda columna anote las respuestas a la siguiente pregunta:** *¿Qué beneficios me aporta esta persona, lugar o cosa?*

   Identifique el valor o el beneficio que recibe por contar con esa persona, lugar o cosa. Posiblemente encuentre muchos beneficios asociados a un mismo factor: su trabajo le aporta seguridad, respeto, desarrollo personal y emoción. Concéntrese en los aspectos buenos; su trabajo también le produce a veces frustraciones y angustia (en el capítulo 8 trato el tema de los defectos). Si identifica beneficios que son al mismo tiempo personas, lugares o cosas (por ejemplo "dinero", "el automóvil de la compañía"), colóquelos separados en la primera columna y considere cuáles son los verdaderos beneficios que recibe de estos valores tangibles. El dinero puede darle seguridad y el automóvil puede darle emoción.

   Haga lo mismo con todos los componentes de su lista.

3. **Considere su segunda lista.** Seguramente ya tiene bastantes valores en ella. Estúdiela y señale con un círculo los valores que aparecen más de una vez. Relacione aquellos que para usted tienen el mismo significado. Por ejemplo, puede haber empleado "honestidad" en un contexto e "integridad" en otro. Es posible que para usted signifiquen prácticamente lo mismo, o que sean totalmente distintos. Son sus definiciones, de manera que tiene libertad de combinar aquello que tiene significado para usted y de escoger el término que las reúna y le parezca representativo.

4. **Escriba en la tercera columna los valores que se presentan con más frecuencia.** Considere los valores restantes y decida cuáles tienen algún significado para usted. Incluya hasta diez emociones o valores en la tercera columna. No trate de establecer prioridades, escoja simplemente los diez más destacados, aquellos que hacen vibrar su corazón y su alma. Son sus valores verdaderos, los que tienen un profundo significado para usted.

Tabla 6-1	Identificación de los valores que lo motivan	
Personas, lugares y cosas muy importantes en este momento	Valor positivo derivado de esta persona, lugar o cosa	Valores más importantes
Mi familia	Seguridad, paz, alegría, amor	Seguridad
Mi trabajo	Seguridad, creatividad, diferencia, alegría	Alegría
Dinero	Placer, seguridad	Placer
Mis amigos	Alegría, placer	Paz
Viajes	Placer, alegría	Diferencia
Mi hogar	Seguridad, paz	Amor

Segunda etapa: Revise la lista para asegurarse de que está completa

Relea la lista y asegúrese de que está completa. ¿Ha identificado como valores aspectos que podrían considerarse necesidades? Al referirse al "amor", ¿piensa más en recibir que en dar? Eso puede significar que tiene la poderosa necesidad de ser amado, más que el valor de dar y recibir amor. Revise la sección "Conozca sus necesida-

des". Si identifica cualidades que pueden considerarse más necesidades que valores, retírelas de la lista para analizarlas por separado.

Sus diez valores más importantes son todos verdaderos porque
responden a sus necesidades y le permiten asumir también las
necesidades de los demás e incluso tienen un efecto positivo en el
mundo, en algunos casos. Por ejemplo, el valor de la seguridad lo
lleva a convertir su hogar en un puerto seguro, con su familia, que le
proporciona paz y tranquilidad. Piense en los valores como aquello
que irradia hacia el exterior y lo impulsa adelante.

¿Faltan en su lista valores que considera vitales? Probablemente
para usted existe el valor de "contribuir", que no aparece en la lista
porque no lo puede expresar a una persona, lugar o cosa concreta.
La ausencia de este valor le produce frustración y tristeza. En ese
caso, puede hacerse las siguientes preguntas acerca del valor "fal-
tante":

> *Si en el momento no tengo una forma de expresar este valor,
> ¿es importante para mí? ¿O pienso que debería serlo porque es
> una expectativa que alguien tiene con relación a mí?*

Si responde que el valor es verdaderamente importante para usted,
pregúntese lo siguiente:

> *¿Cómo puedo encontrar una forma de expresar este valor en mi
> vida?*

Anote esta inquietud en su diario para volver a estas dos importantes preguntas al terminar la actividad, cuando revise lo que haya
descubierto.

Ya tiene la lista definitiva de los valores que considera verdaderamente importantes en este momento, después de retirar las necesidades y añadir los valores que consideró necesarios. Ahora puede
analizar cuáles son los más importantes, de manera que pueda
definir sus metas en función de la esencia de su identidad, aquí planteada.

Tercera etapa: Establezca prioridades entre sus verdaderos valores

1. **Diseñe una tabla como la tabla 6-2.** Enuncie sus diez valores
   principales en la primera columna, en cualquier orden. Los
   siguientes son apenas un ejemplo; su lista será única.

Tabla 6-2	Establezca prioridades entre sus verdaderos valores												
Valor													*Total*
Respeto													
Amor													
Integridad													
Diversión													
Aprendizaje													
Alegría, placer													
Satisfacción, triunfo													
Equilibrio													
Sabiduría													
Amistad													

2. **Tome el primer valor y compárelo con los demás, y continúe así con todos, uno por uno.** Hágase preguntas como las siguientes:

¿Qué es más importante para mí en este momento, el respeto o el amor? Si se trata del respeto, marque una X en la primera columna, junto al amor. Si el amor es más importante que el respeto, marque una X en la primera columna, junto al respeto. Probablemente es una pregunta difícil de responder porque son valores muy importantes para usted; sin embargo, tener claridad acerca de sus prioridades actuales es crucial para trazar su recorrido.

Observe el lenguaje que emplea. Su objetivo es conseguir que su consciente y su inconsciente respondan con la verdad a estas preguntas: cómo es y piensa en este momento. Las prioridades en sus valores pueden variar con el paso de los años. Su mapa de motivaciones tendrá ligeras diferencias según el momento en que se trace.

Pregúntese ahora si para usted el respeto es más importante que la integridad. Y así sucesivamente, marcando con una X la columna correspondiente de la derecha.

3. **Cuando haya recorrido toda la lista comparando cada valor con el respeto, escoja el siguiente valor en la lista y repita el ejercicio.** Así, su primera pregunta puede ser: *¿Qué es más importante para mí en este momento, el amor o la integridad?*

Asegúrese de que siempre compare un valor con los de las filas siguientes para no contarlos dos veces.

4. **Al terminar el ejercicio podrá ver qué valores tienen más X en las casillas** (tenga en cuenta que ningún valor puede tener más de nueve X). Ordénelos del 1 a 10. Encontrará que algunos tienen el mismo número de X. Puede repetir el proceso con los de igual puntuación haciendo las mismas preguntas. Muchas personas terminan el proceso con todas las puntuaciones finales del 1 al 10. Otras no lo consiguen, pero se sienten satisfechas de haber creado grupos. Usted decide, son sus valores.

5. **Ya tiene organizados sus valores según sus prioridades. Ahora puede escribir en el diario sus reflexiones acerca de las siguientes preguntas**:

✔ ¿Los resultados de este ejercicio me han sorprendido?

✔ ¿Algunos valores están en una posición inferior en la lista en relación con lo que yo pensaba?

✔ ¿Me hace feliz como vivo diariamente mis valores?

✔ ¿Cómo se reflejan las metas actuales de mi vida con los valores tal como se encuentran en este momento?

Cuarta etapa: Defina sus valores

Una vez determinados sus diez valores principales puede empezar a definir con precisión el significado de cada uno con relación a cómo vive la vida. El resultado son las coordenadas exactas para su mapa de motivaciones.

Puede escribir una definición o expresarla con imágenes dibujadas por usted o que haya coleccionado; lo importante es que la definición tenga significado para usted y le permita ver cómo se traduce a la acción. Por ejemplo, algunas definiciones podrían ser:

Para mí la honestidad significa que nunca evito enfrentar la verdad aunque me duela admitirla.

Para mí la diversión significa buscar diariamente reírme con mis compañeros de equipo; también significa jugar una hora todos los días con mis hijos.

El resultado no ha de ser un texto que lo abarque todo ni una especie de enunciado de su misión en la vida. Usted está preparando un mapa para el aquí y el hoy, de manera que debe dejar que el instinto le dicte la definición más importante de sus valores actuales.

Reflexione acerca de sus valores

A pesar de que la actividad anterior se centró en la definición de los valores que lo motivan, es probable que le haya parecido difícil no pensar en las cosas que no quiere. Tal vez se ha dado cuenta de que cierto aspecto de su trabajo le produce dolor. Posiblemente tiene que aplicar una técnica de ventas que detesta y, al profundizar en el tema, descubre que afecta a su sentido de la honestidad o de la compasión. También habrá encontrado que los valores de honestidad y compasión tienen puntuaciones muy altas en su lista. Lo anterior muestra que, para ser honesto consigo mismo, debe encontrar formas nuevas para respetar ese valor positivo que posee y dejar de irrespetarlo en un campo específico de su vida. Esto no necesariamente implica que deba renunciar a su trabajo. Lo más probable es que pueda encontrar una solución que le permita tener lo que tiene, pero de una manera diferente, una vez haya precisado los aspectos que requieren un cambio. Puede, por ejemplo, enfrentarse a la técnica de ventas que le causa problemas y proponer otras formas para abordar la tarea que le permitan expresar mejor sus valores.

Ahora ya tiene diez definiciones claras y específicas de aquello que puede hacer para que florezca su individualidad. ¿Cómo se relacionan estos puntos con sus metas actuales? Muchas personas se enredan en el ajetreo de una vida llena de trabajo y no se dan cuenta del poco tiempo que les dedican a las cosas que realmente les importan. En realidad, las cosas que considera importantes no necesitan "motivación", surgen de manera espontánea y sin esfuerzo. Puede que usted quiera dedicar un rato a escribir sus ideas en el diario. Hágase las siguientes preguntas:

✔ ¿Cuántas de mis metas están impulsadas por mis valores más importantes?

✔ ¿Cómo puedo establecer prioridades en mis metas que coincidan con mis motivaciones?

✔ ¿Cómo puedo incorporar los elementos que me dirijan hacia mis metas?

A medida que consigne sus pensamientos empezará a encontrar formas de sintonizar sus metas y sus valores. Después de hacerlo, permítase dar algunos pasos en las nuevas direcciones que ha descubierto, aquellas que veremos con más detalle en el capítulo 10. ¡Espero que ahora se sienta muy motivado!

Controle los conflictos de la motivación

Tener claro el mapa de motivaciones produce una sensación muy gratificante. Con frecuencia las cosas encuentran su lugar y usted sabe qué dirección debe tomar. También puede ocurrir que descubra conflictos entre sus prioridades y se quede estancado. Es posible que para usted sea muy importante sentirse especial y que su trabajo satisfaga esa necesidad. Esa labor también puede recompensar su afán de contribuir con los demás. Al mismo tiempo, es posible que el compromiso con su trabajo tenga consecuencias negativas: tal vez le impida respetar el valor de estar con su familia e incluso puede afectar de forma negativa la necesidad de ser amado porque su familia se siente infeliz porque no le dedica suficiente tiempo.

La prioridad asignada a los valores varía a medida que la vida cambia, a veces incluso de un momento a otro. Y ocasionalmente se sentirá confundido y desorientado.

En busca de los deseos de su corazón

Si tuviera que apartar de su vida todo lo innecesario para reducirla a la esencia, ¿cuál sería el deseo de su corazón que no querría perder? Tal vez escogería el amor, la sensación de paz interior o el sentimiento de labor cumplida. El deseo de su corazón también podría ser el sueño de cómo podría ser su vida, o la forma de vivirla, o de expresarse plenamente, tal vez en el sentido creativo. Puede considerar su vida como un todo para buscar el deseo de su corazón; de pronto ya lo ha encontrado. En todo caso, ese deseo se halla entre sus valores más importantes.

Sus valores más representativos serán los mismos toda la vida, apenas con ligeras variaciones. Por eso es importante desarrollar la *conciencia de sí mismo*: gracias a ese conocimiento sabrá qué es importante para usted, qué permanece y qué cambia. Ese conocimiento le servirá de guía cuando se sienta inseguro y esté desmotivado.

Las siguientes preguntas le servirán de ayuda para desarrollar ese conocimiento:

✔ ¿Cuáles valores aparecen varias veces en el horizonte? Por ejemplo, ¿cree que tiene en cuenta el valor de la integridad en su vida familiar, su trabajo y sus amistades?

✔ ¿Qué valores lo hacen sentir vivo? Hay valores difíciles de considerar e incluso algunos que conllevan dolor e incomodidad. Sin embargo, valen la pena.

✔ ¿Qué valores le hacen sentir que su vida es completa? Una vida "completa", aquella en la que nada funciona mal, en la que no hay que enfrentarse a retos, no lo hace feliz necesariamente. En contraste, una vida en la que hay progreso y en la que de alguna manera contribuye con su mundo tiene más posibilidades de ser mejor.

✔ ¿Cuáles de las metas en su vida responden a todas sus necesidades y valores sin presentar conflicto con otros aspectos importantes?

✔ ¿Qué quiere hacer, qué lo emociona, qué no puede posponer?

Ocuparse de la búsqueda de los deseos de su corazón significa actuar sobre las metas que sustentan esos valores. No quiere decir que tenga que abandonar otras responsabilidades o sacrificar algunas para lograr su objetivo. Dar el primer paso es su privilegio, así sea muy pequeño, ya que avanzar por la dirección correcta dará sentido a todos los demás aspectos de su vida.

Prioridades que se modifican

Ningún ser humano es una isla, así que también debe considerar los mapas de motivaciones de las personas que se encuentran a su alrededor. Solicite a las personas más cercanas a usted que tracen su mapa de motivaciones, de manera que todos tengan claras las grandes metas que van a compartir. Al hacerlo, es posible que se presente cierta confusión, pues todos quieren algo diferente. Siga el proceso, ya que irán encontrando formas de unirse en los recorridos individuales para llegar al mismo destino. Si esto no se consigue, mejor saberlo pronto, de manera que se puedan tomar decisiones correctas y se busquen las soluciones apropiadas.

¿Identificar los valores que los motivan a usted y a sus seres queridos hará más fácil la vida? En cierto sentido sí, porque siempre es preferible saber que no saber. Sin embargo, definir prioridades individuales implica tomar algunas decisiones que antes había podido ignorar. A veces tendrá que aceptar que no puede satisfacer ciertas necesidades, otras veces preferirá sacrificarlas a cambio de cierto beneficio para las personas que ama.

Capítulo 7

Llénese de preguntas poderosas

Sorprende que buena parte del éxito personal que usted puede alcanzar como adulto es el resultado de la atenta reflexión que haga sobre las respuestas a las preguntas que se formula a sí mismo y a los demás. La figura 3-1 del capítulo 3 presenta las *preguntas poderosas* en el anillo exterior del círculo del coaching; estas preguntas constituyen el primer paso hacia el conocimiento personal.

Utilice las preguntas como si se tratara de un motor de búsqueda donde las palabras apropiadas le permiten obtener los resultados esperados. De todas maneras debe seguir discriminando la información que obtiene, pero con la ayuda de este capítulo puede dominar el arte de expresar su pregunta y le será más sencillo separar el grano de la paja.

Profundice en el arte de interrogar poderosamente

Las preguntas son el punto de partida para descubrir su vida. Desde niño aprendió el poder de la pregunta bien planteada. La primera vez que descubrió una buena pregunta fue probablemente cuando se enfrentó a la expresión "¿por qué?", y se dedicó a emplearla repetidamente hasta que sus padres, exasperados, le respondían cariñosamente: "¡Porque sí!"

Vive usted en una época en la que dispone de gran cantidad de información. Pero no toda la información que está a su alcance es buena, veraz, válida o útil; incluso puede ser difícil distinguir la información buena de la mala. Para distinguirla ha de desarrollar sus habilidades para interrogar.

Preste atención a la inseguridad

Cuando hay vacilación, confusión o frustración, es el momento de prestar atención: se trata de una situación sobre la que debe hacerse preguntas. Su indecisión puede tener origen en incertidumbre acerca de lo que ocurre, las opciones que debe considerar o los pasos que tiene que dar.

Empiece por utilizar a su favor la indecisión y la duda, identificando qué es y qué significa para usted. Descubra cómo se manifiesta. ¿Se interrumpen sus procesos de pensamiento? ¿Hay sensación de incomodidad e incluso miedo? ¿Siente que camina en círculos? Piense en el significado de estas manifestaciones, en la razón por la cual vacila ante lo que va a hacer, en la forma de transformar su duda en claridad. Posiblemente es diferente en cada caso. Acostúmbrese a preguntarse sobre la razón de su vacilación y seguramente podrá salir del atolladero.

Es muy fácil detectar la vacilación en una conversación telefónica: un cambio en el tono de voz, un silencio o las palabras en sí. Es más difícil percibirlo en uno mismo. Es probable que trate de que su diálogo interior fluya para llegar rápidamente a las respuestas. Cuando los pensamientos fluyen con tanta rapidez, puede terminar con una vaga sensación de insatisfacción y la idea de que le falta algo.

Supongamos que un compañero de trabajo le pide ayuda para terminar un informe; eso significa trabajar con él hasta tarde y no volver a su casa a la hora que esperaba. Inicialmente vacila pero termina aceptando, pues en otras ocasiones él le ha ayudado. Más tarde, después de haber hecho excelentes aportes al informe, analiza sus pensamientos; se da cuenta de que su vacilación no tenía nada que ver con corresponder favores ni con llegar tarde a casa. Su duda radicaba en la actitud de su colega, que siempre acapara el reconocimiento que se debe al esfuerzo de un trabajo en equipo, mientras que usted tiene en cuenta a todos los que colaboran en los proyectos. Su actitud vacilante le estaba señalando que debía definir las reglas del juego antes.

Siempre que sienta que duda frente a una situación, pregúntese la causa. Tiene muchas más posibilidades de obtener buenos resultados si plantea claramente sus necesidades desde un principio que si lo hace con posterioridad.

Enfrente la confusión

La confusión hace que se pregunte: "¿Cuál es la mejor opción?" Tristemente, esta pregunta puede ser muy difícil de responder. Por lo general conviene detenerse a pensar con exactitud en la causa de la confusión. ¿Siente que le faltan conocimientos y por eso está confundido? De pronto, no logra tomar una decisión sobre un cambio en su profesión porque ignora el lugar que ocupa en su compañía con relación al mercado laboral externo. ¿Se suman a su confusión emociones en conflicto? Por ejemplo, no sabe cómo abordar las circunstancias de un amigo que pasa por una mala situación y la empeora hundiéndose en ella. ¿Lo acompaña en sus sentimientos o le ayuda a enfrentarse a los hechos, aunque duelan? Tal vez sus valores y necesidades se encuentren en conflicto y no sepa hacia dónde ir. Es probable que se sienta atraído por una persona que le interesa, que le estimula el ego, pero para quien el significado de la consideración con los demás es muy diferente del suyo.

Profundizar en busca de más información y tratar de imaginar los resultados de sus posibles acciones puede ayudar a aclarar la confusión. Cuando considere que se encuentra frente a opciones en conflicto, hágase las siguientes preguntas con relación a cada opción:

> *¿Qué pasará si hago tal cosa? ¿Qué pasará si no la hago? ¿Qué beneficios obtendré? ¿Qué perderé?*

Haga una lista con los pros y los contras para cada opción, de manera que pueda reducir la duda y vea con más claridad la mejor decisión para el primer paso que debe dar.

Combata la frustración

Se siente frustrado cuando piensa que ha agotado todas sus opciones y se encuentra en un callejón sin salida.

Enrique, un excelente vendedor, estaba pasando un mal momento en el trabajo. Había redoblado sus esfuerzos en todas las estrategias que generalmente le funcionaban, había dedicado tiempo adicional en el teléfono a sus posibles clientes, había puesto todo su empeño también en los clientes antiguos y casi había arrasado un bosque enviando publicidad impresa sobre sus servicios. Sin embargo, la mala racha continuó.

"¡Lo he intentado todo y no me funciona nada!", se quejó con su jefe en la entrevista de evaluación que tuvo.

El jefe respondió tranquilamente: "¿Todo? ¿De verdad?"

En realidad, este excelente vendedor había probado todo lo que sabía hacer y había buscado el consejo de sus colegas, lo que le permitió incorporar algunas ideas nuevas. Sin embargo, no había agotado todas las formas de enfocar la venta. A partir de ese momento empezó a pensar en una estrategia completamente nueva que lo alejó de sus técnicas habituales y lo llevó a un territorio en el que inicialmente no se sintió muy cómodo. El resultado fue asombroso: a las pocas semanas era nuevamente uno de los mejores vendedores y su entusiasmo renovado se vio recompensado con la enorme demanda de clientes que habían permanecido indiferentes a sus antiguas estrategias de ventas. Sin darse cuenta, Enrique se había estancado y sólo comenzó a hacerse preguntas cuando enfrentó el dolor de la frustración.

Cuando tenga que combatir la frustración, hágase la siguiente pregunta:

¿Qué puedo hacer de una manera diferente para obtener un resultado que sea mejor?

Como bien lo expresa la sabiduría popular, si continúa haciendo lo que siempre ha hecho, obtendrá siempre lo que siempre ha obtenido. Tarde o temprano correrá el riesgo de quedarse arrinconado sin encontrar salida.

No se enrede con preguntas equivocadas

Algunas preguntas pueden llevarlo por un camino sin salida. Un ejemplo típico de esta clase de preguntas es aquella que fortalece sus creencias negativas: "¿Por qué siempre tengo que echarlo todo a perder?" No encontrará una buena respuesta, solamente la de su coach interior, que dirá: "¿De verdad? ¿Siempre? ¿Qué pasó cuando tuviste éxito?" Su coach interior tiene que gritarle muchas veces para que su voz se oiga por encima de la queja persistente de su crítico interior, que goza diciéndole que es estúpido, desagradable, perezoso; francamente, un desastre.

En lugar de preguntarse cosas inútiles, haga preguntas ingeniosas. Éstas son la llave que abrirá la puerta por donde podrá salir al campo abierto para iniciar su recorrido siendo su propio coach.

Plantéese las preguntas correctas

Las preguntas son una invitación abierta a buscar más información o una llamada a la acción. Las *preguntas cerradas,* aquellas que se responden con "sí" o "no", no son preguntas malas; si se plantean en las circunstancias adecuadas, son vitales. En general, le conviene trabajar con el *método del embudo,* en el que inicia con *preguntas abiertas* (casi siempre ¿quién?, ¿qué?, ¿cómo?, ¿dónde?, ¿por qué?). Siga con las *preguntas de sondeo,* útiles para averiguar algo más; probablemente continúe con unas *preguntas aclaratorias* para entender mejor y termine con algunas preguntas cerradas, que permitirán confirmar la acción. La idea es hacer que su pensamiento vaya bajando por un embudo de manera que usted abarque todas las posibilidades y pueda encontrar la mejor solución en el menor tiempo posible. La figura 7-1 ilustra el embudo de las preguntas.

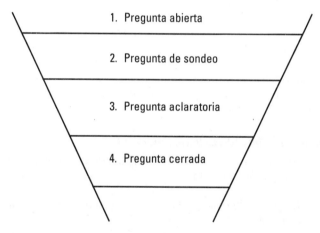

1. Pregunta abierta

2. Pregunta de sondeo

3. Pregunta aclaratoria

4. Pregunta cerrada

Figura 7-1: El embudo de las preguntas.

Descienda por el embudo

Emplear el embudo de las preguntas no debe ser una actividad demasiado estricta. Comience por la parte superior con preguntas abiertas y termine por la parte inferior con las cerradas. Para llegar a los resultados que necesita lo más probable es que suba y baje dentro del embudo. Lo importante es que haya pasado por todos los niveles antes de actuar.

Preguntas abiertas

Si piensa en la necesidad de ponerse en forma, su primera pregunta abierta podría ser:

¿Qué significa para mí ponerme en forma?

Entre sus respuestas puede encontrar aspectos como sentirse con más energía, verse bien con la ropa que lleva y evitar enfermedades y dolencias.

Preguntas de sondeo y afirmaciones

Las preguntas de sondeo lo invitan a averiguar más acerca de la situación u objetivo. Puede analizar sus prioridades para ponerse en forma:

¿Cuáles de las siguientes metas de salud me parecen más importantes y por qué?

Es probable que descubra que "verse bien" se asocia con la necesidad de sentirse atractivo y que, al evitar las enfermedades y dolencias, puede gozar más plenamente de una vida integral con sus hijos. Tener claridad sobre el valor que les da a estas dos condiciones le ayuda a precisar su motivación (en el capítulo 6 se plantea cómo puede reforzar sus motivaciones).

Preguntas aclaratorias y afirmaciones

Una buena pregunta aclaratoria o una afirmación pueden mantenerlo en la dirección correcta y evitar que pierda el tiempo:

Lo que realmente quiero de mi programa para ponerme en forma es…

Aunque puede sonar extraño, plantear una pregunta aclaratoria antes de comenzar a planificar la acción puede ser útil porque implica hacer un alto, pensar y reconsiderar. Después de todo, el plan de acción podría no ser lo que usted quiere. Este tipo de preguntas ayuda a replantear los objetivos.

Le sorprenderá saber con cuánta frecuencia el objetivo o la acción cambian de rumbo en esta etapa. Aclarar los conceptos le ayuda a acercarse a la meta.

Preguntas cerradas

Las preguntas cerradas son una excelente manera de cerrar el embudo con un compromiso o una acción. Casi siempre una pregunta cerrada genera respuestas de sí o no, de manera que la pregunta puede ser si usted se ha comprometido por completo con la acción. En el coaching, una pregunta que cierra también es una pregunta especialmente destinada a generar la acción. Por ejemplo:

> *¿Cuál es mi primer paso?*
>
> *¿Cuándo voy a llamar al gimnasio?*

Las preguntas cerradas están enfocadas a tomar una decisión específica y no a considerar opciones.

Encuentre las preguntas más poderosas

Las preguntas adecuadas en el momento preciso son enriquecedoras. Sin embargo, algunas tienen más impacto que otras. Cuando usted es su propio coach, dos tipos de pregunta desafían su pensamiento: las *preguntas para reflexionar* y las *preguntas para suponer*.

Preguntas para reflexionar

Una *pregunta para reflexionar* es un interrogante que se emplea frecuentemente en el coaching debido a sus propiedades casi mágicas para llegar al fondo de un asunto.

Las preguntas para reflexionar le permiten centrarse en sí mismo y considerar las posibilidades. Al estructurar una de estas preguntas y pensar en el contexto, con frecuencia algo se ajusta en su interior. Reflexione sobre las siguientes preguntas:

✔ **¿Qué me hará sentir más a gusto de esta acción/decisión/situación?** Esta pregunta le recuerda que debe sacar el mejor partido de sus puntos fuertes y preferencias (capítulo 4).

✔ **¿Qué me impide actuar?** Esta pregunta le ayuda a identificar las creencias que puedan estar frenándolo (capítulo 5).

✔ **Si alcanzo esta meta, ¿qué beneficios obtengo?** Está dirigida a relacionar la meta con sus necesidades y valores (capítulo 6).

✔ **¿Qué me garantiza que voy a obtener eso?** Esta pregunta hace un llamado a la intuición o a la evidencia recogida a través de los sentidos (capítulo 8).

✔ **¿Qué tiene de maravillosa la opción que estoy considerando?** Le ayuda a reflexionar de forma positiva acerca de las soluciones que está generando (capítulo 9).

✔ **¿Cómo sabré que he alcanzado mi meta?** Esta pregunta lo mantiene centrado en las acciones positivas, las metas importantes y los resultados (capítulo 10).

Preguntas para suponer

Las *preguntas para suponer* son una forma de sondeo o hipótesis para generar soluciones.

Estas preguntas suponen que usted puede construir un puente sobre una creencia que lo limita y le muestran lo que puede lograr al cruzarlo. Le proporcionan seguridad porque deja de lado temporalmente la necesidad de creer en lo que está frenándolo e imagina cómo sería el mundo de otro modo. Las siguientes son algunas preguntas para suponer:

Si supiera que no voy a fallar, ¿qué haría?

Si pudiera tener un estado de salud perfecto, ¿cómo me vería y me sentiría?

Si fuera posible combinar la seguridad de mi empleo actual con la libertad del trabajo independiente, ¿cómo sería mi trabajo?

En el trabajo con mis clientes he visto que este tipo de preguntas es muy importante para ayudarles a dejar de lado las creencias que los limitan. Cuando un cliente tiene una creencia profundamente arraigada, cambia su actitud hacia ella después de responder a una pregunta para suponer, ya que puede juzgarla mejor.

Escuche las respuestas

Si preguntarse es una de las habilidades más importantes en el recorrido del coaching, escuchar es una de las más subestimadas. Su calidad de vida mejorará notablemente si dedica más tiempo a escuchar a los demás y a sí mismo. A todo el mundo le gusta que lo escuchen. Probablemente conoce a alguna persona que sabe escuchar y la considera muy interesante, aunque hable muy poco. Como ella le permite a usted ser interesante, es natural que la sienta próxima.

Lo mismo sucede si emplea esa habilidad consigo mismo. Se sentirá muy bien si se hace preguntas importantes y escucha sus respuestas, siempre y cuando sea la voz de su coach interior y no la de su crítico interior.

Cuando no conoce la respuesta

Es posible que se sienta frustrado cuando empiece a utilizar sus nuevas habilidades de comunicación porque no siempre encuentra respuestas. A pesar de su esfuerzo por estructurar un marco sólido, el buen planteamiento de sus preguntas o la convicción de que tiene en su interior la respuesta, a veces no encuentra nada. No se preocupe: probablemente debe buscar otra pregunta, volver a intentarlo o dejarlo temporalmente y hacer algo diferente mientras su mente se aclara. La respuesta llegará cuando menos se lo espere.

¿Qué puede hacer si no encuentra la respuesta? Pruebe la siguiente técnica: le sorprenderá cuántas veces le ayudará a salir adelante. Cuando se haya hecho una pregunta y no encuentre la respuesta, pregúntese lo siguiente:

¿Cuál sería la respuesta si la conociera?

Puede parecerle una pregunta bastante tonta, pero tenga la seguridad de que casi siempre funciona. ¿Por qué? Es un misterio relacionado con la búsqueda de pensamientos y conocimientos en algún nivel del subconsciente. A un nivel superficial también le permite dar un paso atrás de la ansiedad de "no saber" a la posibilidad de "¿qué pasaría si...?" Puede considerarla también como la respuesta de su coach interior.

Pruebe esta técnica con otras personas y observe cómo pasa su expresión de la confusión al agrado cuando encuentran la respuesta que pensaban no tener.

Sintonice sus niveles de energía para encontrar las respuestas

Sus niveles de energía contribuyen notablemente a darles sentido a sus respuestas. Puede hacerse preguntas poderosísimas y generar excelentes respuestas, pero si no está tranquilo, si está cansado o se siente tenso, no escuchará las respuestas que espera. Su crítico interior adora esos días en los que usted se encuentra agotado o especialmente tenso y busca cualquier oportunidad para atacarlo por no tener la energía necesaria para hacer los cambios que usted quiere hacer.

El primer paso para resolver el problema es reconocer su estado de ánimo o grado de tensión. Si se encuentra en una vorágine de actividad y no puede encontrar ni el momento ni la energía necesarias para escucharse, será capaz de enfrentar la situación gracias a su fortaleza y a su capacidad de adaptación, pero tarde o temprano tendrá que hacer un alto y buscar un refugio físico y mental, es decir, la segunda etapa en la solución del problema. Su refugio puede ser algo tan sencillo como pasar una hora tranquilo consigo mismo, o tan largo como unas vacaciones o un periodo sabático. En el capítulo 16 encontrará más ideas para controlar el estrés.

Cuénteme su secreto

Para esta actividad se requiere la colaboración de un par de amigos; se trata de un divertido ejercicio para ver cómo emplea la gente el embudo de las preguntas.

1. Pida a dos amigos que se sienten dándose la espalda y que decidan cuál de los dos hará las preguntas (A). La otra persona (B) será la dueña de un secreto que usted le va a comunicar.

2. Entréguele a B un papelito con el secreto que usted ha preparado. El secreto puede ser algo extravagante, por ejemplo: "Soy la persona que cuenta todos los agujeritos de una pelota de golf".

3. A tiene que adivinar el secreto a base de preguntas que formula a B. Las únicas preguntas no permitidas son: "¿Cuál es el secreto?" y "¿Qué está escrito en el papel?"

4. Escuche con atención el tipo de preguntas que hace A. ¿Cuántas son abiertas, de sondeo, aclaratorias o cerradas? Las personas que muestran más habilidad para preguntar y se mueven libremente por el embudo de las preguntas (figura 7-1) encuentran el secreto más rápidamente, aunque éste sea muy extraño.

A veces el simple hecho de identificar que tiende a evitar las preguntas de sondeo o las preguntas cerradas puede ayudarle a mejorar sus habilidades para preguntar y a estructurar diálogos más significativos consigo mismo.

Capítulo 8

Conéctese con su aquí y ahora

"La vida que no se examina no vale la pena ser vivida".

Sócrates

Lo quiera o no, la vida cambia. Quedarse inactivo implica un retroceso porque el mundo cambia. Y cuando el mundo cambia, aunque sea levemente, usted termina por dejarse arrastrar, a veces pataleando y gritando porque los cambios no son fáciles para todo el mundo. El simple hecho de reconocer que el cambio es inevitable puede ser un alivio. Y si asume el control de los cambios, el recorrido será mucho más agradable. Es probable que el camino le parezca difícil y que sufra cierta incomodidad ante la emoción del triunfo. Sin embargo, usted lleva el timón y observa el camino por donde avanza. Y mientras genera los cambios, necesita ver clara y objetivamente lo que está pasando para poder tomar las mejores decisiones.

El presente capítulo le ayuda a desarrollar conciencia de las cosas que ocurren en su vida, de manera que pueda tomar mejores decisiones acerca de lo que no está roto, lo que hay que arreglar y lo que hará que pase a la siguiente etapa.

La toma de conciencia

Tengo la certeza de que algunas de las cosas que le ocurren son éxitos puros y simples, otras son como bendiciones y algunas son errores grandes y evidentes. Cuando analiza su vida sin una *concien-*

cia de apoyo o *conciencia de sí mismo* (véase el capítulo 6), puede llegar a sentir que hace las veces de fiscal y de abogado defensor y que ordena su sentencia de muerte aun cuando está convencido de que es inocente. Su juez interior se apresura a pronunciar el veredicto sin considerar de manera objetiva lo que usted percibe de la situación, sea bueno o malo.

Cómo tomar atajos sin esquivar las curvas

Puede parecer fácil confiar en que los demás le ayudarán a tomar decisiones sobre el paso que debe dar o el cambio que se hace necesario en su vida. Para eso están los amigos, ¿no es así? Si está angustiado porque no sabe si debe aceptar una oferta de trabajo, si es el momento de terminar una relación o si va a comprar esa camiseta verde limón que lo hace ir a la última moda aunque el color no le favorezca, pedir consejo parece ser una manera rápida de terminar con la indecisión. No tiene tiempo para reflexionar y necesita un consejo.

Cuando pida consejo, tenga en cuenta los problemas que esto implica. Sin lugar a dudas recibirá un consejo bien intencionado y sensato; sin embargo, muchas veces eso puede agravar su dilema. Un consejo puede llevarlo a un estado de mayor confusión y puede hacerlo dudar de sus certezas; incluso puede ser una equivocación. Hasta que se acostumbre a recibir el consejo de esa parte de usted que conoce las respuestas, los consejos de los demás podrían desviarlo de su camino. Ver lo que ocurre realmente, aunque la situación sea confusa, es el primer paso necesario para tomar los atajos sin evitar las curvas. Escucharse atentamente le permite tomar decisiones más rápidas y efectivas acerca de las opciones que tiene a su disposición, sin necesidad de dar vueltas y vueltas por los recovecos de la mente. Cuando esté familiarizado con esta nueva forma de ver y oír, podrá aceptar consejos sin que eso lo aleje de su objetivo.

Encuentre el equilibrio entre sus activos y sus pasivos

Piense en usted y en su vida como si se tratara de una empresa, con activos y pasivos. Los activos se valorizan con el paso de los años. Los pasivos acaban volviéndose costos y, con el tiempo, pueden asfixiarlo. Ninguna empresa puede funcionar sin pasivos, pero una empresa sana tiene muchos activos y administra los pasivos adecuadamente. Usted ya conoce algunos de sus activos porque representan todo aquello que considera importante, sus verdaderos valores, como por ejemplo el apoyo que recibe de sus amistades. Si considera únicamente los aspectos positivos de su "balance", no llegará a donde quiere ir. El primer paso para establecer su conciencia de apoyo (o conciencia de sí mismo) es comenzar a pensar cómo se presenta el balance realmente, aquí y ahora. La siguiente actividad le ayudará a identificar sus activos y sus pasivos.

1. **Haga una tabla similar a la tabla 8-1.** Anote en la primera columna todo aquello que considera un activo. Los activos pueden ser tangibles (en el caso de una empresa pueden ser las oficinas, por ejemplo; en su caso, tal vez su trabajo) o intangibles (el *prestigio* se considera un activo en el balance de una empresa, en tanto que la confianza en sí mismo puede ser para usted un activo importante).

2. **Haga el mismo ejercicio para sus pasivos.** Probablemente tenga los mismos elementos en ambas columnas; es normal que muchos aspectos de la vida tengan un lado positivo y otro negativo. Es posible que a veces su trabajo sea lo mejor del mundo y que otras veces lo perciba como un lastre.

3. **Ahora rellene la columna 3 con sus respuestas a la siguiente pregunta: ¿Qué me aporta este elemento (activo, pasivo o ambos) y qué me impide hacer?** Preste atención a su primera respuesta instintiva a pesar de que se sienta tentado a analizar sus argumentos.

4. **Anote en la cuarta columna los principales sentimientos y emociones que, según usted, se asocian a ese activo o pasivo.** Si se trata de emociones positivas y negativas a la vez, intente escoger la más evidente. Sin embargo, no rechace totalmente la otra y mencione las dos si cree que son igualmente importantes.

Tabla 8-1	Sus activos y pasivos		
Mis activos	**Mis pasivos**	**Me aporta/ me frena**	**Emociones primarias**
Mi trabajo.		Dinero, estatus, estructura y rutina.	Orgullo, seguridad, certeza.
	También mi trabajo.	Tiempo de esparcimiento y con la familia.	Frustración y a veces aburrimiento.

(continúa)

Tabla 8-1 *(continuación)*

Mis activos	Mis pasivos	Me aporta/ me frena	Emociones primarias
Mi entusiasmo.		Me ayuda a conseguir aliados en el trabajo y a hacer amistades en mi vida personal.	Fortalece mi autoestima.
	La falta de firmeza y seguridad en mí mismo.	Pierdo tiempo y energía porque me comprometo a hacer cosas que no debería.	Me hace sentir menos poderoso.

¿Cómo le fue? Algunos de los resultados más comunes para esta actividad son:

✔ Se da cuenta de que muchas cosas tienen consecuencias positivas y negativas. En la tabla 8-1 puede ver que su trabajo tiene un impacto tanto positivo como negativo.

✔ Observa que algunas cosas tienen un origen común: tal vez encuentre una relación entre el poco tiempo que dedica a su familia y al ejercicio y su dedicación al trabajo.

✔ Es probable que se sienta satisfecho con el equilibrio entre sus activos y pasivos, o francamente molesto.

✔ Es posible que sea difícil ver qué emociones y sentimientos están en primer plano, especialmente en las "zonas grises" (donde confluyen las emociones buenas y malas).

Además, es probable que durante este ejercicio haya pensado en iniciar un plan de acción relámpago. Por ejemplo, su juez interior probablemente ya decidió que, para que tenga más tiempo para su familia y el ejercicio, debe reducir el número de horas que dedica al trabajo. Ya estará pensando en cómo lo logra, conservando al mismo tiempo el rendimiento actual. Si es así, ¡alto! La conciencia de apoyo acaba de empezar a funcionar. En el capítulo 9 se presentan con más detalle las opciones. Por ahora, siéntase satisfecho de haber identificado algunas de las cosas que le gustan de su vida actual y otras que le desagradan.

En la empresa de la vida uno no tiene que arremeter contra los pasivos y concentrase en los activos. La meta es diseñar un plan empresarial que permita que todos los aspectos de la "compañía" trabajen armónicamente en dirección a una meta.

Redefina el éxito

¿Señaló mentalmente como "éxito" o "fracaso" algún aspecto en la tabla 8-1? Es natural hacerlo, pero al desarrollar el ejercicio se habrá dado cuenta de que esa actitud no siempre ayuda. ¿Cómo evalúa si su vida es exitosa? Piense durante unos minutos en las formas de medir el éxito:

✔ Podría dar a cada activo o pasivo una puntuación y sumar el total. Sin embargo, ¿cómo encontrar el equilibrio entre los grandes activos y los muchos pequeños pasivos?

✔ Podría medir sus logros según algún estándar de lo que la mayoría de la gente considera "éxito". Sin embargo, no sabe qué estándar usar ni cómo asegurarse de que la muestra se base en personas lo suficientemente parecidas a usted como para que tenga sentido.

✔ Podría preguntarse cómo se siente en relación con otros éxitos. Sin embargo, ya se ha dado cuenta de que tiende a ser más estricto/blando consigo mismo que otras personas.

✔ Puede comparar su percepción del éxito con lo que se consideraba exitoso hace cinco, diez o veinte años. Sin embargo, ahora usted es diferente; también el mundo en el que vive.

¿Realmente quiere ver así sus éxitos?

Así es imposible cuantificar el éxito o el fracaso. La definición del éxito y el fracaso varían con el tiempo, las experiencias y las circunstancias. Lo que fue un gran fracaso cuando tenía 20 años —no lograr un ascenso, por ejemplo— puede haber sido en realidad el catalizador que necesitaba para cambiar de trabajo y encontrar su verdadero nicho profesional. No es posible cuantificar el éxito cuando lo está viviendo, porque todavía no sabe qué va a aprender en cada situación y qué medidas va a tomar como resultado de éste. La vida es un asunto inconcluso y todavía ignora cómo va a influir en usted lo que vaya a pasar. Posiblemente haya oído esta expresión: "El fracaso no existe, es una consecuencia o un resultado de los cuales uno puede aprender". Es probable que haya pensado que se trata de una especie de consuelo. No es así. Lo que realmente plantea la expresión es: "No existe el éxito ni el fracaso, solamente hay resultados y consecuencias de los cuales uno aprende".

¿Qué le preocupa entonces? ¡Ya sé! En una escena de la serie de televisión *Angel* los protagonistas se enfrentan al hecho de que, hagan lo que hagan, van a fracasar en su lucha por vencer las fuerzas de la oscuridad. El héroe dice:

> *Cuando nada de lo que uno hace importa, lo único que importa es lo que uno hace.*

Aparentemente esta frase no dice mucho, pero vista desde otra perspectiva no sólo es real, sino que también puede ser liberadora. Uno tiene muy poco control sobre cómo responden los demás a nuestros actos. Lo que usted puede considerar como un desastre absoluto puede ser, para su enorme sorpresa, un motivo de aplausos para otras personas, y viceversa. En realidad, sólo tiene control sobre la integridad de sus intenciones, la acción que emprende y su respuesta a esa situación. Solamente usted puede interpretar el resultado de sus actos y aprender de ellos, y esto no tiene nada que ver con la opinión de los demás. Cuando reflexione sobre los resultados obtenidos podrá tener en cuenta las opiniones ajenas, pero éstas deben ocupar un segundo plano: "¿Qué me indica este resultado? ¿Qué puedo aprender de esta situación? ¿Qué más quiero hacer o dejar de hacer para mejorar el resultado la próxima vez?"

Es un alivio suspender temporalmente cualquier tipo de juicio y sólo ocuparse de lo que está pasando. La experiencia es similar a la que tendría si de pronto alguien lo elevara por los aires en medio de una acalorada discusión entre dos amigos, mientras usted intenta conservar la paz y apoyar a ambos. Desde arriba, puede oírlos, observa su lenguaje corporal e incluso sonríe con las locuras que dicen. Al mismo tiempo, la distancia le permite analizar la mejor forma de ayudarles.

Puede que en este momento le preocupe que, al desaparecer repentinamente de su vida el término "éxito", eso resta impulso a sus esfuerzos. No tema. Cuando intenta clasificar sus actos como un éxito o un fracaso, se distrae del verdadero "negocio" de alcanzar el éxito, aquel que se define en sus propios términos. Tal como lo definió la actriz Ingrid Bergman: "Éxito es obtener lo que uno quiere; felicidad es querer lo que uno obtiene".

Piense por un momento en el significado que tiene para usted el éxito. Escriba sus ideas en su diario o dibújelas, o encuentre otra forma de representar la definición. Escoja la expresión que le parezca más atractiva para considerar las siguientes preguntas:

> ✔ ¿Qué significado tiene en su vida el verdadero éxito? ¿Se refiere a alcanzar metas materiales, disfrutar del momento, es-

tablecer relaciones maravillosas? ¿Cómo será su vida cuando haya alcanzado esa visión del éxito?

✔ ¿Qué tiene que pasarle para que sienta que tiene éxito? ¿Cómo sabe que tiene éxito? ¿Necesitará el reconocimiento de los demás para sentirse exitoso? Cuanto más dependa su éxito de la aprobación ajena, más difícil será alcanzarlo y mantenerlo.

✔ ¿Qué consecuencias tiene para usted y sus seres queridos ese significado del éxito? Es probable que piense que el éxito tiene un precio, por ejemplo menos tiempo con su familia a cambio de ese ascenso que tanto desea. Piense cómo su definición de éxito se ajusta al resto de su vida. ¿Cuáles son las tensiones que se presentan cuando hay valores enfrentados?

Después de responder a estas preguntas puede resumir su visión; por ejemplo:

> *Para mí el éxito se encuentra en establecer y alcanzar metas personales que amplíen horizontes tanto en mi vida familiar como en mi ámbito laboral. Mido mi éxito pidiendo retroalimentación y juzgando la satisfacción personal que me produce un trabajo bien hecho.*

Céntrese en los resultados

Tener un buen conocimiento de sí mismo le permite ver sus metas de una manera objetiva y desde una perspectiva determinada. Es probable que tenga la tendencia a señalar como "buenas" o "malas" ciertas situaciones, basándose en cómo se sentía cuando ocurrieron. En realidad, las situaciones se encuentran entremezcladas y sus sentimientos pueden cambiar con el paso del tiempo. Por ejemplo, puede recordar con una sonrisa la vergüenza que pasó durante esa primera cita en la que dijo lo que no debía y quería que se lo tragara la tierra.

La siguiente actividad pretende hacerlo pensar de una manera diferente —con curiosidad— sobre los resultados de algunos hechos importantes.

Piense en algunos hechos que hayan sido importantes para usted. Empiece con algo que implique asociaciones gratas y resultados satisfactorios: aprobar un examen, conseguir un ascenso laboral, aceptar una oferta de trabajo o hacer un viaje al extranjero. Pregúntese lo siguiente:

✔ ¿Obtuve resultados insatisfactorios?

✔ ¿Qué opciones descarté al decidirme por la acción que emprendí?

Repita a continuación el ejercicio con una acción que crea que no le salió bien. De pronto, un pobre rendimiento en una reunión e incluso la finalización de una relación.

✔ ¿Qué efecto de esa experiencia fue bueno?

✔ ¿Qué aprendí de la experiencia? ¿Lo he tenido en cuenta desde entonces?

La curiosidad nunca ha matado a nadie, ni siquiera al gato. Pensar con curiosidad en las decisiones que toma no significa que tenga que arrepentirse de sus actos. Significa que empieza a sentirse más tranquilo, independientemente de la decisión que tome. Siempre le queda la posibilidad de volver a decidir, y probablemente ahora tome una decisión diferente. Cuando empieza a centrarse en los resultados, automáticamente comienza a interesarse en el rompecabezas completo porque quiere averiguar cómo armarlo y está fascinado con el resultado. Esa posición es excelente porque suele ser la mejor manera de averiguar la respuesta que busca, en lugar de angustiarse innecesariamente; además, es mucho más divertida.

Siéntase más curioso con relación a su vida. Tome cierta distancia, como si fuera un observador benévolo, y preste más atención a lo que ocurre.

Centrarse en los resultados y en las consecuencias es una excelente técnica en el coaching. ¿Qué ocurre cuando lo hace? Encontrará muchas cosas positivas:

✔ Elimina temporalmente la emoción. Es como si usted fuera su mejor amigo: siente interés pero no se obsesiona con los altibajos de su vida.

✔ Se convierte en una especie de detective de su vida, en busca de claves y tendencias que le ayuden a trazar un panorama que lo oriente.

✔ Empieza a ver la vida como un todo, una hoja de costos en la que los activos y los pasivos varían continuamente. Se da cuenta de que, igual que en el entorno empresarial, incluso si está por fuera del negocio durante un tiempo obtiene financiación y puede volver a entrar en el juego.

✔ Descubre conexiones que no es capaz de encontrar cuando se dedica a llevar la cuenta de su puntuación como si estuviera presentando un examen final para aprobar en la vida.

✔ Empieza a darse cuenta de que existen muchas interpretaciones para una misma situación y que puede encontrar las soluciones apropiadas cuando cambia de perspectiva.

Converse con gente que use y desarrolle la curiosidad. Pensar como un científico, un inventor, un detective o alguien que resuelve problemas puede aportar mucho al enfoque que adopta para encarar los grandes temas de la vida. ¿Cómo se utiliza la curiosidad en esas profesiones? ¿Cómo puede incluir esa metodología en su manera de abordar la vida?

Aproveche la intuición

La curiosidad es un excelente componente en la caja de herramientas para el coaching a medida que desarrolla una conciencia de apoyo, es decir, de sí mismo. Sirve para analizar con libertad y de manera agradable los resultados que obtiene. Puede llevarla a un nivel superior si intenta averiguar qué tan intuitivo es y cómo le puede servir la intuición para ver aspectos de su vida que necesitan un cambio de rumbo.

Todo el mundo tiene intuición. Recogemos información principalmente a través de los sentidos y a nivel conciente esto se evidencia en cómo nos sentimos, qué vemos, oímos, tocamos y probamos. ¿Ha experimentado uno de esos momentos de lucidez en que la mente consciente se distrae de la tarea que está llevando a cabo y le presenta la respuesta al problema que venía analizando desde hacía tiempo? Puede que esté en la ducha, esperando el café o riéndose con sus amigos y, de pronto, no se sabe cómo, tiene una visión, ve un nuevo enfoque y consigue resolver el problema.

La intuición es sumamente valiosa como conciencia de apoyo y puede proporcionarle soluciones infinitamente mejores que aquellas a las que ha llegado tras horas de análisis y preocupación. La confianza en su instinto, un toque de imaginación y un enfoque más relajado son algunas de las formas de ser más intuitivo; también mejoran la calidad de las decisiones que toma.

Confíe en su instinto

Malcom Gladwell, en su libro sobre el desarrollo de la intuición, *Blink (Inteligencia intuitiva)*, se refiere a la forma en la que la gente toma decisiones y hace juicios en apenas unos segundos. Eso significa que uno, desde el subconsciente, evalúa de forma intuitiva a partir de partículas de información, a veces en un nano-segundo. Por ejemplo, usted conoce a alguien y, desde el primer instante, tiene la sensación de que algo no encaja, de que algo en esa persona no le inspira confianza. Recoge inconscientemente briznas de información y, después, puede encontrar la evidencia tangible que respalda esa ráfaga de intuición. Obviamente eso no significa que siempre deba confiar en su primera impresión: todos los dramas románticos lo previenen sobre este peligro. Lo que debe tener en cuenta es que, con frecuencia su instinto puede funcionar mejor que la recopilación y el análisis de la información.

¿Cómo puede desarrollar la intuición? Es uno de esos rasgos esquivos, difíciles de abordar de una manera estructurada. Sin embargo, puede aprender a conocer su intuición siguiendo estas sugerencias:

✔ Cuando suene el teléfono, intente adivinar quién llama y tome nota si acierta. Es probable que descubra que su capacidad de presentir empieza a mejorar sólo porque hace ese esfuerzo.

✔ La intuición está íntimamente ligada con la creatividad (capítulo 9) y con una actitud lúdica (capítulo 15). Revise esos capítulos para averiguar cómo ser más creativo y alegre.

✔ Centrarse más en el presente ayuda a armonizar el pensamiento consciente e inconsciente, la fuente de la intuición. Vaya a la sección "Visualice las grandes metas de su vida", en este mismo capítulo, para encontrar más información sobre cómo vivir en el presente.

✔ Finalmente, considere los resultados que ha obtenido a lo largo del tiempo cuando ha confiado en su instinto. Compárelos con los de las circunstancias en las que ha pesado y medido cuidadosamente las evidencias. ¿Puede observar alguna tendencia?

Cómo vivir sin el peso de las emociones negativas

La vida puede ser un asunto muy serio, pero tomarse a pecho cualquier inconveniente hace perder energía. La risa es una de las mejores medicinas que hay y, después de haber hecho todo lo posible por resolver una mala situación, lo mejor que puede hacer es buscar cómo aliviar su estado de ánimo. El cerebro funciona mejor sin el peso de las emociones negativas que producen la preocupación y la ansiedad. Podrá ver con más facilidad lo que ocurre en una situación difícil si es capaz de observar desde el lado bueno. Las comedias son populares porque les dan a los espectadores ese tipo de tranquilidad. Observar las bromas de la gente común y corriente y reírse de ellas tiene efectos terapéuticos.

¿Cómo introducir ese agradable elemento en la cotidianidad? Compartir la risa o una broma con los compañeros de trabajo o encontrarse con los amigos al final de un día atareado contribuye a mejorar el ánimo. Y cuando el día amenaza con volverse tenso o demasiado serio, el recuerdo de los tiempos en los que podía gozar de una sonora carcajada le ayudará a recuperar el sentido de la perspectiva.

Mantenga una actitud relajada y fresca

¿Alguna vez ha estado tan absorto en una actividad que ha perdido por completo la noción del tiempo? Sus pensamientos, acciones y emociones están sintonizados entre sí. Cuando se involucra en una tarea, siente como si todo ocurriera en cámara lenta. Sin embargo, está trabajando bien, con rapidez pero sin esfuerzo. Se encuentra en lo que los atletas llaman *la zona*, que es un estado maravilloso. Usted está absorto en lo que está haciendo y al mismo tiempo la conciencia de lo que ocurre a su alrededor está alerta. La mente consciente se encuentra absorta en la actividad y la mente inconsciente se siente libre para andar por ahí, proporcionándole todo tipo de percepciones y conocimientos. Su crítico interior dormita y su coach interior lo estimula desde el banquillo. En momentos como éste, se siente invencible y confiado en su poder y su talento. Esta actitud más relajada le permite rendir más, tomar mejores decisiones y disfrutar plenamente de la vida.

¿Cómo adoptar una actitud relajada? Empiece por pensar cuándo se ha sentido así. Sea específico. ¿Qué estaba haciendo? ¿Estaba en el trabajo o descansando? ¿Qué sentimientos acompañaban esas experiencias? Si piensa en ellas, ¿puede recordar los sentimientos asociados? De ser así, ya dispone de una excelente herramienta para cambiar su estado mental.

Puede recrear esa actitud relajada o sentirse en *la zona* mientras realiza las siguientes actividades:

✔ Andar en bicicleta.

✔ Correr.

✔ Practicar un pasatiempo que le apasiona.

✔ Leer.

✔ Meditar.

✔ Practicar yoga, pilates, tai chi y otras actividades que vinculan la mente y el cuerpo.

✔ Realizar una larga caminata al aire libre.

Si le es difícil reconstruir esas sensaciones y sentimientos, intente, en primer lugar, revivir las experiencias que los produjeron. A medida que adquiera práctica para recordar esos estados de plenitud, encontrará que puede relajarse cuando lo desee, lo que le permitirá estar atento y calmado frente lo que ocurre a su alrededor.

Cómo saber lo que quiere realmente

¿El conocimiento personal que ha adquirido hasta ahora le permite ver hacia dónde se dirige en la vida? Si continúa haciendo lo que hace, ¿será capaz de mirar atrás y observar la vida que ha proyectado con todas sus alegrías y retos?

Cuando tenga claros los resultados de las acciones que está emprendiendo y de las decisiones que toma, le será mucho más fácil responder a los grandes interrogantes acerca de lo que realmente quiere en la vida. Podrá ser más objetivo con los hábitos que obstaculizan su plenitud, como la costumbre de aplazar decisiones, la autocrítica y el hábito de dejar todo para el último momento. Puede prepararse para reemplazar los malos hábitos por buenos hábitos. Sin embargo, a pesar de que tenga total claridad sobre los aspectos más importantes de la vida, puede ser algo confuso seleccionar aquellos que forman parte de sus metas principales. Puede que haya alcanzado una meta y, sin embargo, sienta una ligera insatisfacción, la sensación de "¿y ahora qué?" Es posible que el camino hacia esa meta le haya producido más satisfacción que la meta misma.

Estos sentimientos son normales. Una de las razones más importantes para establecer metas es que sirven de impulso a la acción, y allí radican las verdaderas satisfacciones de la vida. En realidad, cuanto más comprometido esté con el proceso del coaching para establecer y alcanzar metas, más satisfacción le producirá la sensación de progreso. Es recomendable empezar a pensar en la próxima gran meta cuando todavía no se ha alcanzado aquella en la está trabajando.

A veces las cosas que usted creía que deseaba resultan no ser tan buenas, lo que puede parecer confuso. Una de mis clientes de

Disfrute del recorrido

Piense en sus metas futuras como si fueran figuras prominentes en el horizonte lejano. A lo lejos alcanza a distinguir las formas y los colores de una montaña, un lago y un pueblo. Sin embargo, no puede ver con nitidez porque están muy lejos. Puede escoger entre ir a la montaña, al lago o al pueblo, lo que le parezca más atractivo desde donde mira. A medida que se va acercando empieza a distinguir los detalles: las pendientes de la montaña, los remolinos y remansos en el lago, las casas y demás construcciones el pueblo. Empieza a comprobar si la decisión de dirigirse a la montaña era la opción correcta; el lago o el pueblo hubieran podido ser un mejor destino. Todavía puede cambiar de rumbo. También puede observar algo que no podía ver desde el punto de partida: superada la cima de la montaña, se aprecia un valle magnífico. Cuando finalmente llegue al destino escogido no se arrepentirá, porque el recorrido ha valido la pena.

coaching estaba obsesionada con la adquisición de una casa, que para ella era símbolo de éxito laboral. Sin embargo, el día que se mudó a su nuevo hogar descubrió que lo que realmente quería era sentir la emoción del proyecto de renovación, y que la había confundido con la meta en sí misma. Este descubrimiento le hizo replantearse la dirección de su carrera profesional. Cinco años más tarde había establecido una oficina de venta de finca raíz como actividad adicional a su trabajo en la empresa.

No ha de tener lo que siempre ha tenido

Usted no es su pasado y tampoco su futuro. Si vive en el pasado tenderá a confiar tanto en sus experiencias que tendrá dificultad para tomar decisiones. Es como decir que hace diez años conducía un Renault 4 o un Topolino con velocidad y potencia limitadas y ahora es propietario de un Ferrari que conduce como si fuera un Renault 4 o un Topolino. En esos años usted ha adquirido habilidades, ha aprendido lecciones y es capaz de lograr mejores resultados de los que obtuvo antes.

Lo que quiere de la vida en este momento posiblemente difiera de sus antiguas metas. Si no profundiza sobre este aspecto, no sería raro que terminara siguiendo el antiguo patrón. Cristina decidió cambiar de profesión cuando ya tenía más de 30 años. Automáticamente pensó en volver a la universidad para obtener una educación formal antes de tantear nuevos campos. Había crecido con sus padres en un entorno de firmes valores; la educación universitaria era la base de una carrera y ésa había sido la opción elegida en su primera carrera. A medida que aplicaba la metodología del coaching a su nueva decisión, Cristina se dio cuenta de que prefería las aplicaciones prácticas y que quería estar vinculada a una actividad práctica cuanto antes. Descubrió que podía apoyarse en su experiencia para conseguir un puesto en una compañía que le ofrecería el entrenamiento necesario para sentirse realizada en su trabajo.

Construya ahora su futuro

En la primera parte de la película *Regreso al futuro*, Marty, el protagonista, regresa a una época anterior a su nacimiento, para asegurarse de que sus padres se encuentren y se enamoren a pesar de todos los obstáculos, de manera que pueda asegurar la circunstancia que le permita existir en su propio futuro. A medida que se desarrolla la acción que lo acerca y lo aleja de su meta, se puede ver la imagen de Marty y sus hermanos aparecer y desaparecer de la foto que él lleva siempre consigo. Él pudo adaptar sus actos a las circunstancias porque tenía una idea muy clara de lo que quería alcanzar y notaba que algunas cosas lo desviaban de su rumbo.

Aunque usted no tiene una bola de cristal (¡o un guionista de Hollywood!) que le muestre cómo va a desarrollarse su vida, puede mantener el rumbo hacia el tipo de futuro que quiere construir. Esta meta y su rumbo pueden servirle como un faro que le ayude a avanzar por el camino escogido. ¿Su meta a largo plazo puede ser producir un capital que le permita pensionarse anticipadamente y administrar un hotelito en una isla tropical? Si es así, la costumbre de posponer la lectura de sus extractos bancarios poco le va a ayudar a construir ese futuro.

La acción que usted inicia aquí y ahora construye muchos futuros posibles.

Visualice las grandes metas de su vida

Para lograr lo que realmente quiere, necesita una especie de visión de sí mismo que pueda empezar a crear mediante metas tangibles siguiendo caminos específicos. Es posible que en esta etapa usted ya tenga una visión clara de su vida, pero puede que aún sea poco precisa. Como ya conoce sus valores (capítulo 6), puede describir muchos aspectos imprescindibles en su futuro; también puede ver otros detalles con mayor claridad.

La siguiente actividad le ayudará a tener presentes las metas de una vida plena.

Imagínese que un día, cuando enciende la computadora, encuentra una serie de mensajes de correo electrónico de su coach interior. Tenga en cuenta que su coach interior existe en su presente y en todas las etapas de su vida futura. Él quiere informarle acerca de todo lo que usted ha hecho y le envía correos desde el futuro, dentro de 5, 10 y 20 años.

Considere la siguiente lista de áreas clave. Es posible que le parezca que algunas tienen más prioridad que otras, de manera que por ahora puede escoger sólo algunas. Quizá prefiera desarrollar la actividad con cada área por separado, o tal vez quiera mirar su vida como un todo, desde el principio. Ambos enfoques funcionan muy bien.

¿Cómo se ve dentro de 5, 10 y 20 años en términos de...

- ✔ Salud? Su salud y su bienestar en el plano físico, mental y emocional.
- ✔ Carrera? Su trabajo o su profesión, remunerado o sin remuneración.
- ✔ Familia y amigos? Las relaciones interpersonales.
- ✔ Dinero? Seguridad económica y posibles estilos de vida.
- ✔ Crecimiento? Cómo aprende y se desarrolla como persona.

Respecto a su familia y amigos, probablemente se ve a sí mismo dentro de cinco años como padre de familia. En el área del crecimiento, su coach interior le dirá que ha recorrido el mundo. Dentro de 20 años es posible que esté disfrutando de una cómoda jubilación.

(Nota para los tecnófobos: Puede escribir los mensajes a mano o a máquina; funciona exactamente igual que en la computadora.)

Ubique en el horizonte las grandes metas de su vida

Cuando tenga claras las metas de una vida plena, puede enmarcarlas en un planteamiento que exprese el deseo de cumplirlas, como preparación para establecer opciones y un plan de acción. Un *deseo planteado*, una intención, es una afirmación de la visión de sí mismo en el futuro.

¿Qué vio cuando se envió los mensajes de correo electrónico en los que actuaba como si fuera su coach interior? ¿Era dueño de una empresa? ¿Tenía una vida familiar maravillosa? ¿Empleaba su talento y entusiasmo de una manera específica?

Ha llegado el momento de situar las metas en el horizonte, de manera que pueda saber hacia dónde se dirige. Para ello, realice la siguiente actividad.

1. **Piense en cada una de sus grandes metas y exprésela como un breve planteamiento.** Su deseo con relación al dinero posiblemente se parezca a este ejemplo:

    Quiero ser un empresario con éxito y talento, capaz de producir el capital que me permita proporcionar a mi familia el estilo de vida que todos deseamos.

2. **Considere en cuánto tiempo quiere alcanzar estas metas; puede ser un año o 20. Busque una imagen que represente el recorrido.** Quizá la idea de una cordillera le sirva para representar el destino final o el punto donde confluyen el cielo y el mar en un paisaje marino. Tal vez piense en una estrella lejana en el firmamento.

3. **Coloque cada una de esas grandes metas en el futuro, en la posición aproximada en el tiempo en la que piensa que debe alcanzarlas.** A medida que lo haga, piense en imágenes y sensaciones asociadas con cada meta, y repítase su deseo. Por ejemplo, un hogar perfecto que represente la vida familiar o un trofeo que simbolice un logro deportivo.

4. **Piense en esas imágenes regularmente para que no pierda de vista su visualización.**

Esta actividad le hará pensar en cómo alcanzar las grandes metas. El capítulo 9 muestra cómo generar opciones para transformar el deseo en una meta centrada en el presente que le permita poner manos a la obra inmediatamente.

Capítulo 9

Explore sus opciones

Ya tiene bien definidas sus metas para llevar una vida más plena y está equipado con firmes creencias positivas, motivación inspiradora y una actitud curiosa e inquisitiva (lea los capítulos 5, 6 y 7 si aún no lo ha hecho). Una de las mejores formas de explorar las opciones que tiene a su disposición consiste en lanzarse a lo desconocido y probar.

Por otra parte, es probable que todavía vacile porque desea analizar más a fondo sus opciones. Posiblemente se trata de metas grandes y riesgosas y le resulta difícil ver con exactitud cómo va a recorrer la distancia que hay entre el sitio donde se encuentra en la actualidad y las elevadas cumbres de la cordillera que se perfila en el horizonte. O tal vez las metas son alcanzables y simplemente desea recobrar el equilibrio o fortalecer el que ya tiene. ¿Cuál será entonces la mejor opción para que llegue al valle?

Esta etapa puede parecer profundamente frustrante porque alcanza a vislumbrar el ideal desde la distancia, pero aún se siente incapaz de avanzar. Todo el mundo se siente así a veces. Por esa razón, muchas personas permanecen estancadas en un trabajo que detestan o atadas a relaciones insatisfactorias, incluso si saben que podrían llevar una vida mejor.

Es perfectamente normal sentirse atrapado. Pero también es posible controlar ese sentimiento. La mejor manera de salir del atolladero es comenzar a explorar las opciones que tiene, incluso si parte de usted las rechaza como sueños imposibles o ideas que no sirven para avanzar. En el presente capítulo encontrará el apoyo necesario para que modifique esas hipótesis y empiece a encontrar fascinantes caminos alternativos.

Cómo pasar de los problemas a las posibilidades

Una de las cosas que puede hacerlo sentir atrapado en una vida desacompasada con relación a sus metas es la tendencia natural del ser humano a ver los problemas y no las posibilidades. Esta sección identifica maneras de ver las posibilidades en ambos casos y de verlas también en lo más profundo de sí mismo.

Evite el juego de "sí, pero..."

Jorge se queja de que, a sus 42 años, empieza a darse cuenta de que su condición física no es la mejor, no está en forma y quiere recuperar el estado físico de cuando tenía 20 años. La siguiente conversación con su amigo Mateo ilustra la mentalidad del "sí, pero...", que ve problemas en lugar de posibilidades:

Mateo: ¿Qué tal si vuelves a hacer deporte para ponerte en forma?

Jorge: Sí, podría, pero ahora no tengo tiempo. Las jornadas de trabajo que tengo son absurdas y no puedo comprometerme con nada regular.

Mateo: ¿Qué tal ir a nadar con tus hijos? ¿No los llevas a la alberca todos los sábados?

Jorge: Pues sí, pero eso en realidad no es ejercicio. Tengo que vigilarlos todo el rato.

Mateo: Bueno, en el trabajo podrías unirte al grupo de corredores, los miércoles a la hora del almuerzo, ¿no? Sé que el director administrativo corre también, así que por ese lado no habría problema.

Jorge: Ésa sí es una buena idea. Lo malo es que no puedo correr. Tengo la rodilla débil desde que me rompí el ligamento. Si lo intentara, haría el ridículo delante de mi jefe.

Mateo: Si no puedes hacer ejercicio, ¿qué tal si intentas perder unos kilos? Te ayudaría a sentirte mejor y después verías cómo soportas el ejercicio. ¿No has pensado en la nueva dieta que parece que todos siguen en la oficina?

Jorge: Perder peso me ayudaría, pero detesto la idea de hacer una dieta de moda.

Mateo: Puedes pedirle a tu médico que te recomiende una.

Jorge: ¿Alguna vez has intentado conseguir una cita con nuestro médico? ¡Es como conseguir una audiencia con la reina! Además, no creo que se trate de hacer una dieta. Me gustaría encontrar tiempo para hacer ejercicio, pero ya he probado todas las opciones, simplemente no sé cómo...

Las objeciones de Jorge no están mal: todas sus razones son auténticas y explican por qué ve el asunto de estar en forma como un problema sin solución. Además, él realmente "quisiera" cambiar. Sin embargo, está jugando al "sí, pero...", que le impide ver las posibilidades asociadas con muchas de las opciones. Mateo propone alternativas (incluso ejercitarse con el director administrativo). Pero este juego reduce el rango de las opciones a una serie de preguntas cerradas y le permite a Jorge seguir en la trampa con un sentimiento que, a pesar de ser desagradable, al menos le confirma que tiene razón. Está tan acostumbrado a buscar los "pero", que falla a la hora de buscar otras formas de superar su problema. Quizás con una visita al doctor o a un fisioterapeuta podría solucionar el problema de la rodilla y unirse al grupo de corredores.

Si Jorge se permitiera ver otras posibilidades, el deseo de que la situación fuera diferente empezaría a convertirse en una "meta" que podría alcanzar.

¿Cuándo y de qué manera juega usted al "sí, pero..."? ¿Qué posibilidades se cierra con este juego? Pruebe jugar a "sí, y..." y observe la diferencia.

El juego de "sí, y..." lo obliga a pensar en soluciones positivas. Cuando Mateo propone que Jorge vaya a nadar con los niños, éste le responde con una objeción del tipo "sí, pero...". Reemplazar "pero" con "sí" haría que Jorge pensara en cómo conseguir que funcionara; por ejemplo: "Sí, y podría pedirle a mi esposa que me acompañara, de manera que nos turnáramos para vigilar a los niños".

La actitud "sí, y..." no le parecerá tan natural si está acostumbrado a encontrar razones para no hacer las cosas. Buena parte del proceso en la toma de decisiones consiste en valorar los riesgos reales y asegurarse de no caer en una trampa. Al jugar al "sí, y..." consigue esquivar las trampas mentales sin incurrir en mayores riesgos.

El escenario de la isla desierta

Si continúa enfrentando situaciones en las que no se siente capaz de tomar la decisión que le permita avanzar, mire en su interior y también a su alrededor, ya que las respuestas no siempre son obvias. Imagínese que ha naufragado en una isla desierta. La vida de siempre se halla a años luz de distancia y es comprensible que le asuste la perspectiva de planificar la supervivencia o el rescate. ¿Encontrará finalmente la fortaleza y los recursos que jamás creyó tener? ¿Cuál sería su papel si realmente estuviera perdido en la isla? ¿Sería un líder, un trabajador, un organizador, alguien que apoya? ¿Qué le serviría de estímulo? ¿No se cree capaz de tanto? ¡Piénselo nuevamente!

¿En alguna situación de la vida real se ha sentido como si estuviera en una isla desierta donde tiene que enfrentar algo para lo que no está preparado? Probablemente ha tenido que improvisar un discurso o se ha visto en la obligación de conducir en medio de una niebla muy densa. Tal vez ha tenido que recurrir a sus nociones de primeros auxilios para salvarle la vida a alguien. ¿Recuerda con exactitud el momento en que decidió que superaría esa situación? Lo más probable es que hubiera reaccionado instintivamente y no puede explicar cómo hizo acopio de recursos que no sabía que tuviera.

Todo el mundo tiene ese tipo de talento y usted puede tener la seguridad de que contará con los recursos necesarios cuando sea preciso. Observe el gran talento que tiene a su disposición —conocimientos, destrezas y habilidades— y que puede aplicar a muchas áreas de su vida (véase el capítulo 4).

Náufrago

En la película *Náufrago*, Tom Hanks es Chuck, un empleado de Fed-Ex cuyo avión se estrella dejándolo en una isla remota donde tiene que aprender a sobrevivir solo durante cuatro años. Antes del accidente Chuck era una persona común y corriente, con una vida normal, no el candidato ideal para un programa de supervivencia. Está gordo, lleva suéteres gruesos y está obsesionado con el tema de la administración del tiempo en el trabajo. A pesar de muchos retrocesos y temores, se enfrenta al reto de la supervivencia y, con el paso del tiempo, descubre recursos propios en diversos campos. Al abrir varios de los paquetes de Fed-Ex que llegan a la playa con los restos del naufragio, se encuentra unos patines para hielo. Rápidamente se da cuenta de que puede usar las cuchillas para cortar, como espejo e incluso para solucionar una emergencia dental.

En la película uno ve cómo Chuck aplica las habilidades que tiene a un entorno totalmente nuevo; también descubre fortalezas que le eran desconocidas. Como resultado, su vida cambia para siempre en muchos aspectos.

Evalúe su provisión de recursos

Usted ya dispone de buenos recursos, habilidades y talentos actuales y potenciales. También puede acceder a recursos externos cuando los necesite. Dedique el tiempo necesario a desarrollarlos: le aportarán dividendos cuando investigue sus opciones de cambio.

Construya redes de apoyo

Aunque sea capaz de sobrevivir solo en una isla desierta si no le queda más remedio (ver la sección anterior), tener compañía que le sirva de apoyo, motivación e inspiración mejorará considerablemente su estado de ánimo. Sus opciones se amplían cuando otras personas lo acompañan en el recorrido, no sólo porque pueden tener aptitudes que complementen las suyas, sino también porque al aumentar las aportaciones en la red de apoyo, aumentan también las oportunidades de contar con ayuda inesperada.

Cuando estaba escribiendo este libro me aseguré de que muchas personas conocieran mi proyecto y les pedí que tuvieran los ojos y los oídos bien abiertos, atentos a todo lo que consideraran que me podía servir para escribirlo lo mejor posible. Muchas personas se ofrecieron para leer y comentar capítulos; algunos amigos me enviaron artículos de revistas y mensajes de correo electrónico con citas que me sirvieran de inspiración; otros me sugirieron contactar con otras personas que estaban desarrollando alguna actividad en determinada área. Todo lo que recibí de mi red de apoyo resultó ser interesante y útil. El resultado es una fascinante experiencia que ha enriquecido mi vida profesional y personal de muchas maneras. ¡Y pensar que casi me encierro sola en una habitación durante seis meses para escribir acerca de lo que sé!

¿Ha oído hablar de la *teoría de los seis grados de separación*? La idea es que usted está apenas a cinco personas de distancia de cualquier persona en el mundo porque conoce a alguien que, a su vez, conoce a alguien más, y así sucesivamente hasta que llega hasta la persona que buscaba. De manera que, en teoría, con la red de apoyo adecuada, ¡podría llegar a entrevistar a Steven Spielberg o a tomar el té con la reina de Inglaterra! Hablando en serio, piense en toda la gente que conoce y que podría tener una pieza para su rompecabezas. De pronto un conocido suyo sabe de alguien que puede ayudarle a conseguir los recursos necesarios para convertir su pasatiempo en una pequeña empresa doméstica. Puede ser que un vecino le indique cómo empezar una actividad comercial de talla en madera. Quizá pueda consultar a un antiguo colega de trabajo que ha viajado mucho por el país donde usted está interesado en comprar una casa para las vacaciones.

Si tiene en mente una meta específica, puede considerar la posibilidad de abrir una página web personal y pedir a la gente que la visite que contribuya con consejos. También puede anotar los datos de las personas que conoce y disponen de recursos que puedan serle útiles en el futuro.

Amplíe sus recursos

¿Qué busca instintivamente cuando siente que necesita más información acerca de un tema? ¿Acude a internet o prefiere consultar un libro? ¿Qué recursos externos inspiran y desarrollan sus ideas? Cuando esté creando opciones para alcanzar sus metas, amplíe las fuentes de información e inspiración que emplee para maximizar las posibilidades de encontrar recursos útiles. Piense también en cómo utiliza esos recursos. La búsqueda de actividades de esparcimiento suele ser pasiva. Por ejemplo, si le gusta leer, es probable que prefiera seguir leyendo a sus autores favoritos en lugar de probar otros. O es probable que visite siempre las mismas páginas web porque sabe lo que contienen. Hacer eso está muy bien si su propósito es el descanso. Sin embargo, no olvide que se trata de posibilidades limitadas. Piense en variar un poco y observe qué pasa. Es posible que encuentre salidas sorprendentes que amplíen su gama de opciones para alcanzar las metas de su vida.

Una colega mía se mortificó durante meses preparando su página web con la intención de que fuera perfecta y descuidando inevitablemente otros aspectos de su vida. De pronto descubrió la palabra *blogging* (llevar un diario en la red) y, después de un breve período de escepticismo, comenzó a experimentar. Quedó encantada porque descubrió que el *blogging* no sólo es un medio fácil de informar y mantener la comunicación con los clientes, sino que además le sirvió de estímulo para completar su página web porque los visitantes de su *blog* le pedían continuamente más información.

Durante la próxima semana preste especial atención a las influencias que recibe de su entorno. ¿Qué películas ve? ¿Qué libros está leyendo? ¿Cómo emplea el tiempo que navega en la red? ¿Qué emisoras de radio escucha? ¿Lee el periódico y las revistas? ¿Qué secciones llaman más su atención? Piense en probar de vez en cuando algo nuevo. Ampliar la gama de sus recursos puede serle útil en áreas inesperadas.

Amplíe sus opciones

Cuando va a su restaurante favorito, ¿suele pedir el mismo plato siempre? El vertiginoso ritmo de vida y la incertidumbre lo impulsan a hacerlo; los pequeños actos rutinarios pueden ayudarle a sentirse más seguro. Además, usted ya sabe que así disfruta más, ¿verdad?

Probablemente prefiera un menú sencillo en el que sea fácil escoger. Después de un tiempo, sin embargo, ese menú lo aburrirá. Si después va a un restaurante que tiene un menú con una gran variedad de opciones, es posible que se asuste y que no haga la selección correcta. Pero si experimenta y prueba otras opciones, sabrá mejor qué le gusta. Claro, a veces puede que su decisión no sea correcta, pero es posible que un día incluso descubra, asombrado, que le gusta el hígado frito que llevaba años evitando.

A medida que pasa el tiempo usted empieza a preferir el menú más variado, se siente más a gusto con la selección, puede volver y pedir ese plato que rechazó la última vez y no tiene por qué arrepentirse si de vez en cuando no toma una decisión muy acertada. Le parece más fácil decidir, lo hace más rápidamente y dedica menos energía al proceso. En vez de considerar un problema el hecho de tener que escoger de un menú muy variado, es una experiencia que espera con ilusión; es una fuente de posibilidades.

Desarrolle un enfoque creativo

Su flexibilidad para generar opciones puede aumentar si se permite ser más creativo en diversas áreas. El hemisferio derecho del cerebro es el responsable del pensamiento creativo y flexible. Las investigaciones demuestran que, cuando ese hemisferio trabaja en toda su capacidad, puede sorprenderle su habilidad para producir mágicamente toda clase de enfoques innovadores para resolver problemas. Como el hemisferio izquierdo del cerebro es excelente para los procesos de análisis y evaluación, debe usar todo el cerebro para tomar las grandes decisiones (consulte el capítulo 15 para más información acerca de ideas beneficiosas para el cerebro).

¿Tiene alguna creencia que limite su creatividad? Muchas personas las tienen. Todos nacemos con la capacidad natural para ser creativos; sin embargo, esa creatividad se va apagando con el paso de los años debido a que debemos concentrarlos en procesos, análisis y resultados. La creatividad diaria es del mismo tipo que el de la chispa genial de los grandes artistas. Puede apoyarse en su creatividad para ampliar su estructura mental, desarrollar la flexibilidad y visualizar sus opciones de maneras novedosas.

Ser más creativo puede ser tan sencillo como suspender algunos de los patrones de comportamiento que lo mantienen atado a viejas rutinas. Es probable que le resulte difícil decidir de un día para otro que va a enfocar sus opciones de una manera creativa. Una estrategia más efectiva consiste en entrenar el cerebro por medio de actividades creativas regulares que puede llevar a cabo mientras sigue sus rutinas habituales.

Las siguientes ideas le ayudarán a encender la creatividad:

✔ Si tiene niños o sobrinos pequeños, únase a sus juegos de vez en cuando, no desde la perspectiva del adulto, sino en el mismo plano que ellos, incluso arrastrándose por la arena.

✔ En su casa, cambie de lugar seis objetos. ¿Qué conexiones nuevas puede establecer al ver los objetos en contextos diferentes?

✔ Converse con un desconocido en la cola del supermercado. ¿Qué tienen en común? ¿Qué los diferencia?

✔ Vaya por un camino diferente a su trabajo durante cinco días seguidos.

✔ Lea un libro sobre un tema que normalmente no le interesaría. Por ejemplo, si le gustan los temas románticos, busque temas científicos.

✔ Escuche música opuesta a sus gustos habituales, por ejemplo música africana en lugar de Mozart, o un musical en lugar de rock.

✔ Si rara vez usa el transporte público, propóngase tomar el autobús o el tren todos los días durante una semana y observe lo que ocurre a su alrededor.

✔ Lea en el periódico local una sección de las que normalmente evita (deportes, economía, sociedad, la que quiera).

✔ Durante el fin de semana, en lugar de salir a comer a su restaurante favorito, vaya a almorzar. ¿Percibe alguna diferencia?

✔ Visite el centro comercial y entre en una tienda donde nunca había estado antes.

✔ Dedique diez minutos a la semana a pensar en ideas como las anteriores que pueda probar durante los siguientes siete días y escoja las que más le gusten.

Llevar a cabo la mayoría de estas propuestas requiere unos ajustes mínimos en las rutinas habituales. Pronto empezará a percibir cambios en la calidad y claridad de sus pensamientos que valdrán la pena; además, disfrutará mucho más del día.

Juegue con opciones ilimitadas

¿Cómo puede emplear las ideas de este capítulo para empezar a trazar un mapa que lo lleve a alcanzar sus metas de una vida plena? En primer lugar, téngalas presentes. Puede expresarlas como un *deseo planteado* (véase el capítulo 8) que abarque todo o como un planteamiento que se refiera a un aspecto específico de su vida. Considere el siguiente deseo:

> *Quiero ser un empresario con talento y éxito, capaz de producir el capital que me permita proporcionar a mi familia el estilo de vida que todos deseamos.*

En esta etapa, el deseo planteado no es una meta tangible porque no está suficientemente detallado. En todo caso, se trata de un buen intento que abarca algunos de los valores esenciales en su motivación. Si tiene un deseo firme como el enunciado, ya sabe que existen muchas opciones para alcanzar el resultado. Para decidir las opciones que va a tomar debe convertir ese deseo planteado en una meta concreta.

A continuación se presentan cuatro etapas en el proceso de generar opciones a partir de un deseo planteado:

1. ¿Qué es posible?

Recuerde que debe tener una actitud de "sí, y…" y no de "sí, pero…" (consulte la sección "Evite el juego de 'sí, pero…'" en este capítulo). Permítase aceptar que, para usted, casi todo es posible si se lo propone y trabaja con ahínco utilizando sus recursos. Piense en las distintas maneras de cumplir con cada uno de sus deseos. Puede servirle pensar en grandes categorías:

- ✔ **La opción más rápida.** ¿Está casi seguro de que podría conseguir un ascenso en el trabajo? Esta opción puede ser llamativa debido a que presenta un alto nivel de certeza.

- ✔ **La opción que le da más miedo.** ¿La perspectiva de crear una empresa propia le produce temor a pesar de que ve los beneficios que obtendría? A veces el temor puede llegar a ser la adrenalina que lo motive.

✔ **La opción más difícil.** ¿Cree que puede buscar un ascenso y al mismo tiempo establecer una pequeña empresa a la que se dedique los fines de semana? Puede ser la opción más difícil porque tendría que esforzarse para encontrar el tiempo necesario para conseguirlo. También puede ver esta posibilidad como el enfoque que puede aportarle mayores beneficios.

✔ **La opción más arriesgada.** Puede pensar en la opción de invertir en bienes inmuebles, acciones o títulos. Quizá le parezca una opción atractiva debido a su alto potencial de retribución.

✔ **La opción más emocionante.** ¿Qué tal la idea de vender su casa e irse a otro país donde pueda ganar más dinero? Puede ser una opción llamativa si también ve beneficios en cuanto al nuevo estilo de vida que llevaría su familia.

Cada una de estas opciones tiene ventajas y desventajas. ¿Qué significan para usted la seguridad, la dificultad, el riesgo o la emoción? ¿Qué impacto puede tener cada una de estas opciones en otras metas de su vida? ¿Qué factores debe tener en cuenta (por ejemplo, responsabilidades y compromisos, condiciones de vida)? Mantenga la actitud "sí, y…" a medida que considere estas opciones. A veces puede preguntarse "¿qué pasa si…?" Su coach interior (capítulo 1) sabe qué preguntas debe hacerse para evaluar estas opciones de forma realista y segura.

2. ¿Qué soy capaz de hacer?

Considere los pensamientos que le vienen a la mente a medida que analiza sus opciones. ¿Conoce sus capacidades o surgen creencias que lo limitan y entorpecen el proceso? Si piensa "yo no podría hacer eso", pregúntese por qué razón; ¿nunca lo ha hecho y cree que puede fallar, o tal vez esa opción entra en conflicto con un valor importante para usted?

3. ¿Quién puede ayudarme?

A medida que analice sus opciones, piense en las personas que conoce y que podrían ayudarle con sus planes. ¿Cómo podrían apoyarlo para que siga adelante?

4. ¿Dónde puedo encontrar más información?

¿Dónde hay lagunas en sus conocimientos o habilidades que le impidan ver el camino apropiado para cada opción? ¿Dónde y cómo llenar esos vacíos? ¿Necesita buscar en internet, leer un libro o unirse a un grupo de apoyo?

Después de considerar estos cuatro factores, está preparado para reestructurar su deseo. Hágalo contando con todas las opciones que haya generado, de manera que pueda establecer una comparación. Enuncie su planteamiento en presente para que vea la meta aún más próxima:

> *Soy un empresario con talento y éxito, que produce el capital necesario para proporcionar a mi familia el estilo de vida que todos deseamos. Voy a lograrlo esforzándome por conseguir un ascenso importante en mi trabajo actual y estableciendo al mismo tiempo las bases para formar una empresa propia.*

Escoja la mejor opción

Ha llegado el momento de escoger la opción más apropiada para sus condiciones de vida actuales. El capítulo 10 está enfocado a aplicar las reglas que permiten establecer metas que lleven a precisar acciones. Por ahora, revise sus opciones (sin olvidarse de la intuición) y analice en qué dirección debe moverse. Considere las siguientes preguntas:

- ✔ **¿Cuál opción me parece más convincente?** ¿Soy capaz de imaginar que alcanzo esta meta a pesar de los temores y las dudas que tengo?

- ✔ **¿A qué me resisto?** ¿Existe alguna opción a la que me resisto por temor, dudas, preocupación o falta de destrezas o conocimientos? ¿Esta resistencia es el resultado del inflexible juicio de mi crítico interior o del consejo sensato de mi coach interior?

- ✔ **¿Comprendo bien las implicaciones de la opción elegida?** ¿Coincide esta opción con las líneas generales de mis valores en otras áreas de mi vida? ¿Realmente quiero ir en esa dirección a pesar de tendría consecuencias poco deseables en otras áreas? ¿Debo revisar mejor mis valores y mi motivación para encontrar el equilibrio?

- ✔ **¿Qué aspecto debo mejorar para seguir adelante con esta opción?** ¿Debo perfeccionar mis habilidades, conocimientos o creencias?

Finalmente, pregúntese cuál es el primer paso que debe dar para impulsar la acción. Probablemente le parezca que es un salto gigante hacia lo desconocido, aunque es posible que sea algo sencillo. Tal vez necesite tomar el teléfono para llamar a alguien que escuche sus planes, le ayude a verlos con más claridad y lo estimule a avanzar. Tenga en cuenta aquello que le parece natural y comprométase a dar el primer paso sin pensárselo más.

Capítulo 10

Un plan de acción efectivo

*U*na vez decididas las metas que pretende alcanzar (véase el capítulo 8), está listo para iniciar las acciones necesarias para cumplirlas. La expresión "lo que bien empieza, bien acaba" es cierta: el hecho de planificar y considerar todos los posibles resultados asegura que estén dadas las condiciones necesarias para emprender el vuelo. Es mucho más fácil actuar si ha considerado antes sus posibilidades y conoce los recursos y las opciones que tiene, así como los valores que lo guían.

También es necesario que se asegure de que las circunstancias actuales favorecen el éxito. Este capítulo indica cómo preparar un plan de acción que le sirva de apoyo a lo largo de los altibajos que se presentan en el recorrido.

Defina sus metas con sensatez

Ya ha identificado algunas de las grandes metas que desea alcanzar (si todavía no lo ha hecho, vaya al capítulo 8). Actualmente esas metas constituyen una visión amplia de lo que quiere lograr en algún momento. También tiene algunas opciones para cumplirlas (véase el capítulo 9). El primer paso en la acción consiste en visualizarlas con claridad y aplicar las pautas que se presentan a continuación para garantizar que siempre tengan validez. Esto significa profundizar en el qué, cuándo, cómo y quién asociado a las metas, porque su cerebro necesita recibir instrucciones precisas acerca de lo que usted desea. El modelo que se ofrece a continuación para precisar las metas constituye una gran ayuda.

Para que una meta pueda alcanzarse en términos reales es necesario que sea:

✔ Específica.

✔ Mensurable.

✔ Alcanzable y atractiva.

✔ Realista y razonable.

✔ Alcanzable en un tiempo determinado.

✔ Emocionante.

✔ Natural.

✔ Comprensible.

✔ Firme.

Específica

Su meta debe ser específica. Decir que quiere "estar en forma" no basta para que el cerebro interprete de una manera clara ese tipo de instrucción. "En forma" puede implicar adelgazar, tener energía, ser más fuerte, estar saludable o, tal vez, todas las anteriores.

Al formular sus metas, piense en los aspectos de cada una de ellas que son más importantes para usted. Puede asignar a cada aspecto un grado de importancia (véase la calificación de los valores en el capítulo 6) para que consiga centrarse en lo que realmente le funciona. Luego, diseñar el plan para estar en forma le permitirá centrarse en las opciones que generan los resultados más importantes. Si la energía es vital, considere qué debe comer y el tipo de ejercicio necesario para conseguir ese resultado.

Mensurable

Su meta debe ser mensurable. Si quiere dejar de fumar, debe cuantificar lo que quiere. Por ejemplo, puede ser que desee erradicar el tabaco de su vida, o simplemente reducir el número de cigarrillos a una cifra concreta. Nuevamente, su cerebro necesita instrucciones claras para saber por dónde comenzar y no aplazar la acción.

Alcanzable y atractiva

Las metas deben ser alcanzables y también atractivas. ¿Considera que una meta es alcanzable porque otras personas la han cumplido? Por ejemplo, si piensa comprar una granja en Francia (o en cualquier otro país), tener en cuenta que otras personas han tenido éxito cuando se han ido a vivir a otro país puede servirle de apoyo.

No obstante, usted no es "otras personas" y, si piensa mucho en ese aspecto, puede incluso que llegue a convertirse en un obstáculo. Podría abstenerse de buscar una meta porque ignora que otros ya la han cumplido. Piense en Roger Bannister, que corrió una milla (aproximadamente 1.600 metros) en cuatro minutos; si hubiera aplicado el criterio de "alcanzable" nunca habría intentado establecer la marca porque todo el mundo le decía que era imposible conseguirla.

La meta debe parecerle atractiva y convincente. Si su motivación continúa enfocada únicamente en los efectos nocivos de comer en exceso, es posible que las asociaciones negativas lo hagan sentir peor. Busque una visión positiva, con todos los beneficios que trae comer de manera controlada; véalo desde el punto de vista de la satisfacción que le pueden aportar el nuevo estilo de vida y una silueta más delgada.

Si su meta no es lo suficientemente atractiva para usted, le faltará motivación para cumplirla. Si quiere perder peso para darle gusto a su pareja, pero usted está contento con su silueta, el esfuerzo se convertirá en una verdadera lucha. Haga atractiva su meta o busque una que lo anime más.

Realista y razonable

Las medidas externas de lo que se puede lograr no suelen ser muy útiles; por ejemplo, comparar sus circunstancias con las de otras personas. Sin embargo, debe asegurarse de que su meta sea realista en las circunstancias actuales de su vida y acorde con su nivel de capacidades. Si tiene una meta muy amplia, puede esforzarse más allá de su zona de comodidad para alcanzarla. Pero entonces debe considerar que el recorrido puede ser muy largo y exigente.

Si debe considerar antes otros objetivos, tal vez el deseo de recorrer el mundo a caballo deba esperar o bajar en la escala de prioridades. O tal vez necesite alcanzar una serie de metas intermedias antes de que esté en condiciones de establecer su propia empresa.

Ser realista no implica ponerse límites, simplemente significa que tiene que aprender a caminar antes de echarse a correr.

Alcanzable en un tiempo determinado

Su meta debe estar ligada al tiempo; de otra manera puede que nunca la lleve a término. Si quiere un ascenso en el trabajo, tendrá éxito más fácilmente si establece etapas. Puede comenzar identificando las destrezas que quiere desarrollar y definir ciertas fechas para asistir a un curso de capacitación o para trabajar con un mentor.

Posteriormente puede buscar el trabajo que le gustaría tener y establecer la fecha en que debe estar listo su currículo; asimismo, debe prepararse para la entrevista. Claro que puede ir ajustando estas fechas en la medida en que reúna más información, pero contar con tiempos específicos le ayuda a centrarse en fechas límite que le convengan. Tener una meta ligada al tiempo es uno de los mejores remedios contra el hábito de posponer las acciones.

Emocionante

Así como la meta debe ser atractiva, también usted debe emocionarse con el recorrido que va a emprender. Aunque tenga todo el interés del mundo por llegar a su destino, si el camino es doloroso es posible que no sea capaz de seguir adelante. No tiene que doblegarse a la sabiduría popular de "la letra con sangre entra". Está claro que alcanzar una meta puede implicar ciertas incomodidades y sacrificios, pero no lo haga más difícil si puede aligerar el proceso. Si ya ha explorado bien sus opciones, será más capaz de encontrar la forma de cumplir la meta con entusiasmo.

Puede impulsar su entusiasmo con pequeñas recompensas; por ejemplo, llamar a un amigo para celebrar un logro. También puede hacer que este recorrido sea divertido; por ejemplo, puede marcar en un mapa sus avances, con color, y clavarlo en algún lugar visible. Haga cualquier cosa que pueda significar una celebración de sus triunfos. Usted establece las reglas.

Natural

Su meta debe coincidir con sus instintos naturales. Apóyese en el conocimiento que tiene de sí mismo y revise todas sus metas en relación con su intuición (véase el capítulo 8 sobre la intuición). ¿Esta es mi meta? ¿O es la meta de otra persona y pienso que debería ser mía? ¿O es tan fundamental que ni siquiera puedo considerar la opción de aplazarla? Si no puede contestar afirmativamente a esta última pregunta, revise sus necesidades, valores y creencias para ver cómo modificar la meta.

Comprensible

Sus seres queridos —pareja, amigos, hijos y compañeros de trabajo— deben comprender sus metas. Es necesario que sepan lo que quiere alcanzar y cómo apoyarlo. No tiene que revelar sus sueños más íntimos a todo el mundo, pero puede ser de gran ayuda informar a la gente importante en su vida, de manera que puedan estimularlo a medida que avanza. Si hay otras personas capaces de influir en sus logros, es importante que entiendan qué apoyo necesita recibir.

Firme

Finalmente, a pesar de que usted se ha asegurado de contar con el apoyo de todos los que lo rodean, debe estar preparado para enfrentar retrocesos e incluso reacciones negativas de los demás. Aunque sus seres queridos deseen lo mejor para usted, es posible que se sientan intranquilos al verlo correr tras una meta cada vez más distante, en especial si ellos quisieran poder hacer lo mismo. No es que quieran sabotear sus deseos pero, de manera inconsciente, podrían hacerlo retroceder con un comentario al azar o una pequeña tentación en el momento indebido.

A pesar de que todos lo apoyan, puede sufrir retrocesos en el recorrido. Ha de aceptar que los demás no siempre le darán el estímulo que necesita para levantarse y seguir adelante. Sus seres queridos querrán que se detenga, que no se lo tome tan a pecho y que alivie la carga temporalmente. Puede ser un buen consejo ocasional, pero la clave está en comprender que nadie estará tan comprometido con los resultados como usted.

Con el fin de ver cómo funciona el modelo para precisar las metas, considere el siguiente objetivo que puede haberse propuesto usted:

> *Para mayo del año próximo quiero haber vendido mi casa y comprado una granja en Francia.*

✔ **¿El planteamiento incluye una meta específica?** Sí. Usted ha expresado su meta como el plan de trasladarse a un lugar específico, de una manera específica, más que el mero deseo de ir a vivir al extranjero.

✔ **¿La meta puede medirse?** ¿Puede saber cuándo la ha logrado? Sí. Cuando sea el orgulloso propietario de una granja francesa.

✔ **¿Es alcanzable?** Mucha gente lo ha hecho antes. ¿Es atractiva? Sí. Está tan ilusionado que no ve la hora de mudarse.

✔ **¿Es realista?** Sí. Usted ha investigado el mercado inmobiliario en su país y en Francia y parece ser posible llevarla a cabo según el mercado actual y sus circunstancias.

✔ **¿Contempla la meta el componente tiempo?** Quiere alcanzarla antes de mayo del próximo año y se ha asegurado de que ese tiempo sea suficiente.

✔ **¿Está entusiasmado con el recorrido hacia la meta?** Sí. Ya ha dado algunos pasos y ha iniciado la investigación. También ha planeado dedicar dos horas semanales a alcanzar su meta.

✔ **¿Le resulta natural la meta?** Sí. Ha pasado muchas vacaciones felices en Francia, habla francés bastante bien y se siente allí como en su casa.

✔ **¿Incluye esta meta a las personas clave de su vida?** Sí. Su familia está dispuesta al cambio y están ilusionados con pasar largas vacaciones en Francia.

✔ **¿Está usted preparado para iniciar el recorrido hacia la meta?** Sí. Ya ha considerado diferentes planes alternativos en el caso de que la granja ideal esté fuera de su presupuesto. Ya ha pensado en la necesidad de realizar ajustes en su estrategia en el caso de que la venta de su casa tarde más de lo previsto o no se produzca.

Ponga en práctica la teoría

Escriba sus metas para alcanzar una vida plena en una tabla como la tabla 10-1. Exprese cada meta lo más brevemente posible; debe revisar estos enunciados rápidamente durante el día de manera que pueda tener presente su visión.

Tabla 10-1   Modelo para definir sus metas con sensatez

	Específica	Mensurable	Alcanzable y atractiva	Realista y razonable	Alcanzable en un tiempo determinado	Emocionante	Natural	Comprensible	Firme
Salud									
Dinero									
Personas									
Profesión									
Crecimiento									

Cómo plantear la pérdida de peso sensatamente

A continuación se presenta otro ejemplo en el que se aplica a la pérdida de peso el modelo para precisar las metas.

Luisa tenía dos niños menores de 5 años y su estilo de vida había sufrido un gran cambio porque había engordado y tenía exceso de peso. Esto la hacía sentir mal y deseaba recuperar los niveles de energía que tenía cuando estaba delgada. Un aspecto secundario, también muy importante para ella, era que deseaba ponerse un vestido muy especial en la boda de un familiar ese verano. Decidió usar el coaching para mantenerse centrada en el proceso.

Luisa enunció su meta como sigue:

> *Durante los próximos nueve meses voy a alcanzar mi peso habitual con un programa de alimentación sana y ejercicio regular. Esto me permitirá tener la talla del vestido que quiero ponerme en la boda y fortalecerá mi nivel diario de energía.*

Revisó la meta con el modelo —*específica, mensurable* y *alcanzable en un tiempo determinado*— y consideró que no necesitaba establecer un límite para su nivel de energía porque podría percibir el cambio diariamente. Especificó la talla del vestido porque le pareció un aspecto real —podía ver y tocar el traje que quería ponerse— y le pareció un factor significativo para hacer la meta *atractiva* y *emocionante*.

La meta de Luisa era *realista* porque su propósito era perder peso lentamente, lo cual era factible en el contexto de su atareada vida. Se trataba de una meta *natural*; ella siempre había detestado las dietas relámpago y le gustaba comer bien, sin privarse demasiado. También se aseguró de que su familia comprendiera lo que quería lograr y que estuvieran dispuestos a apoyarla. Se preparó para el esfuerzo sostenido que sería necesario y para la posibilidad de sufrir algunos retrocesos; buscó un coach que la apoyara.

Relacione sus opciones con sus metas

Ya definió claramente sus metas para una vida más plena y ha considerado algunas de las opciones que tiene para alcanzarlas (capítulos 8 y 9). Ha llegado el momento de trazar el mapa de su recorrido. El primer paso es precisar cómo avanzar hacia las metas. Después de aplicar el modelo propuesto en este capítulo, verá que hay unas opciones mejores que otras. También puede confrontar sus opciones en el contexto del modelo.

Luisa relacionó sus opciones y sus metas de la siguiente manera:

Estaba satisfecha con su meta pero necesitaba considerar las opciones que había generado para alcanzarla. Planificó dos aspectos: perder el exceso de peso y ganar energía haciendo ejercicio regularmente. Para perder peso podía ingresar en un club de adelgazamiento y seguir la dieta que le sugirieran, o solicitar un plan alimenticio a su médico. Para sentirse en forma podía recurrir a la bicicleta estática de una amiga, o apuntarse en el gimnasio local. Todas sus opciones respondían al modelo propuesto en términos de ser *atractivas* y *emocionantes* (también eran *específicas, mensurables* y *alcanzables en un tiempo determinado*), de manera que sólo le faltaba decidir cuál era más *realista* y *natural*.

Luisa tuvo en cuenta sus preferencias naturales. Le llamaba más la atención seguir las recomendaciones de su médico que vincularse al grupo de adelgazamiento porque tendría más flexibilidad de tiempo. También decidió ir al gimnasio en lugar de usar la bicicleta prestada, pues esta última opción no la comprometía lo suficiente.

Establezca etapas en su recorrido

Tener la meta clara y estructurado el mapa de opciones probablemente le proporcione el impulso necesario para dar el primer paso hacia el logro de la meta; posiblemente necesite alguna cita con un experto o deba participar en sesiones dirigidas. Empezar cuanto antes es clave para aprovechar y mantener el impulso inicial. En todo caso, es importante pensar en las etapas intermedias del recorrido, aquellas paradas en las que puede celebrar el éxito obtenido hasta ese punto. Puede considerar esas etapas como un oasis para recargar energía y revisar sus coordenadas para asegurarse de que sigue avanzando en la dirección que desea.

A lo largo del programa de nueve meses, Luisa estableció metas intermedias cada seis semanas. Cada 12 semanas veía un gran resultado en su estado físico, su nivel de energía y sus medidas. Las metas intermedias la hacían sentir que no estaba tan lejos de celebrar el triunfo y los cambios le parecían motivadores.

Pequeños pasos

Es muy posible que usted se sienta tentado a correr en dirección a su meta para alcanzarla cuanto antes. A veces esa actitud es la apropiada y el impulso inicial es un gran apoyo. Sin embargo, muchas personas consideran que el cambio es más duradero si se logra paso a paso, con pequeños progresos.

He aquí las ventajas de seguir la estrategia de la tortuga para alcanzar las metas, en lugar de hacer como la liebre:

✔ Puede ajustar sus metas a otras áreas de su vida sin tener que sacrificar otros aspectos importantes.

Al borde del precipicio

Este dramático documental presenta la historia de Joe Simpson, un montañista ambicioso que emprendió el ascenso del lado occidental del Sciula Grande, en los Andes peruanos, junto a su amigo Simon Yates. Un terrible accidente forzó a Simon a tomar la decisión de abandonar a Joe, a quien creyó muerto. Joe emprendió después un recorrido angustioso, con una pierna rota, por un territorio hostil, luchando por sobrevivir.

Pasó los peores momentos cuando empezó a dudar de que fuera capaz de cubrir la distancia que debía recorrer, enfrentando una naturaleza inexpugnable y un estado físico, mental y emocional debilitado. Su estrategia de supervivencia consistió en ponerse metas pequeñas, alcanzar un determinado punto en 20 minutos, y así continuó el penoso recorrido, de meta en meta. Compitiendo contra el reloj y gracias a su firme decisión, pudo hacer acopio de la fuerza interior necesaria para superar el dolor y el miedo. Así describió su situación:

"Una sensación muy clara… como una voz… una parte de mí me decía lo que tenía que hacer. ¡Haz esto, haz aquello, vas a llegar hasta allí!"

Joe sobrevivió y continúa escalando montañas.

✔ Puede hacer pequeños ajustes en el itinerario a medida que avanza, en lugar de tener que hacer un súbito giro si algo no resulta como desea.

✔ Disfruta mucho más del recorrido porque tiene tiempo para establecer recompensas.

✔ Establece hábitos duraderos que hacen el cambio más sostenible cuando ha alcanzado la meta.

✔ Se libera de estrés innecesario, factor que podría tener efectos nocivos.

✔ Tiene más posibilidades de no flaquear porque no está en condiciones extremas o incómodas que vayan en contra de sus preferencias naturales.

Luisa obtuvo mejores resultados con los pasos pequeños que adelantando con rapidez. La pérdida de peso gradual fue más conveniente para su salud.

Si no le queda más remedio que correr como la liebre, aplique este enfoque a aquellas metas que trastornen lo menos posible otros aspectos de su vida y sean rápidas de alcanzar. Los resultados rápidos pueden ser una motivación, pero no necesariamente perduran. Es necesario considerar la opción a largo plazo, especialmente si es una meta relacionada con la pérdida de peso. Algunas personas deciden suspender otras actividades para concentrarse en un objetivo específico como si estuvieran en una especie de retiro o periodo sabático. Este enfoque puede tener ventajas, pero por lo general exige mucha dedicación, dinero y tiempo, y de todas maneras hay que pensar en la forma de mantener el progreso alcanzado una vez terminada la etapa de concentración. En cuanto a sus metas y a su vida, sólo usted puede decidir lo que más le conviene.

Estrategias sencillas para combatir el hábito de posponer

Planificar acciones efectivas y avanzar con pequeños pasos son aspectos que funcionan muy bien; sin embargo, ¿qué ocurre cuando se pierde la motivación? Si sabe por qué aplaza sus acciones, puede idear una razón convincente que lo impulse a actuar (véase el capítulo 5). Además, tiene menos posibilidades de posponer la acción si ha aplicado el modelo presentado en este capítulo para definir con sensatez sus metas y opciones. Pero incluso la persona más comprometida puede llegar a un punto muerto en el recorrido, en el que comienza a posponer todo lo que ha previsto. No todos los componentes del recorrido le parecen siempre atractivos; algunos son difíciles de abordar.

La primera estrategia para combatir el hábito de posponer las acciones es revisar el modelo de definición de metas y opciones y decidir si necesita implementar algún cambio.

A continuación se presentan algunas acciones. Escoja las que mejor se adapten a su estilo, aunque también puede emplear algunas que nunca haya probado:

✔ Si el camino para alcanzar sus metas le parece desalentador, haga mentalmente que cada tarea parezca corta y fácil de llevar a cabo y recuerde las circunstancias en las que ha sido capaz de realizar tareas más complicadas que esas.

✔ Comprométase tan sólo a empezar y dígase que necesita hacer aquello durante 5 minutos; después puede detenerse.

✔ Coméntele a alguien que merezca su respeto que va a realizar esa tarea durante un tiempo determinado. Así se sentirá más comprometido.

✔ Pídale a un amigo que le ayude en el punto que considere más difícil.

✔ Busque a su alrededor: ¿puede hacer cambios rápidos que lo motiven a vencer la costumbre de posponer ciertas actividades?

✔ ¿Puede delegar parte de su tarea y aún así completar esa etapa del recorrido?

✔ Si no tiene suficiente tiempo, ¿qué actividades puede eliminar para ganar algo de tiempo para empezar? Pregúntese si es verdaderamente importante que lo haga todo usted.

✔ Realice primero las tareas fáciles, de manera que se sienta impulsado por el entusiasmo de los pequeños triunfos.

Mantener el compromiso consigo mismo

Felicidades por iniciar su recorrido bien equipado y con las coordenadas claras. Si continúa revisando su progreso en cada etapa, alcanzar las metas para tener una vida más plena le parecerá fácil y llevadero.

Cuando se enfrente a situaciones que lo hagan vacilar, recuerde su propósito. En esta sección presentaré algunas actividades sencillas que le ayudarán a respetar ese compromiso.

Piense como un héroe

No tiene que escalar montañas ni pelear con dragones para sentirse un héroe. Usted es el héroe de su vida. La característica única de su actitud heroica consiste en vivir su vida como quiere hacerlo. Esto puede implicar fijarse grandes metas o hacer ajustes mínimos. De todas maneras, el valor y el compromiso que necesita es del mismo estilo. Sólo usted puede cuantificar el compromiso consigo mismo, a pesar de que haya decidido compartir sus metas con otras personas que le brindarán apoyo. Los verdaderos héroes saben que son ellos quienes establecen sus niveles de excelencia.

El héroe sabe que durante el recorrido será probado y vacilará. Pensar como héroe puede ser un apoyo en los momentos más difíciles.

La siguiente actividad es una manera divertida de empezar a pensar en sus atributos heroicos.

Imagine que su director de cine favorito lo llama para proponerle hacer *La película de su vida*. Usted decide cómo será el guión y qué actor representará su papel.

¿Cómo es *La película de su vida*? ¿Una película de aventuras llena de persecuciones? ¿Un romance apasionado? ¿Una comedia divertida? ¿Una reflexión profunda sobre asuntos serios? ¿Una fantasía de ciencia ficción?

Si pudiera escoger al actor que lo represente, famoso o no, ¿en quién pensaría? ¿Qué cualidades tiene él que usted ve en sí mismo? ¿Cuáles serían las escenas más importantes que lo dejarían sin aliento? ¿Qué consejos le daría sobre cómo abordar su papel?

¿Qué revela esta actividad acerca de cómo aborda usted el drama de su vida?

Cuando la vida se cruza con la forma de vivir

Dar los pasos en dirección a una meta parece mucho más fácil cuando la vida se desenvuelve de una manera más o menos predecible. Usted está preparado, tiene planes alternativos para las eventualidades que encuentre en el recorrido y piensa que no va a desviarse de su rumbo. De pronto tiene uno de esos días... Todas las crisis imaginables le llueven a la vez: encuentra una multa por estacionarse en lugar prohibido; recibe el último aviso para el pago de facturas que creía haber cancelado; nadie parece querer ayudarle; y para colmo, no ha dormido lo suficiente y cree que está enfermo; el panorama se completa cuando descubre que su teléfono celular no tiene cobertura y no puede avisar a un cliente importante que está atascado a medio camino y que va a llegar tarde a su cita.

Todos podemos tener días como ése y algunos se prolongan semanas e incluso más tiempo. Si usted se encuentra en la mitad del proceso de alcanzar una meta, mantenerse firme puede resultarle muy duro. El problema es dejar a un lado la meta. Si lo hace, puede sentirse muy mal y hacer un retroceso todavía mayor.

A veces la vida nos juega malas pasadas. Si no le queda más remedio que dejar de lado una meta para sobreponerse a una racha de mala suerte o a una serie de eventos negativos, acéptelo. Acepte que los retrocesos y resbalones forman parte del cambio y concéntrese en lo que pueda hacer para enfrentar las crisis actuales. Piense en formas de progresar, aunque sean menores, buscando oportunidades inesperadas.

Aproveche el mito de la fuerza de voluntad

Suponga que sufre un retroceso porque sucumbe a la tentación. Es fácil caer en la tentación cuando intenta adoptar un cambio en favor de la salud, como dejar de fumar o perder peso, pero también puede pasarle con metas en otras áreas. Es probable que se haya centrado en conseguir un ascenso en el trabajo y, en cierto momento, enfrenta de nuevo el antiguo hábito de posponer tareas. Su crítico interior se siente feliz otra vez, acusándolo de falta de voluntad, y usted se pregunta: "¿Tiene sentido todo esto?"

Le sorprenderá saber que las personas que tienen más éxito en alcanzar sus metas con frecuencia no creen en la fuerza de voluntad. Por lo general, quienes tienen éxito se comportan como si no tuvieran fuerza de voluntad y la mayoría de veces se aseguran de rodearse de condiciones que les ayuden a evitar las tentaciones. Cuando caen en la tentación, se encogen de hombros, gozan de ese momento de indulgencia y retoman el camino sin sentirse culpables.

Piense en la fuerza de voluntad como un rasgo que puede desarrollar a medida que empiece a ver los resultados. Si cuenta con esta bendición, le será de gran ayuda para emprender el camino hacia sus metas. Sin embargo, a la mayoría le ayuda a avanzar el hecho de ver resultados.

Acepte su naturaleza y el hecho de que fracasará de vez en cuando. Pero no vea el fracaso como una excusa para persistir con un hábito que lo aleja de la meta.

Cómo controlar los celos ajenos

Los retrocesos pueden presentarse cuando la gente no manifiesta que ha observado cambios positivos o progreso en usted e incluso llega a expresar desaprobación hacia su proceso de coaching. Frecuentemente esta actitud se produce por celos; para usted puede ser bastante desconcertante.

Cuando le ocurra, busque el aspecto positivo en los celos de la otra persona. Posiblemente tema que cuando usted alcance su meta ella pierda algo valioso: usted la acompañaba a fumar a la hora del café y su deseo de dejar el cigarro le produce desasosiego; un familiar se había acostumbrado a ver televisión con usted y ahora usted se la pasa en el gimnasio; ya no critica a su jefe como antes y eso no les parece tan divertido a sus compañeros de oficina.

En todos estos ejemplos las personas cercanas a usted echan de menos la sensación de "estar juntos en algo". Sus nuevos hábitos están cambiando su conducta y usted quiere que se produzca ese cambio. Probablemente tarde algún tiempo en ajustar las relaciones que tenía antes de emprender esas acciones y puede que algunas relaciones no vuelvan a ser como antes.

Parte III
Aspectos centrales de la vida

The 5th Wave   Rich Tennant

"MI MUJER Y YO NOS ESTÁBAMOS DISTANCIANDO TANTO QUE DECIDIMOS VOLVER A HACER LO QUE HACÍAMOS EN NUESTROS TIEMPOS DE LUNA DE MIEL: PEDIRLES DINERO PRESTADO A SUS PADRES".

En esta parte...

*E*n estos capítulos se proyecta la luz del coaching sobre su trabajo, su salud, las personas que hacen parte de su vida y su desarrollo personal. A medida que comience a hacer ajustes en aquello que no funciona en las áreas clave de su vida, verá que surgen nuevas perspectivas.

Capítulo 11

Profesión y trabajo

. . . .

En este capítulo

▶ Tomar decisiones de trabajo proactivas

▶ Centrarse en las tareas y pedir retroalimentación

▶ Mirar el futuro laboral

. . . .

*P*robablemente usted pasa buena parte de su tiempo "trabajando". Si en la actualidad no tiene empleo, es posible que dedique bastante energía y tiempo en buscarlo. Y si ya está jubilado, quizá quiera llenar el vacío que la falta de trabajo ha dejado en su vida. Sin embargo, el trabajo remunerado que tiene ahora o que tuvo antes es sólo un aspecto de lo que constituye el trabajo. Su trabajo como padre, como responsable de su familia, como voluntario e incluso el trabajo que realiza para satisfacer sus aficiones e intereses son todos distintas facetas del impulso natural del hombre de involucrarse en una actividad determinada en beneficio propio o de los demás.

Una definición útil de trabajo es que se trata del contexto en el que, de alguna manera, uno aplica habilidades y destrezas personales para proporcionar y (frecuentemente) recibir algo de valor, ya sea en forma de dinero, especie o satisfacción. Por otra parte, tener una profesión implica tomar decisiones para capacitarse y asumir funciones más exigentes. Estas funciones generalmente se asocian con mejores salarios y beneficios porque el empleado puede ofrecer más y, por tanto, exigir un mayor reconocimiento por su actividad. El trabajo profesional abarca también el trabajo autónomo y la consultoría, actividades en las que se crean oportunidades en un mercado más amplio.

No todo el mundo quiere hacer una carrera profesional de este tipo y es posible que usted conceda al trabajo menor importancia que a su familia o a su salud. Puede que trabaje para conseguir el dinero necesario para financiar el tipo de vida que quiere y que dedique la mayor parte de su energía a otras áreas que considera más importantes. El capítulo 1 le ayuda a establecer qué importancia concede a cada área. En realidad, su idea del trabajo puede alternar entre dos posiciones: "es simplemente un trabajo", o "es la actividad más importante de mi vida".

El presente capítulo se centra en tres aspectos fundamentales del trabajo: el nivel de satisfacción con que se realiza; el reconocimiento que se recibe por él (dinero, posición y retroalimentación); las posibilidades que ofrece para desarrollar nuevas habilidades y potencial. Este capítulo le servirá de guía para abrirse camino entre algunas opciones y mejorar en estos tres aspectos. También le ayudará a identificar los elementos fundamentales de su trabajo y su profesión.

Evalúe su actitud hacia el trabajo

La gente con frecuencia se queja del "síndrome de lunes por la mañana", cuando suena el despertador y uno quisiera seguir durmiendo. Sin embargo, parece que el trabajo —más que el amor— hace girar el mundo. Aunque no se necesite el dinero, es muy fuerte el instinto que lleva a ocuparse de una actividad provechosa. ¿Cuál es su caso? ¿Trabaja para vivir, o vive para trabajar? ¿Necesita cambiar de trabajo para que refleje mejor su actitud frente a la vida, o debe definir mejor su actitud frente al trabajo?

El trabajo como medida del éxito y la autoestima

Cuando la gente le pregunta "¿usted, qué hace?", es probable que responda con el nombre de su cargo o el de la empresa donde trabaja. ¿Su identidad está vinculada al trabajo? Imagine por un momento que le estuviera prohibido realizar cualquier tipo de trabajo remunerado. Piense en la respuesta que daría cuando le preguntaran "¿usted, qué hace?" ¿Se sentiría bien? El grado de malestar que sienta al contestar indica en qué grado el trabajo es para usted una medida del éxito.

El papel del trabajo en su vida

Considere el papel que puede tener su trabajo en relación con las siguientes tres áreas:

✔ **La remuneración:** El trabajo por el que recibe un pago (su empleo, su empresa).

✔ **Las personas:** El trabajo que hace por las personas que forman parte de su mundo (su actividad como padre, la atención que dedica a sus seres queridos, el trabajo voluntario).

✔ **La satisfacción:** El trabajo relacionado con sus intereses (un pasatiempo, una destreza que puede adquirir, ser miembro de un grupo o una asociación).

Estas tres áreas pueden solaparse o estar en compartimentos separados. Por lo general no existe equilibrio entre las tres en términos de tiempo. La mayoría de la gente dedica la mayor parte del tiempo al trabajo remunerado, al menos durante ciertos periodos de la vida. Piense también en las épocas en las que su trabajo no ha sido remunerado: periodos de desempleo, bajas por maternidad, sabáticos, jubilación. ¿Cómo define, entonces, su idea del trabajo?

Es posible que todavía no haya tenido un trabajo que lo apasione. Si ha dedicado mucho tiempo y energía al estudio, puede haber dejado esa satisfacción al final de su lista de prioridades. El capítulo 15 le ayudará a comprender por qué la satisfacción laboral puede incrementar los niveles de felicidad.

La siguiente actividad puede ayudarle a definir su actitud hacia las diferentes áreas de trabajo. Piense en el papel que ocupan en su vida el trabajo remunerado, las personas y la satisfacción, y responda a las preguntas de la tabla 11-1, que utiliza como ejemplo el caso de Eduardo, directivo de una empresa propia. En este ejemplo incluyo sólo una función en cada área de trabajo, aunque puede haber más (por ejemplo, ser padre o madre y además cuidar a un familiar mayor, en el área de trabajo relacionada con las personas). Escoja las funciones que le parezcan más significativas.

Tabla 11-1	Identifique su papel en distintas áreas de trabajo		
	La remuneración	*Las personas*	*La pasión que le produce*
¿Cuál es mi papel principal en esta área de trabajo?	Administro mi propia empresa.	Soy el padre de Juan y Sofía.	Soy miembro del grupo local de arte.

(continúa)

Tabla 11-1 *(continuación)*

	La remuneración	Las personas	La pasión que le produce
¿Cuánto tiempo dedico a este trabajo?	¡Demasiado! Por lo menos 50 horas entre semana y con frecuencia también trabajo los fines de semana.	No el suficiente... Leo cuentos a la hora de dormir. Es mejor durante los fines de semana, aunque muchas veces tengo que dedicar tiempo al trabajo remunerado.	No he podido asistir a las últimas seis sesiones.
¿Qué beneficios obtengo?	Dinero, estímulo, autoestima alta y satisfacción por el trabajo bien hecho.	Amor, alegría, risas, aporte en familia.	Enorme satisfacción al expresar mi creatividad con libertad y organizar exposiciones de nuestro trabajo.
¿Qué sentimientos me produce?	Paso de estar muy motivado a estar muy estresado, según los retos que se presenten.	Me produce paz y calma y me ayuda a tener perspectiva, al tiempo que alivia mi estrés.	Me divierto mucho, me siento vivo e identifico mis objetivos. Mis niveles de energía son mucho más altos después de una reunión.
En diez palabras o menos, ¿cuál es mi actitud con relación a este trabajo?	Cuantos más beneficios recibo, más tiempo o atención toma.	Siempre recibo más de lo que doy.	Lo doy por hecho y eso reduce su impacto.

(continúa)

Tabla 11-1 *(continuación)*

	La remuneración	Las personas	La pasión que le produce
¿Qué debo cambiar en este trabajo para conseguir equilibrio?	Puedo ser más disciplinado, delegar más y reducir el tiempo que dedico a esta función. Es probable que simplemente deba reducir el grado de dedicación en una hora diaria para obtener una diferencia significativa. Puedo suspender el trabajo los fines de semana.	Al dedicar menos tiempo al trabajo remunerado podré dedicar más tiempo a esta función. Quiero encargarme de organizar la cena familiar al menos dos veces por semana.	Puedo asumir un compromiso semanal para darle más prioridad a esta área. También investigaré la posibilidad de abrir un grupo semejante para niños, de manera que pueda compartir mi interés con Juan y Sofía.

Sus respuestas a las preguntas de la tabla 11-1 indican cuánta importancia confiere a cada área, el tiempo que les dedica y cómo éstas alimentan sus valores. Las respuestas de Eduardo muestran que el tiempo que dedica al trabajo remunerado absorbe los beneficios que obtiene de las otras dos áreas. Al descubrirlo, Eduardo puede comenzar a atender también las otras dos áreas que, a su vez, le aportan energía para el trabajo remunerado.

Ponga el trabajo en contexto

Ajustar el equilibrio entre sus áreas de trabajo asegura que obtenga lo que necesita en todos los aspectos de su actividad. El resto del presente capítulo gira en torno a cómo mejorar lo que la mayoría de la gente clasifica como trabajo: el trabajo remunerado.

Incluso si su trabajo se reduce a la actividad cuya remuneración le permite pagar sus cuentas, probablemente le dedica bastante tiempo, de manera que tiene sentido ver cómo encaja en su vida y en sus preferencias generales. ¿Hasta qué punto se ajusta a sus aptitudes naturales, a sus creencias acerca del mundo y a sus valores? ¿Tendría más satisfacciones en un ambiente en el que estuviera desarrollando otras destrezas que normalmente no son su fuerte? Esta sección le ayuda a encontrar el equilibrio entre sentirse a gusto haciendo uso de sus capacidades y esforzarse al máximo en un trabajo.

Tome la decisión a conciencia

Deténgase a pensar en cómo consiguió el puesto que tiene o sus trabajos anteriores. ¿Por qué optó por el trabajo que tiene ahora? ¿Llegó a él accidentalmente? ¿Influyeron en usted sus padres u otro adulto? ¿Se dejó arrastrar por el proceso de la entrevista y de pronto se encontró aceptando una propuesta? ¿Escogería nuevamente su trabajo actual después conocerlo como lo conoce ahora?

Tal vez esté liado con algunos asuntos de trabajo, sienta que no tiene el trabajo apropiado o no esté aprovechando bien sus capacidades, y no consigue ver cómo alcanzar un trabajo más apropiado. Esa experiencia, aunque es molesta, lo prepara para lo que encontrará más adelante. Independientemente de la ruta que tome —abierta y flexible o planeando cada movimiento—, utilice las preguntas que se aplican en el coaching para asegurarse de que sigue la dirección correcta. Puede decidir no hacer cambios todavía porque necesita reunir fuerzas (más confianza y seguridad en sí mismo) y recursos (conocimientos, habilidades y experiencia). Esta simple decisión forma parte del proceso que le permite avanzar.

Evalúe su trabajo

Es posible que se encuentre tan absorto en los detalles de su trabajo, para bien o para mal, que antes de que se dé cuenta ya habrá pasado un año sin que haya un cambio o una mejora. Como es posible adaptarse a casi cualquier cosa, podría encontrarse en una actividad que ya no le hace aportes o que le produce angustia, simplemente porque no ha tenido tiempo para hacerse ciertas preguntas de fondo. Gran parte del estrés en el trabajo se debe a la acumulación de pequeños desasosiegos que no permiten encontrar el tiempo necesario para buscar una solución. Si es ambicioso y quiere progresar en su carrera, debe evaluar cuidadosamente dónde está y hacia dónde se dirige.

Puede juzgar si sus aptitudes y preferencias se ajustan a su actividad laboral imaginando que es la persona encargada de evaluar los
requisitos, el rendimiento y los incentivos de su cargo. Observe los
resultados que obtiene en esta evaluación. No piense en los detalles
de su cargo; con frecuencia lo que no está escrito proporciona las
mayores frustraciones o alegrías. Desarrolle la siguiente actividad y
siéntase en libertad de añadir otras preguntas.

✔ ¿Qué lo motiva a hacer este trabajo?

✔ ¿A qué dedica el 80 por ciento de su tiempo en el trabajo?

✔ ¿Qué habilidades necesita en su trabajo?

✔ ¿Qué habilidades rara vez o nunca tiene la oportunidad de
emplear?

✔ ¿Qué porcentaje del tiempo pasa usted

- tenso?

- aburrido?

- estimulado?

- disfrutando del trabajo?

✔ ¿Hasta qué punto tiene el trabajo bajo control?

✔ ¿Con qué frecuencia debe esforzarse más allá de sus capacidades?

✔ ¿Cómo describe su entorno de trabajo según una escala de 1
(la peor pesadilla) a 10 (el paraíso)?

✔ Complete el siguiente enunciado: "Trabajo en esto porque...".

✔ Seleccione el enunciado que mejor describe cómo se siente en
relación con su trabajo:

- "Es el trabajo de mis sueños; ni siquiera lo considero
un trabajo".

- "Tengo retos y estímulos y me siento valorado la mayor parte del tiempo. Eso me ayuda a superar los momentos difíciles".

- "Hay unos días mejores que otros. Puedo tolerarlo. El
trabajo no es prioritario para mí".

- "Con frecuencia me siento frustrado, preocupado o
aburrido; no consigo disfrutar de los buenos momentos".

- "Todos los días me toca arrastrarme al trabajo; estoy
dispuesto a renunciar".

Como resultado de esta actividad, ¿qué ha descubierto que deba cambiar? ¿Dedica el 80 por ciento del tiempo a tareas que lo aburren o que poco disfruta? ¿La mitad del tiempo está aburrido y la otra mitad se siente estimulado y, el estímulo sirve de contrapeso al aburrimiento? Es probable que se haya dado cuenta de que su actitud hacia el trabajo se encuentra en un término medio ("puedo tolerarlo"), de manera que puede aceptar las molestias diarias porque el trabajo no es prioritario para usted. Busque relaciones entre sus respuestas.

Al terminar la evaluación, Eduardo constató que trabajaba para proporcionar estabilidad económica a su familia y que había escogido ese trabajo (una empresa propia) porque le gustaba ser empresario. Su objetivo estaba relacionado con sus valores (capítulo 6) y haber elegido ese trabajo respondía a su nivel de conocimientos y habilidades (capítulo 4).

Algunos ajustes en el trabajo

A partir de la actividad anterior usted puede identificar las principales áreas que necesitan un cambio. Con frecuencia es necesario hacer ajustes en las siguientes áreas:

✔ **Creencias.** Es posible que sus creencias acerca del trabajo lo limiten. Cree que el trabajo debe ser estimulante y necesita reconsiderar esta idea para que consiga ser más proactivo en la búsqueda de estímulos.

✔ **Motivación.** Probablemente necesite un ajuste: un cambio en el modo de abordar el trabajo.

✔ **Libertad.** Necesita más libertad y autonomía en su trabajo.

✔ **Apoyo.** Es posible que necesite más apoyo y reconocimiento.

✔ **Presión.** El trabajo lo agobia y puede causarle una tensión negativa.

✔ **Responsabilidad.** Se siente desconectado de su trabajo y quiere asumirlo con más responsabilidad, de manera que consiga comprometerse más.

✔ **Entorno.** No se siente satisfecho con el entorno actual ("el mismo escritorio y las mismas cuatro paredes") o ese tipo de trabajo y de empresa ya no lo satisfacen.

Utilice la tabla 11-2 a manera de ejemplo. Escriba en cada área el compromiso que lo acerque más a su ideal de trabajo. En la tabla aparecen las respuestas de Eduardo sobre su trabajo como propietario de una empresa.

Tabla 11-2	Enunciados del compromiso para acercarse a su ideal de trabajo
Cambiar mis creencias	"La empresa no va a colapsar si delego más; en realidad, se va a beneficiar".
Centrarme en mi motivación	"Quiero aprovechar la energía que obtengo del arte para resolver los problemas de la empresa".
Disfrutar de más libertad	"Me he propuesto llegar a casa temprano con más frecuencia para no sentirme encadenado a la empresa".
Recibir más apoyo	"Josefina ya está preparada para ayudarme; a ella le encanta la idea de asumir más responsabilidades".
Angustiarme menos	"Pasar más tiempo con mis hijos me ayudará a estar menos estresado".
Asumir más responsabilidad	"Quiero más autonomía en cuanto a la administración del tiempo. Paso mucho tiempo pensando en lo mucho que trabajo y eso me molesta. He adquirido la costumbre de quedarme trabajando hasta muy tarde".
Modificar mi entorno	"No veo necesidad de hacer cambios aquí, pero Josefina desea hacer rotar a los miembros del equipo para estimular las relaciones interpersonales. Podemos probar".

Mejore el trabajo actual

Si al evaluar su trabajo se da cuenta de que no satisface sus necesidades, ha llegado el momento de diseñar un plan para realizar cambios radicales. Tal vez decida que, aunque desea cambiar algunos aspectos en su cometido actual, en conjunto sí responde a muchas de sus necesidades. Al mismo tiempo, tal vez sienta que ya está listo para tomar impulso y buscar un trabajo en otra parte (véase la sección "Encuentre el trabajo de sus sueños" en el presente capítulo, así como el capítulo 17). Probablemente deba completar un proyecto o terminar algunos informes antes de dar el siguiente paso. Incluso si el cambio es relativamente factible, por ejemplo adquirir o desarrollar ciertas habilidades que le permitan ascender al siguiente nivel en la organización, todavía hay distancia entre sus anhelos y su realidad actual.

No pierda de vista el objetivo

Es necesario que busque la forma de mantener la atención centrada en el aquí y el ahora mientras diseña su próxima meta. Y en el proceso tal vez note que puede hacer ligeros ajustes para aprovechar la situación.

Silvia empezó el proceso de coaching con un objetivo claro: huir de su trabajo antes de que la despidieran. Aunque no era muy probable que eso ocurriera (era una administradora cuidadosa y eficiente), detestaba tanto la relación con su jefe que le parecía que el despido era posible. Era infeliz porque, a pesar de saber dónde no quería estar, ignoraba qué paso debía dar.

Durante el proceso de coaching analizó los pasos necesarios para salir de ese punto muerto. Llegó a la conclusión de que su prioridad más urgente no era decidir cuál era el siguiente paso que debía dar en su profesión, sino modificar algunas de las creencias que abrigaba sobre sí misma y que contribuían a la mala relación que tenía con el jefe. Si no adquiría más confianza en sí misma, asumiría una posición similar en cualquier cargo.

Silvia se planteó dos metas básicas: identificar e iniciar acciones que le permitieran encontrar el trabajo de sus sueños, y modificar la relación con su jefe. Creía que la segunda meta era difícil de alcanzar porque ya había cancelado mentalmente su trabajo actual y tenía la atención centrada en el futuro. Se esforzó en afianzar su autoestima y pudo dejar de tomarse el estilo de su jefe como algo personal. Esta nueva actitud hizo que él viera el talento de Silvia. Tres meses después le ofreció un ascenso para que se hiciera cargo de un proyecto nuevo.

Después de pensarlo, Silvia aceptó. Le ayudaría a desarrollarse y el área le llamaba la atención. Para su sorpresa, descubrió que el cargo se parecía mucho al trabajo de sus sueños, que había empezado ya a identificar. La confianza recién adquirida gracias al coaching le permitió tener el valor de identificar las necesidades de su empresa que ella sabía atender muy bien.

Igual que Silvia, es posible que, por medio del coaching, usted descubra que los factores externos a los cuales atribuye la causa del problema con su trabajo actual —ya sea la remuneración, la forma en que le comunican instrucciones, la presión en las fechas de entrega— sean asuntos secundarios frente a los factores internos que puede controlar aplicando y desarrollando sus destrezas naturales. A continuación se proponen algunas ideas que pueden ayudarle a disfrutar más de su trabajo:

✔ **Practique la comunicación asertiva.** Si se siente frustrado en el trabajo, sus necesidades no se encuentran satisfechas (véase el capítulo 6 acerca de cómo identificar esas necesidades). Sea sincero consigo mismo sobre lo que necesita. ¿Prefiere la variedad a la rutina? Hay diversas maneras de establecer una estructura más variada; sin embargo, tal vez necesite la aprobación de su jefe para hacer cambios. Plantee con exactitud qué le parecería mejor tan pronto como pueda. Con esto evitará enfrentamientos posteriores, cuando lo consuma el aburrimiento.

✔ **Recuerde qué lo motiva.** Cuando tenga claros sus valores (capítulo 6), puede asociar lo que haga a estas fuerzas motivadoras. Si algunos aspectos de su trabajo le producen estrés y se pregunta por qué sigue ahí, piense mejor en aquellos que sí le permiten vivir de acuerdo con sus valores: el salario, gracias al cual puede llevar el estilo de vida que desea, o el reconocimiento que recibe por cumplir con las fechas de entrega. Mantener la mira en el resultado final le ayudará a poner el trabajo en perspectiva.

✔ **Descubra "su momento".** Una señal de buen rendimiento es estar tan absorto en una tarea que pierda la noción del tiempo. Con algo de práctica puede alcanzar este estado, incluso cuando esté aburrido o frustrado. Concéntrese en lo que esté haciendo como si su vida dependiera de ello o como si fuera la tarea más fascinante del mundo, o intente recordar lo que sintió la primera vez que hizo eso. Este ejercicio no siempre transforma una tarea aburrida en algo maravilloso, pero el esfuerzo por cambiar de actitud suele ser suficiente para ayudarle a tolerar la rutina, de modo que pueda pasar a otras actividades más interesantes.

✔ **Recuerde que sólo sus pensamientos y su comportamiento están bajo su control.** A veces enfrenta el mal genio de su jefe o de un colega, con o sin justificación. Puede dejar que esta situación lo saque de sus casillas y lo desvíe de su rumbo, o puede intentar adaptarse a las circunstancias y conseguir, de todos modos, el objetivo previsto. Esto a veces implica enfrentar ese mal genio; otras veces supone permitir que la otra persona se desahogue, sin que usted se lo tome como algo personal. Ocúpese de lo que puede controlar, en este caso su estado de ánimo y su comportamiento, y así tendrá más probabilidades de conseguir que la otra persona se tranquilice.

✔ **Revise la situación permanentemente.** Si prefiere trabajar en compañía, ¿cómo podría incluir en una tarea algo de interacción con otras personas? Piense en tareas sencillas que pueda hacer en compañía. Por ejemplo, si tiene que preparar material para enviar por correo, ¿por qué no busca la compañía de alguien para que sea más divertido? Opciones como ésta pueden establecer grandes diferencias.

Cómo enfrentar las situaciones negativas

Es posible que le encante su trabajo, pero que sus compañeros lo agoten, lo pongan de mal humor o lo hagan sentir inseguro. Puede protegerse de los efectos más dañinos de la negatividad si entiende que por lo general la gente se comporta mal cuando se siente atrapada y sin posibilidad de escoger.

El aburrimiento y la falta de compromiso pueden provocar apatía, lo que puede acabar con el entusiasmo y la actitud proactiva de un equipo de trabajo. Cuando usted se deja atrapar por la apatía, también lo invade el cinismo, la sensación de inutilidad y el letargo; esto se contagia con facilidad. Para evitar la apatía, utilice la metodología del coaching para preguntarse lo siguiente: "¿Por qué me siento frustrado? ¿Qué me hace sentir atrapado? ¿Cómo puedo apoyar a mi equipo o sortear este problema?"

Una forma muy distinta de comportamiento negativo surge al involucrarse en rumores y chismes. Los rumores dañinos surgen del miedo y de la necesidad que tiene de protegerse el que los inventa, porque la atención se desvía hacia otra persona. Los efectos de los rumores pueden ser muy negativos: traición, destrucción de la confianza, etc. El cotilleo puede ser emocionante durante un tiempo, hasta que la energía negativa termina golpeando a quien lanzó la piedra. Aléjese de los chismes por medio del coaching; pregúntese: "¿Cómo puedo dirigir mi energía hacia algo más productivo?" Antes de ponerse a hablar de un compañero, pregúntese: "¿Es verdad lo que voy a decir? ¿Es constructivo? ¿Le sirve o le importa a la persona con quien estoy hablando?

Encuentre el trabajo de sus sueños

La presente sección considera las opciones que usted tiene cuando sabe que progresar en su profesión significa trasladarse a nuevos terrenos (el capítulo 17 le permitirá evaluar y planificar un cambio radical, a la vez que le ofrece estrategias útiles para los tiempos de grandes cambios, como un periodo sin empleo, por ejemplo).

Para encontrar el trabajo de sus sueños debe tener claro qué te gusta hacer. La siguiente actividad le ayudará a identificar actividades verdaderamente gratificantes.

Busque un lugar tranquilo, siéntese y respire tranquilamente. Cierre los ojos y pregúntese:

Si ocurriera un milagro y tuviera el trabajo perfecto cuando abriera los ojos, ¿cómo sería?

Planifique cada hora del día según sus preferencias. Puede incluir escenarios que estén más allá de sus posibilidades actuales. El resultado final de esta visualización no pretende representar una realidad exacta, sino proporcionar pistas acerca de la actividad perfecta para usted.

¿Qué revela el milagro? ¿Es una prolongación de su trabajo actual? ¿O el trabajo de sus sueños es tan diferente del actual que no consigue imaginar cómo hacerlo posible? Usted ya dispone de los recursos necesarios para conseguirlo, a pesar de los retos que enfrente (vaya al capítulo 19 si no los tiene). Decididamente, cuanto más distante de su trabajo actual sea el trabajo de sus sueños, tanto mayor será la fuerza necesaria para conseguirlo.

Empiece por acercar el trabajo de sus sueños a su realidad reuniendo anuncios de empleos semejantes a ese ideal. Es posible que, por ahora, algunos trabajos sean inalcanzables; sin embargo, serán más cercanos a sus capacidades actuales. Tener en cuenta el ideal y pensar en cómo prepararse para alcanzarlo hace que la meta sea cada vez más real.

Defina la meta de su búsqueda de trabajo

¿Qué descubrió en la actividad anterior sobre el trabajo? ¿Hasta qué punto está a su alcance? La estrategia para explorar el mercado laboral varía según el número de pasos que lo separen de su objetivo. Su meta puede ser:

✔ **Cambiar por cambiar.** Probablemente hay cosas que le gustan mucho en su trabajo y otras que le producen frustración. En esencia, usted busca recuperar el entusiasmo en un entorno nuevo. El impulso que lo mueve es un cambio positivo, por el cambio en sí mismo. Este cambio puede lograrlo en su trabajo con bastante facilidad y rapidez porque no exige modificar muchos factores. Empiece por mirar en otros departamentos de su empresa en busca de una nueva perspectiva. Una comisión o un traslado temporal podrían bastar para satisfacer esa necesidad de cambio.

✔ **Tener más retos.** Usted quiere avanzar al siguiente nivel e ir incluso más allá. Las motivaciones clave son posiblemente un ascenso laboral y un aumento de sueldo. Está dispuesto a competir en el mercado laboral, a demostrar que puede dar lo mejor de sí y a probar que vale. Ha de estar preparado para la sana competencia a la que debe enfrentarse, pensar en su currículo, prepararse para la entrevista e investigar el sector en el que trabajaría. Una vez haya completado este trabajo de campo, el cambio puede presentarse muy pronto.

✔ **Ampliar sus horizontes.** Ha puesto sus miras en una meta a largo plazo para la que se está capacitando. Tal vez quiera crear durante los próximos años la plataforma sobre la que piensa establecer una empresa propia. De ser así, su próximo paso consiste en prepararse adquiriendo experiencia. Tal vez deba desviarse de su camino un poco para adquirir ciertas habilidades. Probablemente tarde en alcanzar su meta porque tendrá que cambiar algunos factores y demostrar que se puede adaptar a un entorno laboral nuevo.

El currículo perfecto

Para encontrar un trabajo no es necesario tener un magnífico currículo. Si sabe venderse, la forma más rápida de asegurar un trabajo es llamar directamente a una serie de empresas seleccionadas con anterioridad y pedir una entrevista, con la intención de producir una excelente primera impresión. Pocas personas hacen esto. Por eso, si logra conseguir la entrevista, podría ser muy convincente.

En todo caso, el currículo también puede cumplir muy buenos propósitos. Para preparar uno excelente, tenga en cuenta lo siguiente:

✔ Sea conciso y directo. Piense en su currículo tal como escoge la ropa para la entrevista, ya que la primera impresión es la que cuenta.

✔ Destaque la experiencia reciente y los resultados obtenidos en sus últimos cargos. En la entrevista podrá suministrar detalles sobre el pasado.

✔ Prepare un currículo general y adáptelo a cargos específicos. Escriba siempre una carta de presentación concisa cuando se presente a un cargo, refiriéndose a las necesidades que tiene la empresa (las encontrará en el anuncio o por intermedio de otras fuentes). El propósito de la carta es demostrar cómo podría serle útil a esa empresa.

Explore el mercado laboral

Hay muchas maneras de buscar trabajo: puede enviar su currículo a los anuncios que aparecen en los periódicos, revisar páginas de internet o trabajar con redes personales de apoyo (la siguiente sección plantea cómo utilizar una red como apoyo). También puede solicitar ayuda a un experto que lo apoye y aconseje y que promocione sus habilidades.

Recurra a las redes personales de apoyo

Buena parte de las ofertas laborales, especialmente en las posiciones directivas, aparecen sin intermediarios. No es preciso ser un experto en redes humanas para utilizar esta ruta. Cuando busque el trabajo de sus sueños, no deje de comentarlo con la gente a su alrededor; pregunte si conocen a alguien que pueda ayudarle. Sus amigos no tienen por qué conocer al empresario preciso, pero posiblemente sepan de alguien que puede darle información útil. También es posible que alguien le ayude a prepararse para la entrevista o a revisar el currículo. Pregúntese:

> *¿Qué debo hacer para acortar la distancia entre el punto donde me encuentro ahora y el punto al que quiero llegar? ¿Quién puede ayudarme?*

Lea en el capítulo 13 la importancia de crear redes de apoyo al emprender cambios.

Obtenga reconocimiento por su trabajo

Todo el mundo necesita retroalimentación y reconocimiento para saber que su trabajo vale la pena. Si embargo, darlos y recibirlos puede ser complejo: tal vez no quiera enfrentar un problema o los elogios le produzcan vergüenza. Se generan muchos problemas laborales porque la gente espera que éstos se esfumen solos o piensa que no es necesario manifestar que algo quedó bien hecho. Sin embargo, las investigaciones demuestran que incluso la retroalimentación negativa es preferible a la falta total de respuesta.

Dar y recibir retroalimentación en el trabajo mediante el coaching no sólo permite desarrollar nuevas capacidades, sino que también ayuda a conocerse mejor, produce empatía y estimula la capacidad de encontrar soluciones.

Obtenga retroalimentación

¿Le gustan las evaluaciones de desempeño? ¿O le parecen inútiles e irrelevantes? Muchas veces las evaluaciones de desempeño parecen estar demasiado centradas en calificar a la persona en relación con ciertos estándares preestablecidos. Usted es, sin lugar a dudas, único. Aunque la perspectiva de la empresa es esencial, ambas partes se benefician si la evaluación tiene valor para el evaluado. Intente considerarla como una sesión de coaching, intensa y gratuita, y ayude a su evaluador a guiar la entrevista según sus necesidades. Así podrá obtener resultados útiles y proyectará una imagen profesional.

Pregúntese lo siguiente:

✔ ¿Qué oportunidades tengo de recibir retroalimentación en mi trabajo? ¿Cómo puedo propiciar situaciones para recibir retroalimentación constructiva?

✔ ¿Qué beneficios obtengo de la retroalimentación?

✔ En una escala del 1 al 10, ¿cuánto aprovecho este tipo de retroalimentación y cuánto me motiva?

✔ ¿Cómo puedo beneficiarme más de las evaluaciones?

Considere las siguientes sugerencias para sacar mejor partido de una evaluación:

✔ Si se siente nervioso o está preocupado, dígaselo al evaluador. La solución puede ser tan simple como instalarse en otro sitio durante la entrevista, ya que una fría sala de juntas puede intimidar a cualquiera.

✔ Tenga claro el enfoque que debe tener la sesión y prepare la documentación pertinente. Si tiene datos concretos a mano, ni su evaluador ni usted perderán tiempo y proyectará una imagen más profesional.

✔ Solicite ejemplos específicos de su rendimiento (bueno y malo) y una explicación de por qué coincide o no con las expectativas. Pida que le hagan recomendaciones para mejorar.

Si usted es su propio jefe, también puede establecer un proceso de retroalimentación por medio del coaching escuchando a sus clientes y proveedores. Las siguientes son algunas preguntas para la evaluación anual de rendimiento que podría hacerse a sí mismo:

- ✔ ¿Cuáles son mis resultados del año pasado? ¿Cuál ha sido el mejor?

- ✔ ¿Cuáles han sido mis retos y cómo los he superado? ¿Cuáles han sido mis principales obstáculos y qué he aprendido de ellos?

- ✔ ¿Qué piensan de mí mis clientes? ¿Y de mis productos y servicios?

- ✔ ¿Cómo es mi relación con mis proveedores y socios? (¡Pregúnteles!)

- ✔ ¿Qué habilidades he adquirido y qué he aprendido de mí mismo?

- ✔ ¿Qué metas personales puedo definir para el año próximo?

- ✔ ¿Qué apoyo voy a necesitar?

- ✔ ¿Cómo puedo medir mi éxito?

¿Cuál es su lista de deseos para tener una sesión satisfactoria de retroalimentación? ¿Qué acciones puede emprender ya mismo?

Venda su imagen

Para obtener reconocimiento debe asegurarse de que los demás vean que su contribución al trabajo es única. Si es modesto por naturaleza, es probable que tienda a ocultar sus méritos pero, a medida que pasa el tiempo, empiece a sentir cierto resentimiento porque los demás no siempre notan o aprecian su buen rendimiento. O tal vez adopte la posición opuesta: trata de sobresalir en todo momento, pero ve que eso no les gusta a los demás. Es difícil encontrar el equilibrio. Para tener éxito, es posible que deba asumir una personalidad particular en el trabajo y hacer algo de actividad política.

¿Cómo se crea una buena imagen? ¿Se muestra seguro cuando en realidad le están temblando las piernas? De vez en cuando ésta es una estrategia útil, pero en otros momentos puede impedirle conseguir el apoyo que busca. Si tiene personal a su cargo, ¿cree que siempre ha de tener todas las respuestas? ¿Qué impacto tendrá su actitud en su equipo de trabajo cuando no consiga ofrecer una solución? ¿Cómo puede ser auténtico y ganarse el respeto de los demás?

Piense en sí mismo como si fuera una empresa. ¿Cuáles son sus puntos vendedores? Sí, usted tiene habilidades, pero ¿cómo las empaqueta y las presenta? Piense en cómo proyecta su marca personal. Después de todo, usted y su marca son únicos y puede cambiar ese sello, según las características del "mercado" en el que se encuentre: una imagen más extrovertida o una faceta más reflexiva, dependiendo del público.

La visión del futuro

¿Qué tendencias observa en sus opciones laborales? Es posible que sienta que debe echarse a correr para seguir el ritmo del cambio, pero si sigue el proceso del coaching en las opciones que tiene, establece su ritmo y sus estándares de excelencia.

El desarrollo laboral no necesariamente comporta un ascenso. Se relaciona más bien con la búsqueda permanente de estímulos, tal vez con algunos desvíos ocasionales que le inyecten energía. También puede consistir en pasar a una posición diferente en otra compañía cada cierto número de años. Si encuentra un trabajo que parece diseñado para usted, desarrollarse suele ser sencillo.

Generalmente uno progresa cuando vive en armonía con sus valores y puede ser auténtico. Aunque todos los trabajos tienen un componente de rutina, el ideal es sentirse motivado y encontrar aspectos nuevos que le permitan aprender y desarrollar nuevas habilidades.

Para medir su progreso, hágase diariamente estas preguntas:

✔ **¿Cuáles han sido mis triunfos hoy?** Podría ser una negociación exitosa o cumplir con la fecha de entrega de un informe.

✔ **¿Qué he aprendido hoy?** Posiblemente adquirió una habilidad o un conocimiento específico, o descubrió cómo no tener que hacer algo.

✔ **Como resultado de mis experiencias de hoy, ¿qué puedo cambiar?** Probablemente quiera revisar su estrategia de administración para evitar sentir tanto estrés para cumplir con una fecha de entrega, o tal vez decida que en el futuro se arriesgará a intervenir en las negociaciones con más tranquilidad.

Escriba sus respuestas de manera que pueda retomarlas y reflexionar sobre ellas, así como ser testigo del poder que tienen estos pequeños triunfos cotidianos.

Cuando piensa en un plan de trabajo para el futuro, ¿se siente preparado? ¿Sueña con ser su propio jefe o con crear una fuente de ingresos adicional, invirtiendo en bienes inmuebles, por ejemplo, de manera que tenga mayor libertad para escoger su trabajo? Entonces puede pensar en el contexto de un análisis DOFA que considere sus **d**ebilidades, **o**portunidades, **f**ortalezas y **a**menazas:

✔ ¿Qué **debilidades** tengo y cómo trabajo en ellas?

✔ ¿Qué **oportunidades** se me presentan en el trabajo que correspondan con mis metas?

✔ ¿Cuáles son mis **fortalezas** en el trabajo?

✔ ¿Qué **amenazas** pueden detenerme en el logro de mis objetivos?

Sea su propio coach en su trabajo futuro respondiendo a estas preguntas:

✔ **Pregunta inicial poderosa:** ¿Qué actitudes hacia el trabajo quiero desarrollar para aprovechar mi potencial en el ejercicio de mi profesión?

✔ **Estilo personal:** ¿Para qué tipo de trabajo soy apto? ¿Qué me fascina? ¿Qué me hace perder la motivación? ¿Qué tipo de entorno me gusta?

✔ **Creencias:** ¿Qué creencias negativas impiden que me prepare para retos futuros?

✔ **Motivación:** ¿Cuál es el trabajo ideal para mí?¿Cómo podría conseguirlo?

✔ **Aspectos que funcionan:** ¿Cómo me estoy preparando ahora para mi vida laboral futura? ¿Cómo puedo desarrollar las destrezas necesarias?¿Qué tendencias veo ahora que me motivan o me frenan?

✔ **Exploración de opciones:** ¿Qué opciones tengo para ampliar mis posibilidades laborales? ¿Cuál es la ruta más fácil? ¿Cuál es la ruta que presenta más retos? ¿Qué información necesito para decidir?

✔ **Acción:** ¿Qué paso debo dar primero? ¿Cuánto tiempo puedo dedicar a la planificación de la acción? ¿Cómo sabré que estoy progresando? ¿Qué puedo hacer para celebrarlo?

Capítulo 12

Dinero, riqueza y abundancia

· ·

En este capítulo

▶ Dar al dinero su verdadero valor

▶ Entender el significado la riqueza

▶ Vivir una vida de abundancia

· ·

Dinero y riqueza no son necesariamente lo mismo. La mayoría de las personas tienen que trabajar para ganar suficiente dinero si quieren comprar lo básico y permitirse ciertos lujos. Tenga usted poco o mucho dinero, su relación con la riqueza es, probablemente, un factor significativo en su nivel de satisfacción.

Sin embargo, el dinero no siempre proporciona más felicidad. Algunas investigaciones con personas que se han ganado la lotería y con gente que ha quedado discapacitada en accidentes demostraron cómo años después los ganadores de la lotería presentaban niveles más altos de infelicidad que el otro grupo. También hay en este mundo muchos multimillonarios satisfechos. Su relación personal con el dinero y lo que haga con él puede crear o destruir parte de su potencial para ser feliz.

El tema de la riqueza generalmente se centra en el grado de seguridad económica básica que uno tiene, hasta qué punto puede vivir el estilo de vida que quiere y ahorrar para el futuro. El presente capítulo ayuda a poner el concepto del dinero en su lugar, a identificar qué significa la verdadera riqueza y a averiguar cómo alcanzar un sentido personal de la abundancia. Si se centra en lo que quiere tener y ser y organiza sus finanzas alrededor de esas metas, verá que el dinero llega más fácilmente.

Defina el papel que tiene el dinero para usted

La mayoría de la gente debe trabajar muy duro para desarrollar una relación con el dinero que funcione. Si usted vive en un país del primer mundo, ya es rico según los estándares de los países en desarrollo y, probablemente, mucho más rico que sus antepasados hace varios siglos. Sin embargo, es posible que no se sienta rico. Tiene a su disposición todo tipo de juguetes tecnológicos —automóviles, teléfonos celulares y computadoras—, pero se desactualizan pronto. La insatisfacción lo invade rápidamente si su sentido de la riqueza depende de la adquisición de bienes materiales.

Posiblemente una de las formas más sencillas de evitar ser feliz es compararse con los demás. Estas comparaciones son dolorosas en lo referente al dinero y otros bienes materiales. Es muy fácil que los resultados brillantes de quien posee dinero opaquen la visión y hagan olvidar, incluso, para qué se necesita el dinero.

El dinero es simplemente un artículo que le permite:

✔ Adquirir artículos esenciales, como alimentos y servicios.

✔ Comprar los productos que le gustan, como esos zapatos extravagantes, o unas vacaciones.

✔ Mejorar su calidad de vida, financiando un proyecto o haciendo una donación a una obra social, por ejemplo.

No tener suficiente dinero puede producir desde una ligera frustración hasta una tremenda angustia. No obstante, la búsqueda del dinero puede tener consecuencias igualmente desagradables y disminuir la satisfacción que se obtiene de las cosas que son realmente importantes.

La riqueza es muy diferente del dinero. Generalmente, uno no se siente rico si no considera primero que tiene suficiente dinero. Para comprender el significado de la abundancia hay que comprender primero el significado del dinero y de la riqueza.

Para usted, ¿cuál es la diferencia entre dinero y riqueza? ¿Cuándo el dinero en sí mismo lo ha hecho sentir más feliz, más seguro y más satisfecho?

Felicidad nacional bruta

Bhután, el pequeño país del Himalaya, tiene ahora una medida de la felicidad nacional bruta, de la misma manera que existe una medida financiera del producto nacional bruto. Basado en valores no materiales y en la tradicional forma de vida budista, el gobierno se ha preocupado por mejorar la calidad de vida de la gente, no solamente mediante la creación de riqueza, sino también manteniendo los valores culturales, sociales y ambientales. ¿Funciona? El tiempo lo dirá. En todo caso, varios economistas internacionales ya han hecho comentarios favorables sobre este enfoque poco convencional, que probablemente sea más popular a medida que el mundo adquiera conciencia del mal que se puede producir cuando florece la ambición desmedida.

Seguridad financiera

El coaching para conseguir la abundancia comienza con el desarrollo del sentido común financiero. Disfrutar la vida es bastante difícil si uno está preocupado pensando de dónde va a salir el dinero para pagar las cuentas o la comida. Tal vez usted conoce la ansiedad asociada a los momentos en que los gastos son superiores a los ingresos. Por ejemplo, cuando se inicia una etapa de independencia y se empieza a pagar un alquiler por primera vez, cuando se pierde el empleo o cuando fracasan los negocios se crea la sensación de inseguridad financiera y no siempre se tiene la certeza de poder hacer frente a las eventualidades.

La preocupación constante puede frenar muchos de sus sueños. Sin embargo, no hacerlos realidad puede impedirle que genere riqueza y, en última instancia, la seguridad que tanto anhela y merece. Usted puede evitar este círculo vicioso si diseña una estrategia de vida que le permita tener un espacio para respirar con la seguridad de que siempre podrá sobrevivir en términos financieros, sin importar lo que ocurra mañana.

Establezca algunas reglas financieras básicas

¿Sabe cuáles son los aspectos críticos que debe tener en cuenta para asegurar su estabilidad financiera? La etapa de coaching para diseñar un plan financiero empieza con las siguientes recomendaciones:

✔ **Sea honesto consigo mismo.** No se engañe. ¿Sabe cuánto gasta? Un cliente decidió organizar sus facturas, que llevaban amontonadas más de seis meses. Se llevó una buena sorpresa al descubrir que los únicos sobres que estaban sin abrir eran sus estados de cuenta bancarios. Durante un mes, dedíquese a anotar todo cuanto gaste en vez de conformarse con la idea de que ocasionalmente puede permitirse comprar alguna ganga.

✔ **Elabore un presupuesto.** La felicidad se alcanza incluso con un presupuesto limitado. Sin embargo, la infelicidad está garantizada si pierde el control de sus gastos. Su presupuesto es una fórmula sencilla: los gastos nunca deben ser superiores a los ingresos, de manera que haga dos columnas y anote los ítems correspondientes en cada una.

✔ **Propóngase gastar mensualmente menos de lo que gana.** Una vez definido el presupuesto, puede decidir basándose en un margen de seguridad. Al gastar mensualmente un poco menos de lo que gana, sabe que a final de mes le quedará algo que puede servirle para cubrir imprevistos. Al restringirse un poco, reduce la preocupación que puede convertir el dinero en una obsesión frente a metas más significativas.

Reducir los gastos no suena muy divertido, pero es posible tener una actitud positiva al respecto y convertir esta meta en un reto o en un juego. Considere las compras en el supermercado: ¿compra siempre determinados productos, cuando podría escoger los de marca propia? Podría ir a comprar al final del día, cuando muchos productos están rebajados. Juegue a buscar rebajas y calcule cuánto ahorra en su compra semanal.

✔ **Intente ahorrar el 10 por ciento de lo que gana.** En lugar de concederse un capricho a final de mes con el dinero que le queda, puede poner el dinero a rendir. Decida qué proporción de sus ingresos puede ahorrar. Separar mensualmente cierta cantidad funciona mejor que el enfoque de "banquete y hambruna" en el que ahorra mucho cuando recibe una prima o paga doble y no ahorra nada el resto del tiempo.

Escriba en su diario sus reglas financieras básicas, de manera que pueda releerlas con facilidad y reforzar el compromiso adquirido consigo mismo.

¿Cómo se siente ante la idea de elaborar un presupuesto, gastar menos de lo que gana y ahorrar una suma fija cada mes? Tal vez quiera recuperar el control de sus gastos o le horrorice haberse impuesto unos límites tan estrictos. Pregúntese qué le produce ese miedo. ¿Le gusta gastar libremente y siente que el presupuesto y el plan

Multa por desconocer su presupuesto

Tanto Marcos como Rosa trabajaban y la vida que llevaban era la envidia de sus amigos. Sin embargo, se sentían infelices porque sus tarjetas de crédito subían cada mes, hasta un punto en que se vieron obligados a pedir un préstamo con elevados intereses para pagar las deudas, y tuvieron que empezar otra vez desde cero. Incluso dejaron de abrir los sobres con los estados de cuenta bancarios porque no querían enfrentarse a la realidad. Buscaron apoyo en el coaching para definir metas que les permitieran enfrentar el temor, y acordaron establecer un presupuesto. Después de analizar la situación, descubrieron que sólo necesitaban hacer pequeños ajustes para que todo funcionara de una manera armónica. Desconocer el presupuesto los había llevado al borde de la crisis y les había hecho acumular una deuda difícil de pagar, tanto desde el punto de vista financiero como emocional.

de ahorro lo ahogan? ¿Puede encontrar una regla financiera mejor? Si existen otras opciones, ¿cuáles son? Independientemente de la opción que escoja, necesita tener disciplina para asegurarse de que sus gastos estén bajo control a largo plazo.

Desarrolle un plan financiero de supervivencia

Ser su propio coach en asuntos financieros puede llevarlo a tomar una decisión importante acerca de su estilo de vida o de su trabajo. Si se encontrara de repente sin su principal fuente de ingresos, ya sea porque no tiene trabajo o por un fracaso en los negocios, ¿cuál sería su plan de supervivencia? ¿Sabe cuánto dinero necesita para sus gastos y en cuanto tiempo puede volver a poner las cosas en su lugar? Los asesores financieros suelen recomendar que se tengan ahorros por el equivalente a seis meses de salario para no naufragar en una emergencia, pero la suma puede variar según sus gastos y circunstancias. Las siguientes sugerencias le servirán de motivación para organizar sus ideas:

✔ **Piense en su plan financiero más como una "estrategia de libertad" que como un "plan de supervivencia".** Si para usted la seguridad es un valor importante, imaginarse a salvo cuando se presente el aguacero puede parecerle muy atractivo. Si ya tiene cierta seguridad económica, es probable que no sienta tanta necesidad de guardar recursos para contingencias. Sin esta presión, puede darse el lujo de soñar con las posibilidades que sus ahorros pueden darle si, al despertar una mañana, tiene el convencimiento de que ha llegado el momento para tomarse un periodo sabático, irse de viaje durante seis meses o aprovechar una oportunidad de negocios.

Es como si incubara dos huevos: la "estrategia de libertad" y el "plan de supervivencia". Ocúpese del que más le convenga para emprender la acción positiva que le permita progresar.

✔ **Busque ayuda para diseñar su plan.** Un asesor financiero o un contable pueden apoyarlo en sus inversiones e impuestos. Un buen amigo, sensato y equilibrado, puede ayudarle a revisar su presupuesto.

Camila se proponía establecer una empresa y había calculado la cifra de lo que necesitaba para pasar el primer año, cuando suponía que no produciría mucho dinero. Se trataba de una suma sustanciosa, que estaba minando su motivación. Considerar la situación con su coach le permitió analizar con más detalle las cifras y llegó a la conclusión de que no necesitaba tanto dinero como pensaba.

Su estilo de vida y cómo vivirlo

Aunque le guste mucho su trabajo, le gustaría tener más tiempo para el descanso y espera con ilusión la posibilidad de salir a comer a un buen restaurante, de jugar una partida de golf o de dormitar al borde de la piscina. Sin embargo, a veces las distracciones no proporcionan lo que se espera. Quizá haya experimentado la sensación de vacío que produce estar de vacaciones, rodeado de todo aquello que considera bueno, deseando pasarla bien pero sintiéndose aburrido, inquieto y descontento.

El estilo de vida es un aspecto de la riqueza; probablemente necesite dinero para mantener un determinado nivel, pero cuánto lo disfrute no depende de la cantidad de dinero que gaste. Cómo y cuándo disfruta de la vida es similar a sacar dinero del banco. Si establece un estilo de vida que favorezca sus intereses, aprovechará bien el tiempo libre y obtendrá como dividendos la sensación de riqueza. Pero si se centra en aquellas cosas que "deberían" hacerlo sentir feliz, aunque en realidad no lo entusiasmen, no conseguirá la riqueza verdadera. Se sentirá vacío y engañado. Piense en la búsqueda de distracciones y el tiempo y dinero que ha invertido en ellas. ¿Ha gastado parte de esos ingresos que tanto esfuerzo le ha costado producir en la cuota de un club o de un gimnasio al que nunca asiste? Correr semanalmente por el parque con su mejor amigo cumple el mismo propósito y además le permite estar en buena compañía.

El verdadero costo de su estilo de vida

Igual que otros bienes tangibles, el dinero no es ilimitado. Si cae en la trampa de creer que cuanto más dinero gaste en aquello que le proporciona una gratificación inmediata más feliz será, terminará desilusionado. Al mismo tiempo agotará un recurso que podría destinar a áreas que lo harían más feliz, por ejemplo ahorrar para comprar una casa de vacaciones. Piense en la primera vez que realizó un pago importante, al comprar un automóvil o una casa o al irse de vacaciones al extranjero… La emoción que sintió probablemente fue menos intensa con el segundo automóvil, la tercera casa o las cuartas vacaciones. Tal vez sienta que debe gastar más dinero cada vez para recuperar la emoción. No se sienta culpable porque le gustan los bienes materiales, más bien disfrútelos.

¿Qué pierde o arriesga al mantener el estilo de vida que ha escogido? Tal vez haya conseguido convencerse de que no es materialista, aunque secretamente sueña con un automóvil deportivo que ni merece ni podría comprar. Si piensa así, tendrá que admitir que el dinero —y lo que le permite comprar— es muy importante y que debe establecer estrategias que atraigan más dinero. O puede ocurrir que haga alarde de su automóvil último modelo, pero mire con envidia a la pareja que espera el autobús tomada de la mano. Los bienes materiales no reemplazan la falta de afecto y parte de la energía que dedica a producir riqueza debe encaminarse a asegurar la riqueza afectiva.

La tranquilidad mental relacionada con los asuntos financieros suele reducirse a saber hacia dónde dirigir los recursos.

El proceso del coaching le recuerda que debe buscar más allá de los bienes materiales, como el dinero, y ver qué le proporcionan. Si adora el dinero, sin duda aprecia la seguridad que ofrece o la felicidad que produce ser dueño de objetos hermosos: pocas personas aman el dinero en sí.

Sea su propio coach para adquirir una conciencia financiera por medio de las siguientes preguntas (consulte la parte II para ver una explicación de cada enfoque):

- ✔ **Pregunta abierta poderosa:** ¿Cuál es el costo real de mi estilo de vida?

- ✔ **Estilo personal:** ¿Cuánto dinero necesito para vivir, según mis necesidades y preferencias?

- ✔ **Creencias:** ¿Qué creencias restrictivas tengo sobre el dinero?

✔ **Motivación:** ¿Qué puede comprar el dinero? ¿Qué me aporta la búsqueda del dinero, que yo no quiera?

✔ **Aspectos que funcionan:** ¿Qué está bien en mi actitud hacia el dinero?

✔ **Exploración de opciones:** ¿Qué aspectos sobre el dinero me ayudan a alcanzar mis metas para una vida plena?

✔ **Acción:** ¿Cuál es el primer paso que debo dar para utilizar mejor el dinero si quiero alcanzar mis metas? ¿Cuánto tiempo puedo dedicar a diseñar este enfoque? ¿Cómo sabré que estoy progresando? ¿Qué puedo hacer para celebrarlo?

Permítase ser rico

¿Qué creencias tiene acerca del dinero? Es posible que algunas de sus creencias le impidan generar la riqueza que se merece. ¿Piensa que ser pobre es una virtud? ¿Acaso no hay personas pobres y malvadas y multimillonarios filántropos y generosos? ¿No cree que merece ser más rico de lo que es? ¿Qué precio tiene aquello que lo limita? ¿O piensa que no tiene el talento, el sentido comercial, el empeño o el entusiasmo necesarios para ir tras un premio? ¿Qué evidencia respalda su creencia? ¿Dónde se originan sus creencias sobre el dinero?

TRAMPOLÍN

Si yo fuera rico...

Si ser rico es parte de sus valores esenciales, tendría que establecer una estrategia para hacer dinero. No existe un único camino para crear un capital, ni toda persona que intente convencerlo le está vendiendo algo. Sólo usted puede encontrar la combinación única y mágica que le funcione.

En primer lugar, debe decidir en qué contexto va a hacer dinero: puede ser en su trabajo, en un negocio, invirtiendo en acciones, bienes inmuebles; en fin, la lista no tiene fin. Para enfocar mejor la estrategia, seleccione tres métodos potenciales de enriquecerse con los que sienta afinidad. Imagine que va a escribir un libro muy importante sobre cada uno de estos tres temas. Lea, busque en internet, hable con personas que le sirvan de modelo, con mentores, inscríbase en listas de correo y apúntese a las asociaciones pertinentes. La clave está en no dar el primer paso hasta que sepa lo suficiente sobre los tres temas. Como el dinero no se puede dilapidar, planifique con calma lo mejor para usted. Puede que termine con una carpeta de potenciales fuentes de riqueza que compensen el tiempo dedicado a la investigación.

Pregúntese lo siguiente:

✔ ¿Puedo permitirme ser rico? (Considere sus creencias.)

✔ ¿Puedo ser rico en términos económicos y también en otras áreas de mi vida? (Considere las implicaciones de ser rico en una vida plena.)

✔ ¿Puedo ser rico y mantener la integridad?

En el caso de la riqueza, es sabio recordar que lo que se desea se puede convertir en realidad. Adquirir riquezas no es el aspecto más difícil del proceso; el trabajo exigente es decidir por qué y para qué se quiere el dinero y después liberar los procesos de pensamiento que pueden atraerlo. Una vez que tenga claro qué quiere y por qué, estará preparado para el trabajo y para los sacrificios que implica hacer dinero.

Cultive el sentido de riqueza y abundancia

La meta de sentirse rico, como todas las grandes metas, exige centrar la atención en ella. Cuando comienza a sentirse rico en todos los aspectos de su vida, puede empezar a pensar en la siguiente etapa y en sacar provecho de la riqueza que ha creado.

Las ideas presentadas a continuación son necesarias para sentirse rico en el sentido más amplio de la palabra. En su caso, ¿son verdaderos estos planteamientos?

✔ ¿Tiene dinero suficiente para pagar los gastos que genera su estilo de vida (el presupuesto cotidiano)?

✔ ¿Tiene asegurado su futuro financiero (porque ha hecho un ahorro regular)?

✔ ¿Es rico en tiempo, es decir, emplea el tiempo sabiamente y de una manera proactiva (el capítulo 16 presenta algunas ideas sobre este tema)?

✔ ¿Lo que invierte en salud le devuelve dividendos en vitalidad (consulte el capítulo 14)?

✔ ¿Da y recibe amistad, compañía y amor (el capítulo 13 analiza las relaciones importantes que se van construyendo)?

La danza de la abundancia

Hacer abundante la vida es una de las metas del coaching. Ensaye los siguientes pasos de la "abun-danza" cuando lo considere apropiado y con quien le parezca mejor:

✔ **Escoja a sus parejas.** Puede generar la idea de abundancia con su pareja, sus amigos y familiares e incluso con extraños, como las personas que se benefician de una obra social a la que usted hace aportaciones.

✔ **Baile sobre una superficie despejada.** Regale todo lo que no necesite a quienes lo necesiten más. Concéntrese en lo que le queda y aprécielo, ya sea dinero o tiempo.

✔ **Déjese llenar de energía.** La abundancia genera energía. Aporte dinero y tiempo con frecuencia y sin presión. Con el paso del tiempo crecerá su reputación de persona generosa y con talento, en quien se puede confiar. Cuanto más lo haga, más retribución recibirá.

La importancia relativa que cada persona da a estas áreas es única, y las prioridades que conceda a las cosas que lo hacen sentirse rico varían con el paso del tiempo; a medida que pasan los años, les dará más importancia a las relaciones y a la salud como fuentes de riqueza.

Abundancia significa que posee todo lo que necesita en la proporción adecuada y que tiene un sentido de plenitud. Tiene lo suficiente, en realidad más de lo suficiente, y tiene además la ilusión de compartir el dinero, el tiempo y el afecto. Cuando llega a este punto, empieza a recibir más de lo que da.

Sea generoso

El multimillonario Dan Kennedy, experto en marketing, decía: "Todo el mundo empieza el día con 24 horas para invertirlas lo mejor posible en obtener beneficios en forma de alegría y de ayuda a los demás". Usted puede gastar su tiempo o su dinero en una causa que lo haga sentir pleno.

El uso del tiempo y del dinero guarda relación con la combinación de dos planteamientos aparentemente contradictorios: "especular para acumular" y "quien da, recibe". "Especular para acumular" predica que el dinero atrae más dinero. Para que las inversiones crezcan, debe desprenderse del dinero que ya tiene y, al hacerlo, recibirá dividendos. De todas maneras usted acepta que puede perder dinero si el mercado de valores fracasa, la empresa se derrumba o el valor de sus propiedades cae.

"Quien da, recibe" dice lo mismo pero de una manera más altruista. Al donar sus recursos de tiempo, talento o dinero por simple generosidad y buena voluntad puede conseguir enormes dividendos representados en satisfacción personal. Sin embargo, debe aceptar que la gente puede aprovecharse de usted. Igual que ocurre en el mercado de valores, si su motivación para dar es recuperar esa misma cantidad, probablemente se desilusione y aquellos que reciben lo que usted les da se sentirán incómodos porque no saben cómo devolvérselo. No obstante, si disminuye la expectativa de retorno, la generosidad y la buena voluntad vendrán en dirección suya con mayor facilidad.

Es posible cultivar la abundancia, grande o pequeña, de muchas maneras; por ejemplo:

- ✔ Mediante donaciones a una obra social.
- ✔ Participando en caminatas patrocinadas.
- ✔ Ayudando a obtener recursos para una escuela.
- ✔ Dedicando tiempo a un amigo que lo necesita.
- ✔ Siendo buen vecino.

No subestime su tiempo ni su dinero. La falsa modestia no cabe en el estilo de vida de la abundancia. Si trabaja por su cuenta, debe ponerle un precio razonable a su trabajo con la seguridad de estar aportando un valor. Abundancia significa que puede ser generoso cuando tiene satisfechas sus necesidades financieras. En esas condiciones, está en posición de realizar trabajo voluntario (sin esperar beneficios) o de invertir tiempo en una buena causa.

Sólo puede cultivar la abundancia si tiene un firme sentido de la riqueza. Los asesores financieros recomiendan invertir el excedente de los ingresos sólo cuando se está dispuesto a perderlo, no el dinero líquido, necesario para la seguridad y comodidad personales. Únicamente puede ofrecer sus preciosos recursos de tiempo y talento cuando se los ha proporcionado a sí mismo y a sus seres queridos y existe un excedente que quiere compartir con los demás. Gozar de la abundancia sin atender sus necesidades básicas no lo hará feliz; incluso, puede producirle resentimiento.

Capítulo 13

Relaciones interpersonales

. . . .

. . . .

Cuando trabajé en contratación de personal y las cosas se complicaban, con los compañeros bromeábamos diciendo: "Si no tuviéramos clientes, ni gente interesada en los puestos ni colegas, ¡éste sería el trabajo perfecto!" Probablemente asociará este sentimiento con el que ha sentido en un día particularmente difícil: todo el mundo le cae encima, lo rechazan o le complican la vida.

Afortunadamente no siempre querrá huir de todos. Muchos de los momentos más gratos los ha compartido con las personas que ama y que lo estimulan, con quienes se divierte. No es fácil encontrar el equilibrio al dar y recibir en las relaciones interpersonales, y cuando la balanza se tambalea, ésta es una de las principales causas de descontento en la vida.

Las relaciones interpersonales pueden clasificarse en tres categorías: familia y pareja, si la tiene; amistades y compañeros en el trabajo; y la comunidad. El presente capítulo le ayuda a evaluar lo que desea conseguir de sus relaciones interpersonales y lo anima a definir sus expectativas ante el amor, la amistad y la comunidad.

Disfrute de las relaciones afectivas

El psicoanalista Sigmund Freud señaló el amor y el trabajo como los aspectos más significativos en la experiencia humana que deben enfocarse de una manera adecuada para ser felices. Mientras la búsqueda del trabajo ocupa una gran parte de su atención y su tiempo, las relaciones interpersonales le proporcionan el contexto para vivir bien. Si el trabajo puede producir angustias, el amor presenta retos aún más complicados.

Establezca una relación consigo mismo

Al hablar de relaciones, la única constante es la relación que establece consigo mismo. No siempre tendrá a su lado a sus familiares y amigos y puede que nunca encuentre a su media naranja o que estén juntos sólo un tiempo y después se separen. Los hijos crecen y su relación con ellos cambia. Las redes más grandes no necesariamente se conservan siempre. Puede formar parte de muchos grupos, pero ha de aceptar que todo cambia con el paso del tiempo: lo importante es conservar la autoestima.

Si su autoestima es firme, se siente a gusto consigo mismo y no tiene la necesidad de llenar su soledad con distracciones que no mejoran la calidad de su vida. Si no consigue desarrollar su autoestima, no importa cuánto se esfuerce por complacer a las personas importantes en su vida: la verdadera conexión con ellas sigue fuera de control.

Nathaniel Branden, un experto en el tema, define la *autoestima* como "la experiencia de ser apropiados para la vida y los requisitos que plantea". Quiere decir que usted se siente seguro de su posición en la vida y frente a los retos que se le presentan, aunque sean difíciles. La autoestima puede compararse con la confianza en uno mismo; sin embargo, esta última puede ser inconstante ya que, de alguna manera, depende de factores externos como la aprobación de la pareja o la retroalimentación positiva del jefe. Si su autoestima es elevada, podrá avanzar hacia lo desconocido aunque le tiemblen las piernas. Desarrollar reservas de autoestima es más beneficioso que una acelerada inyección de confianza. La verdadera autoestima es el resultado de una mezcla de sano respeto por uno mismo y una comprensión madura de la posición que ocupa en el mundo. A continuación resumo las seis reglas básicas de la autoestima, según Branden:

✔ **Sea consciente de su vida:** Tenga en cuenta el poder de los pensamientos y cómo su conducta lo afecta a usted y a los demás.

✔ **Acéptese:** Tenga claro que puede cometer errores y tener retrocesos, así como triunfos y progresos.

✔ **Acepte la responsabilidad de sus actos:** Hágalo, incluso si es una experiencia dolorosa.

✔ **Practique la confianza en sí mismo:** Conozca sus necesidades y exprésalas de forma clara, directa y calmada.

✔ **Dé significado a su vida:** Sienta que lo que hace (no sólo en el trabajo) vale la pena y tiene un significado.

> ✔ **Conserve la integridad personal:** Conozca sus valores y pro-
> póngase vivir siempre de acuerdo con ellos.

La autoestima se desarrolla naturalmente a partir del conocimiento
personal y del crecimiento que por lo general se experimenta con el
coaching. Cuando el enfoque del coaching se centra en la autoestima, también aumenta el éxito en otras áreas de la vida.

Dedique un rato a la siguiente actividad y escriba las respuestas en
su diario, de manera que pueda seguir el curso de su progreso. Sea
el coach de su autoestima con las siguientes preguntas (basadas en
las secciones de la parte II):

> ✔ **Pregunta poderosa:** ¿Qué tipo de relación quiero tener conmi-
> go mismo?
>
> ✔ **Estilo personal:** ¿Qué factores fortalecen mi autoestima?
> ¿Cuál la mina?
>
> ✔ **Creencias:** ¿Qué creencias me impiden quererme tal como
> soy?
>
> ✔ **Motivación:** ¿Cómo se ve afectada mi autoestima cuando ac-
> túo según mis valores más importantes? ¿Cuál es la situación
> opuesta para mí?
>
> ✔ **Los aspectos que funcionan bien:** ¿Qué tiene de bueno mi
> nivel de autoestima? ¿Qué quiero cambiar?
>
> ✔ **Exploración de opciones:** ¿Qué acciones contribuyen a forta-
> lecer mi autoestima? ¿Cuál se acerca más a mis preferencias?
>
> ✔ **Acción:** ¿Cuál es el primer paso que debo dar? ¿Cómo sabré
> que estoy progresando? ¿Qué puedo hacer para celebrarlo?

Encuentre un alma gemela

Si está en el proceso de satisfacer sus necesidades y fortalecer su
autoestima, encontrar un alma gemela reduce la ansiedad. Ya está
presentando lo mejor de sí mismo al mundo, un factor que lo hace
atractivo y le proporciona oportunidades de encontrar a alguien que
se sienta atraído por su personalidad. Cuando se tiene alta la autoestima es posible tomar decisiones maduras acerca de las relaciones.
No será víctima de la adulación y podrá gozar de la compañía de
su pareja sin necesidad de preguntarse si ésa es la relación que los
hará felices, porque ya lo son.

¿Se aferra a un ideal romántico del amor? ¿Siente que busca en vano
a esa pareja ideal? Si la búsqueda lo hace infeliz, piense honestamen-

te qué puede darle una relación que usted no tenga todavía o que no pueda encontrar en otra parte.

Tras una separación o la pérdida de un ser querido es probable que no sepa cómo llenar el vacío que ha quedado en su vida. Necesitamos de los demás, aunque no siempre de la manera que uno cree. Cuanta más claridad tenga sobre las razones por las que quiere encontrar a alguien y las decisiones que toma, estará en una mejor posición para establecer la relación acertada. Salir con otras personas le proporcionará el ánimo que necesita. También debe tener en cuenta que no necesariamente está listo para iniciar una relación seria y que puede beneficiarse de un lapso de independencia durante el cual pueda precisar lo que desea hacer ahora que su estilo de vida ha cambiado.

A continuación se presentan algunas sugerencias para constatar si una de las metas que se ha fijado para llevar una vida plena es compartir su vida con alguien:

✔ **Revise sus creencias.** ¿Está aferrado al sueño romántico de que la persona elegida, su alma gemela, está esperándolo y la reconocerá cuando la encuentre? ¿Cuánta presión ejerce esta creencia en usted y las amistades que está construyendo? ¿Si cambiara la creencia, podría ver con más facilidad a su alma gemela?

✔ **Considere dónde buscar a su alma gemela.** Por ejemplo, los encuentros por internet son magníficos para algunas personas mientras que para otras son desastrosos. Pruebe diversos lugares y estrategias.

✔ **Su alma gemela va a compartir con usted algunos de sus principales intereses, de manera que debe ayudarle para que los reconozca.** Si le encanta leer, asóciese a un club de lectura. No necesariamente encontrará allí una pareja para el romance pero puede hacer buenos amigos y tal vez...

✔ **No piense que todos los amigos que tienen pareja son felices.** Todas las opciones en la vida tienen sus altibajos; sus amigos probablemente envidian su libertad y su vida de soltero.

Construya y mantenga una relación estable

¿Vio el episodio de *Friends* en el que Chandler y Janice se separan? Chandler pasa el tiempo oyendo canciones románticas y quejándose

De todo un poco

El cuadro tradicional de amor y matrimonio se ha ampliado para incluir muchos otros componentes, preferencias y alternativas. Ahora la gente se casa de más edad, o no se casa, o escoge una pareja del mismo sexo, o decide no tener hijos. En la película *Un niño grande* (*About a Boy*), el hijo de una madre soltera trata de encontrarle pareja a su mamá. Su plan fracasa porque la mamá y el candidato no sienten el menor interés el uno por el otro. En todo caso, al terminar la película, y como resultado de los esfuerzos del niño por acercarse a las personas a su alrededor, su familia es una deliciosa mezcla poco tradicional de firmes conexiones que le ofrecen más seguridad y felicidad de las que hubiera logrado con el antiguo modelo. Si bien la película tiene un final feliz digno de Hollywood, reflexiona sobre las complejas interacciones sociales. Por lo que respecta a las relaciones más profundas, vivimos tiempos de incertidumbre sin precedentes y muy pocas de las normas antiguas siguen siendo aplicables. Esta realidad puede resultar tanto desconcertante como estimulante.

por la pérdida de su amor. Probablemente todo esto le produjo risa, pero es muy probable que usted siga tendencias similares. Si está enamorado, se siente aturdido, quiere ignorar la realidad de la vida y limitarse a la escena del beso del héroe y la heroína avanzando juntos hacia el poniente.

¿Qué ocurre más allá de la puesta de sol? ¿Acaso el héroe y la heroína viven un matrimonio de cuento de hadas y tienen hijos perfectos que son guapos, divertidos e inteligentes? Incluso si usted ha sido tan afortunado de que su vida romántica ha tenido un guión similar, tengo la seguridad de que también ha tenido complicaciones, confusión, preocupación y angustia.

Probablemente se puede culpar a la biología de que el verdadero amor no sea tranquilo. Los seres humanos pueden sentirse atraídos biológicamente por personas con cualidades y estilos opuestos a los propios. En el primer impulso del amor romántico esta dinámica es excitante y produce gran gozo pero, con el paso del tiempo, puede convertirse en la causa de la tensión. Sea su propio coach en el intento de comprender mejor la diferencia de estilos. Revise el capítulo 4 en busca de detalles sobre cómo evaluar su estilo personal y los de los demás.

Si ya tiene una relación estable, se ha preguntado ¿cómo preservar el compromiso y enfrentar las presiones de la vida moderna? La siguiente actividad puede ayudarle a identificar las fortalezas y debilidades de su relación.

Sea su propio coach en una relación seria haciéndose las siguientes preguntas que son, a la vez, un reto (en la parte II se explican con más detalle los diferentes enfoques):

- ✔ **Pregunta poderosa:** ¿Qué hago para preservar el amor y el respeto en mi relación?

- ✔ **Estilo personal:** ¿Qué cosas tenemos en común? ¿Qué comportamientos míos y de mi pareja causan fricción?

- ✔ **Creencias:** ¿Qué creencias sobre mí mismo y sobre cómo "debería ser" mi relación me limitan, me hacen sentir culpable o me impulsan a actuar de manera egoísta?

- ✔ **Motivación:** ¿Qué metas y valores tenemos en común?

- ✔ **Los aspectos que funcionan bien:** ¿Cuáles son los mejores aspectos de nuestra relación? ¿Qué se puede mejorar? ¿Qué no está funcionando muy bien?

- ✔ **Exploración de las opciones:** ¿Cómo puedo empezar a hacer cambios? ¿Qué opciones son más naturales para ambos?

- ✔ **Acción:** ¿Cuál es nuestro primer paso? ¿Cómo sabremos que estamos progresando? ¿Qué podemos hacer para celebrarlo?

La decisión de terminar con una relación

Una de las decisiones más difíciles de tomar es la de terminar con una relación, especialmente cuando hay niños involucrados. Aunque las razones que lleven a la separación sean muy convincentes, habrá dolor en la despedida. Debe asegurar que haya apoyo disponible durante todo el proceso para todos los involucrados.

El capítulo 17 le ayudará a ver cómo tomar esta difícil decisión y a preparar estrategias basadas en la búsqueda de soluciones más que en el análisis de los problemas. También le servirá de guía para afrontar la sensación de pérdida que puede experimentar cuando se termina una relación importante.

Reconstruir o acabar con una relación turbulenta necesita algo más profundo que el enfoque del coaching. El apoyo de un consejero de pareja o de un terapeuta puede ser definitivo. Estas personas lo pueden poner en contacto con alguna organización local dedicada a prestar apoyo.

Cultive los lazos familiares

Los miembros más cercanos de su familia son probablemente las personas que pueden sacar a relucir lo mejor y lo peor de usted. Sus hermanos pueden hacerlo enfurecer y la relación padres-hijos puede llegar a ser muy tensa. Sin embargo, en tiempos de crisis, los lazos que existen con sus seres más cercanos suelen ser muy fuertes.

No obstante, algunas veces el alto nivel de emotividad que se genera en las familias puede ser difícil de controlar. Probablemente usted sienta que ha tenido grandes progresos con el coaching y que se encuentra en un estado de paz interior con la humanidad, hasta el momento en que por quinta vez ese mes su hijo adolescente entra en casa con las botas llenas de barro y pisa la alfombra blanca. O después de una conversación con uno de sus padres usted no sabe si echarse a llorar de la ira o salir corriendo. Su familia tiende a desequilibrarlo más que cualquier persona y no es fácil controlar las emociones.

Para superar con éxito los disgustos familiares, tómese el tiempo necesario para dar un paso atrás y mirar cómo ha cambiado su relación con ellos. Es fácil caer en los viejos patrones de comportamiento que le servirán de poco. El proceso del coaching puede ayudarle a renovar sus relaciones familiares, de manera que puedan verse los unos a los otros como seres en continua evolución (y, de todas maneras, podrá ponerse furioso, pero en la privacidad de su casa).

¿Qué posición ocupa en la dinámica de su familia? ¿Qué ha de hacer para asegurar que las relaciones familiares evolucionen de una manera adulta y que todos acepten que el cambio es inevitable? ¿Cómo emplear su energía para que su familia sea una fuente de apoyo e inspiración y no de tensión?

Usted puede usar el coaching para mejorar la comunicación entre los miembros de su familia (vea el capítulo 18 acerca de este tema). La información sobre las preferencias en el comportamiento (capítulo 4) servirá a todos para que comprendan que las diferencias de opinión y de estilo son inevitables y pueden ser una fuente de creatividad y variedad más que de conflicto.

Fernando vivía a cierta distancia de su padre, pero hablaban regularmente por teléfono y lo visitaba con frecuencia. Su madre había muerto hacía mucho tiempo, cuando Fernando era un adolescente, y su padre se había vuelto a casar años después. El segundo matrimonio había terminado tres años atrás y su padre vivía solo.

Él y su padre siempre habían tenido una excelente relación y compartían el interés por el golf. Sin embargo, durante el último año Fernando observó que su padre no quería jugar cuando él venía a visitarlo y que prefería quedarse en casa frente al televisor. A Fernando esto le producía frustración y trató varias veces de convencer a su padre de que hiciera algo, pero no obtuvo éxito. Con frecuencia terminaban discutiendo.

Fernando tardó un tiempo en entender por qué insistía tanto en alejar a su padre del televisor. Durante una sesión de coaching se preguntó si se sentiría tan molesto si no se tratara de su padre, y la respuesta fue un "no" rotundo. Inicialmente pensó que se debía a su interés por el bienestar. Sin embargo, a medida que sus dudas aumentaron descubrió que, en el fondo, se avergonzaba de que su padre, siempre tan vital y tan lleno de energía, a quien siempre había tenido como modelo, ahora parecía haber perdido la alegría de vivir. Esta conclusión llevó a Fernando a ver la situación desde otro punto de vista y decidió abordar el tema desde una posición más neutral. Después de todo, si la televisión lo hacía feliz, ¿quién era él para juzgarlo? Cuando Fernando abandonó la actitud de acoso, su padre pudo manifestarle que, después del divorcio, se sentía algo inseguro. Por eso prefería quedarse en casa que enfrentarse a situaciones de actividad social, incluso en el club de golf local, donde era un miembro reconocido y respetado.

Pasaron varios meses antes de que el padre de Fernando decidiera desempolvar sus palos de golf. Y Fernando le daba apoyo a medida que él iba recuperando la confianza.

Establezca reglas básicas con su familia

Si usted es dueño de un negocio o forma parte de un equipo de trabajo, está acostumbrado a establecer límites que contribuyan a la armonía general. ¿Por qué no hacer lo mismo con la unidad familiar?

Considere los siguientes aspectos como puntos de partida para el programa de su familia:

✔ **Destierre la culpa.** Darse latigazos o acusar a los demás de arruinar su día rara vez son las mejores opciones. Observe lo que ocurre cuando hay mucha tensión y tenga en cuenta las emociones tras las acciones.

✔ **Cuide su lenguaje.** Frases como "Me pones furioso" puede que salgan del fondo del alma, pero no son muy exactas. Es usted quien decide sobre sus emociones y controla los cambios.

Reconozca su papel protagonista para generar emociones y refléjelo en su lenguaje, sin culpar a los demás.

✔ **Idee estrategias para los momentos en que las cosas se le escapan de las manos.** Los desacuerdos y conflictos surgen porque nadie sabe cómo contenerlos. Tenga a mano una estrategia a la que pueda recurrir cuando lo que empezó como un desacuerdo amistoso amenace con convertirse en lágrimas. Esta estrategia podría consistir en establecer límites de tiempo a las discusiones acaloradas, imponiendo recesos para tranquilizarse.

La amistad se da y se recibe

Recuerdo haber oído en la radio una entrevista a una mujer famosa que se había casado varias veces y que, en ese momento, a sus cincuenta y pico años, finalmente se había dado cuenta de la importancia de las amistades. "Sabe", recuerdo que dijo, "pasé mucho tiempo retorciéndome los dedos por los hombres y ahora, al mirar el pasado y recordar a las personas que me han hecho más feliz, con quienes más me he divertido, me doy cuenta de que son mis amigos. Ahora me siento mucho más contenta que antes, cuando andaba tras esa única relación que yo pensaba que, de alguna manera, me definía y me satisfacía".

Los amigos van y vienen; probablemente haya perdido el contacto con algunos, les haya fallado a otros y en la actualidad esté haciendo otras amistades. Sea cual fuere su enfoque de la amistad, los amigos constituyen un aspecto clave en su nivel de satisfacción. En todo caso, encontrar distintas formas de mantener la amistad puede ser todo un reto en medio de un agitado estilo de vida.

Cómo mantener amistades duraderas

Puede escoger a sus amigos porque comparte con ellos algunas actitudes acerca de la vida. Con frecuencia uno se siente atraído por personas que tienen cualidades semejantes a las de uno. Tenga en cuenta que las semejanzas implican que sus amigos comparten algunas metas con usted. Si usted y su amigo viven en el carril de alta velocidad y nunca tienen tiempo para aquello importante o no necesariamente urgente, tal vez descubra que se han distanciado kilómetros antes de que se den cuenta. Las amistades se conservan cuando ambas partes obtienen lo que necesitan y quieren de la relación. A veces el mero hecho de saber que las personas están ahí para cuando usted las necesite no es suficiente. En todo caso, hay momentos en los que su coach interior puede decirle que debería dedicar más tiempo a su mejor amigo.

Niveles de comunicación

¿Qué obtiene de la amistad? Lo que comparte cuando habla con sus amigos con frecuencia determina la calidad de la amistad. Los tres niveles más importantes en la comunicación amistosa son:

✔ **Nivel 1:** Habla del tiempo, de chismes de la tele, de sus últimas vacaciones o del automóvil que quiere comprarse. Es posible que se lleve bien con esa persona, pero aún no ha establecido una confianza firme.

✔ **Nivel 2:** Expresa sus sentimientos y emociones, preocupaciones y temores. Tal vez usted esté preocupado por la seguridad en su trabajo o tengan el mismo interés por un pasatiempo. Esta persona le presta apoyo y han desarrollado una buena comunicación.

✔ **Nivel 3:** Comparte todo aquello que le parece importante, sus valores y creencias, sus expectativas sobre el futuro y su propósito en la vida. Ustedes han desarrollado una confianza mutua y es probable que se encuentren en la misma longitud de onda.

Posiblemente nunca pase del nivel 1 con algunas amistades. También puede encontrar un amigo con quien pasa rápidamente del nivel 1 al nivel 3. ¿Dónde se encuentran sus amistades actuales? ¿Hay discrepancias en los niveles? ¿Tiene algún amigo que se comunica con usted en el nivel 3 mientras que usted se mantiene en el nivel 1, o viceversa? ¿Qué impacto tiene para ambos esta situación?

Mantenga el contacto

Piense en cómo cultiva la amistad. Posiblemente algunas amistades se han quedado atrás en la medida que ha perdido el contacto con esas personas o se han mudado a otro lugar, o se ha distanciado de alguien por un desacuerdo. No todas las amistades son eternas; sin embargo, algunas que merecerían serlo pueden acabarse por circunstancias fortuitas o condiciones geográficas. Piense si sus amistades actuales son relaciones sanas y constructivas o agotan su energía.

Evite decir "¡Nos vemos pronto!" Intente precisar cuándo y dónde para que no se distancien y lleguen a descubrir que ha pasado un año desde la última vez que se vieron.

Responda a la siguiente pregunta: si la próxima semana tuviera una celebración con todas las personas que han contribuido positivamente en su vida, ¿quiénes estarían en la lista de invitados?

Probablemente ha llegado el momento de comenzar a cuidar sus amistades. ¿Se trata de cultivar amistades que lo apoyan y de alejarse de aquellas que lo agotan, o establecer puentes con las que han desaparecido del panorama?

En esta actividad debe escribir cartas a cuatro personas de su presente y de su pasado:

- ✔ Una amistad que terminó mal, probablemente a causa de una deslealtad o por sentimientos heridos.
- ✔ Alguien a quien perdió de vista.
- ✔ Un buen amigo con quien siempre cuenta.
- ✔ Alguien con quien suele compartir su tiempo y que suele alimentar sus pensamientos negativos.

No envíe las cartas, utilícelas para responderse las siguientes preguntas poderosas:

- ✔ ¿Qué recibo o recibí de esta amistad?
- ✔ ¿Qué podría ser diferente?
- ✔ ¿Cómo debo portarme ahora con esta persona?

Probablemente llegue a la conclusión de que quiere comunicar algunas de las ideas que escribió en las cartas. ¿Qué le propone su coach interior como primer paso?

Mantenga una actitud abierta ante las nuevas amistades

Hay personas que prefieren tener pocos amigos cercanos cuya amistad sea para toda la vida, mientras que a otras les encanta rodearse de un gran círculo de amistades. Independientemente de cuál sea su tendencia, el hábito de hacer amigos se va perdiendo con el paso de los años, especialmente porque la vida parece demasiado agitada y cuesta mantener los buenos amigos que uno tiene. Tal vez es tímido y le resulta difícil hacer amigos. Puede incluso llegar a pensar que las amistades limitan el tiempo que puede dedicar a otras personas importantes en su vida. Además, es probable que no quiera ser del tipo que adopta a una persona que acaba de conocer como su "mejor amigo". De todas maneras, recuerde la importancia de mantener una actitud abierta ante las amistades:

- ✔ Todas las relaciones se estabilizan con el paso del tiempo y las personas que llegan a su entorno pueden inyectar energía fresca a todo el sistema.

- ✔ A medida que progresa en su proceso de coaching, usted va alcanzando bienestar, equilibrio y satisfacción personal, de manera que es natural que se amplíe su horizonte en dirección a quienes podrían ser amigos.

- ✔ A medida que cobra seguridad en sí mismo es probable que dé la bienvenida a retos y estímulos de personas diferentes.

- ✔ Si es muy tímido, recuerde que rara vez los demás se dan cuenta de lo que siente; en cambio, les encanta ver que usted está atento a lo que dicen. De manera que no se esfuerce por parecer fascinante o interesante, usted ya lo es, sólo que lo expresa de una manera distinta.

¿Cómo integra las nuevas amistades en su círculo? ¿Mantiene separados ciertos grupos porque son diferentes? ¿Considera la posibilidad de mezclar los grupos y observar lo que ocurre? Probablemente descubra aspectos nuevos en sus viejos amigos a medida que ellos también empiezan a apreciar otras facetas suyas.

Establezca redes de contacto productivas

Las redes extensas tienen mucho valor y conviene dedicar el tiempo necesario a crear relaciones productivas con personas externas a su círculo inmediato de amigos cercanos y familiares. Los conocidos, vecinos y compañeros de trabajo pueden llegar a ser buenos amigos. Esa pequeña inversión en las personas a su alrededor puede hacer más agradable la vida cotidiana.

Amplíe su círculo de influencia

Cuanto mayor sea el número de personas con quienes tenga una relación positiva, más apoyo encontrará cuando lo necesite. No todo lo que quiere lograr en la vida estará a su alcance si se encuentra solo, aunque se sienta autosuficiente. Si la información es una forma de poder, otras personas tienen la información que usted necesita.

Su *círculo de influencia* incluye a todas las personas con las que mantiene contacto, desde las más cercanas hasta los conocidos. De alguna manera usted influye en la vida de todas esas personas así como ellas lo hacen en la suya. Piense en las áreas en las que su círculo de influencia ya es extenso. Probablemente en el trabajo ya hace el esfuerzo de conocer a las personas de otros departamentos o divisiones y es hábil para relacionarse con clientes y proveedores. ¿Mantiene el contacto con algunas de estas personas cuando cambia de trabajo, o centra sus energías en un nuevo círculo de amigos? Su tiempo y energía son limitados, de manera que no es real pensar que pueda mantenerse en contacto con todos, pero tal vez sí puede continuar la relación con algunas personas con quienes hay buena comunicación y mutuo respeto. ¿Cómo puede seguir beneficiándose de esa influencia y apoyo con el paso de los años?

¿Qué decir de sus vecinos? Cuando se rompen las relaciones con los vecinos, pueden presentarse discrepancias dolorosas y tensiones difíciles de sobreponer. ¿Cuál es su nivel de satisfacción respecto al contacto con sus vecinos? ¿Qué oportunidades tiene de desempeñar un papel más importante en su comunidad, en la escuela, en la asociación de vecinos o en un club social?

La siguiente actividad gira alrededor de su círculo de influencia y cómo representarlo. Tome una hoja y trace su círculo de influencia (vea la figura 13-1). Escriba nombres específicos. Observe su entorno. ¿Hacia qué áreas debe enfocarse? ¿Cómo podría extender su círculo de influencia, si quisiera?

Figura 13-1: Su círculo de influencia.

Cómo entrar en el juego de las redes de contacto

Interactuar o crear redes es el proceso de conocer nuevas personas y sumarlas a su círculo para beneficio mutuo, no sólo en el campo de los negocios. Puede aplicar esta habilidad a cualquier situación social. Pruebe las siguientes sugerencias para tener éxito al establecer redes de contacto:

✔ **Muéstrese interesado, más que interesante.** Aplique las técnicas del coaching para hacer preguntas abiertas y escuche atentamente las respuestas. No se sienta tentado a intervenir rápidamente con un "yo también" o una anécdota. Los demás lo encontrarán fascinante si demuestra interés en lo que ellos dicen.

✔ **Busque formas de ayuda mutua.** Esto puede presentarse en áreas muy restringidas, por ejemplo compartiendo un artículo interesante en un área de mutuo interés. También puede ser algo específico, como una habilidad, un recurso o una presentación.

✔ **Actúe como anfitrión.** Si se encuentra entre un grupo de personas extrañas y quiere romper el hielo, intente ayudarles. Puede ofrecerles un café o servirles agua.

Asuma una posición frente a su entorno y el mundo

A medida que mejora sus relaciones con las personas que lo rodean, usted empieza a descubrir algunos aspectos sobre sus cualidades únicas. Pregúntese cuáles son las cualidades que los demás encuentran en usted. ¿Lo ven como el especialista en restaurantes o como la persona que los hace reír? Los pequeños regalos que puede repartir a las personas de su alrededor pueden ser mucho más preciosos de lo que usted imagina. Puede desarrollar una cualidad que considera como natural en algo que le ayuda a definir parte de su posición en el mundo. A veces esto puede proporcionarle una oportunidad de negocio (por ejemplo, prepara un pastel y encuentra que otras personas están dispuestas a pagar por él) o ser una simple manera de aportar sus dones naturales para su propio disfrute y el gozo de los que se encuentran a su alrededor.

Capítulo 14

Bienestar físico, mental y emocional

- -

En este capítulo

▶ Estar en óptimas condiciones de salud

▶ Asegurar una buena salud mental

- -

*T*ener excelente salud implica mucho más que una buena condición física y estar libre de enfermedades. Para sentirse en óptimas condiciones también querrá tener buena salud mental, es decir, un buen control sobre las presiones de la vida cotidiana. El bienestar desde el punto de vista del coaching implica considerar la salud emocional y evitar que las emociones lo abrumen o lo incapaciten. Los asuntos de la salud contemplan tanto el cuidado del cuerpo a nivel físico como el fortalecimiento mental y emocional. En el presente capítulo verá cómo dar ese enfoque holístico al cuidado de su salud.

La salud y el bienestar constituyen un área crítica en el coaching porque los grandes cambios en otras áreas suelen ser más fáciles si se cuenta con el soporte de una buena salud.

Si la espiritualidad contribuye a su bienestar, lea el capítulo 15.

Escoja sus metas en materia de salud

¿Cómo han cambiado sus ideas respecto a la salud con el paso de los años? Todo depende de qué tan saludable haya sido antes. Si de niño fue fuerte y saludable, probablemente todavía dé por hecho la buena salud. Si en la infancia sufrió de una enfermedad grave, es probable que tenga una actitud diferente. Puede tranquilizarlo pensar que sus seres queridos han vivido muchos años y siguen sanos. O puede temer que se repitan los fallos cardíacos, el cáncer y otras enfermedades. Estas experiencias condicionan su actitud frente a la salud y debe considerarlas al definir sus metas en este campo.

Defina sus metas en materia de salud

Al establecer sus metas en materia de salud y bienestar le conviene preguntarse:

✔ **¿Qué considero importante acerca de mi salud en este momento?** Hasta ahora, ¿qué áreas de la salud me han parecido prioritarias? Por ejemplo, tener energía puede ser la prioridad actual, más que perder peso.

✔ **¿Qué necesito para sentirme saludable?** ¿Cómo ha cambiado mi definición de la buena salud con el paso de los años? En algún momento pudo significar tener la energía necesaria para trabajar sin descanso. Ahora puede significar reposo para el cuerpo y bienestar mental y emocional mediante ejercicio moderado y meditación.

✔ **¿Cuánto tiempo quiero invertir en mi salud y mi bienestar?** Se necesita tiempo y esfuerzo para alcanzar una buena condición física. Decida si quiere establecer un compromiso diario o si prefiere que sea semanal.

✔ **¿Qué creencias pueden obstaculizar mis metas de salud?** ¿Piensa acaso que, como en su familia todos fuman, para usted es imposible dejar de fumar? Combata esa creencia e intente reemplazarla por otras mejores (capítulo 5).

✔ **¿Qué puedo estar ocultando en relación con mi salud?** ¿Usa prendas de vestir que disimulan el exceso de peso y evita las fotografías para no tener que enfrentarse a la realidad?

✔ **¿Cómo quiero sentirme?** Puede traducir este deseo en un enunciado positivo y afirmativo como "Me siento fuerte, lleno de energía y vitalidad".

✔ **¿Cómo deseo disfrutar de mi salud y mi bienestar futuro?** Tal vez quiera llevar a sus hijos a nadar y jugar fútbol con ellos, o se contente con poder disfrutar de la vida.

Adéntrese en lo más profundo de su motivación

Si su motivación es genuina podrá alcanzar metas de salud que son todo un desafío. Ha llegado el momento de pensar por qué quiere sentirse saludable.

En primer lugar, piense en sus principales valores (en el capítulo 6 encontrará más información al respecto). Existe la posibilidad de

La motivación de María

María tenía algo más de 40 años cuando decidió probar el coaching como apoyo para desafiar los retos de la salud. Siempre tuvo problemas de peso, incluso cuando era adolescente. Ahora su vida era muy diferente. Durante 15 años tuvo una relación estable que recientemente había terminado de una manera amistosa. Le encantaba cocinar para su familia y sus amigos, tenía un buen trabajo como asesora en ventas y con frecuencia debía trabajar hasta tarde y comer en restaurantes. Con el paso de los años engordó bastante y el médico le recordó sus antecedentes familiares de enfermedades cardíacas.

Durante los meses siguientes ensayó con nuevos programas de dieta y ejercicio para perder peso. Sin embargo, los resultados la decepcionaban porque continuaba aferrada a sus viejos hábitos alimenticios.

El coach le preguntó qué visión del futuro tenía como motivación para perder peso.

"En realidad, después de mi separación no he salido con hombres. Tener el peso ideal me daría confianza para volver a salir. También quiero estar en buena condición física".

La meta de María (salir en pareja) era clara. El coach le preguntó si el exceso de peso era el único factor que le impedía tener pareja. Ella lo pensó durante un rato y luego negó con la cabeza.

"Tal vez no… Supongo que he disfrutado tanto de mi propia compañía y he pasado tan buenos ratos con mis amigos que me he sentido a gusto. Se rió de lo que acababa de decir. Se dio cuenta de que se estaba apoyando en una motivación antigua (el deseo de conocer a alguien). Lo que realmente la motivaba ahora era la advertencia de su médico acerca del impacto del peso en la salud. Sus creencias acerca de sí misma, así como sus valores, habían evolucionado. Para ella era importante comer bien y gozar de la compañía de los amigos, de la misma manera que lo era tener energía para disfrutar plenamente de ese estilo de vida.

Para equilibrar ambas creencias, María y una amiga con gustos afines se turnaron para planificar reuniones con cenas saludables los fines de semana y se inscribieron en una caminata en beneficio de una obra social dedicada a problemas cardíacos. Un año después María alcanzó la meta de perder peso sin modificar su estilo de vida; al mismo tiempo, estaba muy involucrada con la obra social, lo que le ayudó a mantener el peso. Aunque todavía no había encontrado tiempo para tener citas en pareja, tenía la idea de escribir un libro sobre comida sana estilo gourmet… y tal vez entonces…

que, al asociar sus metas en materia de salud con esos valores, consiga la motivación necesaria para lograr lo que busca. Si la vida familiar es uno de sus valores, ¿cómo se asocia ese valor con la posibilidad de no estar saludable? Sin una buena salud, ¿puede sostener a su familia y gozar de la vida que desea?

Considere qué parte de su motivación responde al deseo de huir del dolor y qué parte se basa en la búsqueda de placer. Por ejemplo, es posible que fumar le produzca más dolor que placer, y tal vez aumenta su tendencia asmática; de manera que, además de las consecuencias nocivas a largo plazo que tiene el hábito, se enfrenta ahora a un malestar inmediato. Una de las estrategias de motivación más efectivas es centrarse en los beneficios de un "yo" más saludable; puede alcanzar ese nivel rápidamente si valora las consecuencias negativas de las malas decisiones en el campo de la salud.

Separe los factores externos que puedan impulsarlo a estar saludable y asegúrese de que no constituyen la base de su motivación. ¿Piensa que "debería" tener determinada talla? ¿Quiere dejar de fumar porque se siente culpable? El cambio debe venir de su interior: aunque las opiniones de los demás pueden ser un buen motor para la acción, no le ayudarán a enfrentarse a los retos que encontrará más adelante. Alcanzará con más éxito sus metas en materia de salud si se siente bien consigo mismo y con sus decisiones, es decir, si es usted quien impulsa sus actos y no quien recibe el impulso de los demás.

El cuidado del cuerpo

La gente tiende a menospreciar los atributos positivos del cuerpo y se centra en los aspectos que le desagradan. A no ser que usted contemple una cirugía estética radical como parte de su estrategia, no puede cambiar su cuerpo. El cuerpo con el que nació es un milagro en cuanto a la forma y el funcionamiento. Merece un respeto y cuidado amorosos, de manera que el mejor punto de partida para garantizar una *salud holística* (el concepto de que la salud física, mental y emocional están interconectadas y que tienen impacto entre sí) es acostumbrarse a sentirse a gusto en su piel. Sustituya los pensamientos negativos acerca de su cuerpo por pensamientos positivos. En lugar de sufrir con los gorditos de su cintura, piense en la fortaleza de los músculos de sus brazos. ¿Qué puede hacer, tener y ser gracias al cuerpo con el que nació?

El proceso del coaching en materia de salud y bienestar por lo general funciona mejor cuando se centra en lo que ya funciona y en el intento de realzar lo que ya se tiene. Centrarse en el enorme tamaño de su nariz sólo lo haría pensar más en ella. ¡Y muchas personas con narices diminutas desearían tener las facciones prominentes que usted tiene!

Evite la enfermedad y las dolencias

Tener un resfriado ocasional o sufrir de alergias es molesto. Sin embargo, cuando hay que soportar una enfermedad realmente se aprecia el significado de la buena salud.

El proceso del coaching funciona mejor cuando se centra en metas positivas. Sin embargo, en las áreas de enfermedad y dolencias es probable que necesite imaginarse las consecuencias de enfermar cuando se encuentra sano y en relativa buena condición. Cuando el problema sea grave y usted quiera hacer cambios, la ruta hacia la recuperación puede hacérsele cuesta arriba.

Los factores hereditarios y ambientales que inciden en la salud no dependen totalmente de usted. En todo caso, independientemente de su genética o de la clase de aire que respire, usted puede ser su propio coach para mejorar su dieta y la calidad del ejercicio que hace. La alimentación y el ejercicio pueden propiciar una gran diferencia en su estado de salud actual y mantenerlo saludable durante el resto de la vida.

Llene el cuerpo con el mejor combustible

¿Cómo debe alimentarse para estar en condiciones óptimas de salud? Los medios de comunicación y las instituciones del gobierno ofrecen una enorme variedad de consejos, a veces contradictorios, que puede ignorar si así lo desea. También puede convertirse en un adicto a las dietas, saltando de un plan alimenticio milagroso a otro.

Perder peso es apenas un factor en la prevención de dolencias y enfermedades, y tiene especial importancia en los casos de sobrepeso. Pero hay otras consideraciones. El tipo de alimentación que escoja puede condicionar su estado de ánimo y su nivel de energía y puede relacionarse con alergias y condiciones como el asma. Los alimentos pueden nutrir o envenenar, según el tipo y el uso o abuso que se les dé. Si planifica su vida, ¿por qué no escoge el combustible que le permitirá vivir plenamente? Usted no permitiría que su automóvil funcionara con combustible de la peor calidad. Su cuerpo, que es infinitamente más valioso que su automóvil, debe recibir también combustible para mantenerse saludable.

La mayoría de los expertos en nutrición recomiendan evitar los alimentos procesados, beber mucha agua, adoptar una alimentación equilibrada y seguir una dieta moderada. Debe tomar la decisión correcta acerca del combustible que quiere proporcionarle a su cuerpo, según el estilo de vida que desee llevar. Considere los siguientes aspectos:

✔ **¿Qué lo hace comer ciertos alimentos que no son sanos?** ¿Come montones de chocolate cuando está desanimado? ¿El alcohol le ayuda a tener un espíritu festivo? Además de los anteriores factores, ¿qué más lo anima y lo hace sentirse bien?

✔ **¿Cuáles de sus hábitos apoyan una actitud sana hacia la alimentación?** ¿Disfruta de las comidas sin la distracción de la televisión? ¿Prepara comidas agradables?

✔ **¿Utiliza la comida y la bebida como una recompensa?** Está bien, siempre y cuando no se exceda. ¿Qué otras recompensas pueden servirle de apoyo?

✔ **¿Necesita mentalizarse para lograr perder peso?** ¿Cómo puede cambiar su actitud para modificar permanentemente los malos hábitos alimenticios e integrar a su vida las buenas decisiones en materia de salud?

En la presente actividad le pediremos que sea su propio coach respecto a los alimentos sanos; para ello, hágase las siguientes preguntas (consulte la parte II para una explicación detallada de cada tema):

✔ **Pregunta poderosa:** ¿Qué tipo de relación busco con la nutrición?

✔ **Estilo personal:** ¿Qué aspectos de mi estilo de vida se relacionan con las decisiones que tomo en materia de nutrición? (¿Me encanta ser anfitrión? ¿Me gusta estar solo? ¿Prefiero tomarme las cosas con calma? ¿Ando corriendo a todas partes? ¿Cómo me ayuda o me limita mi entorno?

✔ **Creencias:** ¿Qué creencias sobre la dieta me impiden alcanzar y mantener un excelente estado de salud? ¿Dependo de hábitos alimenticios que me impiden estar saludable?

✔ **Motivación:** ¿Cómo puedo diseñar una estrategia alimenticia acorde con mis valores? ¿Cómo me encuentro si trato bien mi cuerpo?

✔ **Los aspectos que funcionan bien:** ¿Qué funciona en mi plan alimenticio actual? ¿Qué alimentos me hacen sentir bien? ¿Qué áreas de la salud no estoy teniendo en cuenta? ¿Qué debo cambiar?

✔ **Exploración de las opciones:** ¿Qué acciones en materia de salud y estilo de vida puedo explorar? ¿Cómo hago para conservar la objetividad? ¿Cómo analizo el consejo que recibo? ¿Cuál
de estas opciones se ajusta a mis preferencias naturales?

✔ **Acción:** ¿Cuál es el primer paso que debo dar si quiero alimen-
tarme bien? ¿Cuánto tiempo puedo dedicar a planificar este
enfoque? ¿Cómo sabré que estoy progresando? ¿Qué puedo
hacer para celebrarlo?

Evite el sudor y las lágrimas: encuentre el ejercicio apropiado para usted

La dieta contribuye sólo parcialmente en la creación de defensas
contra la enfermedad. El cuerpo está diseñado para ser usado y la
actividad física es el lubricante que lo hace funcionar bien. El ejercicio regular refuerza la resistencia a la infección y eleva el nivel de
endorfinas (las sustancias químicas que bloquean el dolor, producidas naturalmente por el organismo).

Incluir sesiones moderadas de ejercicio físico en la rutina diaria protege contra la enfermedad. Siendo así, ¿qué detiene su compromiso
con el ejercicio? Sus argumentos en contra del ejercicio pueden ser
reales, ya que es difícil programarlo y practicarlo. Sin embargo, si es
honesto consigo mismo, con seguridad esgrime algunas excusas de
vez en cuando. La tabla 14-1 muestra las excusas más comunes para
no hacer ejercicio, junto con preguntas de coaching que le ayudarán
a romper el ciclo de la inactividad.

Tabla 14-1	Cómo superar las excusas para no hacer ejercicio
Excusa	*Pregunta de coaching*
Nunca tengo tiempo para hacer ejercicio.	¿Qué puedo dejar de hacer tres veces a la sema-na por períodos de 30 minutos durante mi tiempo libre? (Por ejemplo, ver la televisión, o acostarme tarde, de manera que pueda poner el despertador más temprano.)
Hacer ejercicio es aburrido.	¿Qué tipo de ejercicio me parecería divertido? (Por ejemplo, bailar salsa, saltar a la comba en el jardín, aprender boxeo.)
Los gimnasios son costosos.	¿Cómo organizo un gimnasio doméstico con mis amigos para motivarnos juntos?

(continúa)

Tabla 14-1 *(continuación)*

Excusa	Pregunta de coaching
Me siento culpable al dedicarme tiempo a mí mismo.	Cuando estoy en buena condición física puedo ofrecer lo mejor de mí a las personas que amo. ¿No es cierto?
Me siento ridículo cuando hago ejercicio.	Nadie me está mirando y no pueden saber cómo me siento. ¿Correcto?

El secreto para el éxito está en establecer rutinas diarias regulares que impliquen cierto esfuerzo tanto en velocidad como en intensidad, con una duración de 15 a 20 minutos. No es necesario que se apunte a un gimnasio o que invierta en equipos caros. Por ejemplo, puede caminar con más frecuencia, más rápidamente y durante períodos más largos. El mejor ejercicio para tener un buen estado físico general es caminar, pues se trata de una actividad que pone menos presión en las articulaciones que saltar o correr, no exige un equipo especial diferente de un buen par de zapatos y puede combinarse con otras rutinas agradables con amigos o familiares, y puede formar parte de su rutina diaria. Con un sencillo podómetro (un aparato que mide el número de pasos que da), si le llama la atención usarlo, puede medir su progreso a lo largo del día.

¿Qué actividad diaria puede convertir en rutina? ¿Qué lo detiene para establecer este hábito? ¿Cuándo puede empezar?

La siguiente sección presenta algunos consejos para escoger el tipo de ejercicio más apropiado para usted.

Energía, vigor y buena condición física

Si se encuentra bastante saludable, probablemente quiera llevar su buena condición física a un nivel superior. Si ésta es su meta en materia de salud, debe comprometerse con un programa regular que le permita ejercitarse durante 30-60 minutos todos los días, de manera que pueda alcanzar el cambio de nivel.

¿Para qué desea mejorar su condición? ¿Quiere tener más vitalidad, fortalecer huesos y articulaciones, tonificar músculos, verse más joven, reducir el estrés, unirse a sus hijos en juegos o tener un porte elegante? Todos estos objetivos y muchos más están a su alcance si establece la estrategia apropiada. Si quiere gozar de todos estos beneficios, piense en la importancia de:

✔ Seleccionar varios tipos de ejercicio.

✔ Establecer metas realistas a largo plazo.

✔ Aceptar que debe dedicar buena parte de su tiempo a alcanzar estas metas de salud, probablemente a costa de otras prioridades.

✔ Escoger el tipo de ejercicio que mejor le funcione y lo motive a continuar.

Igual que con la dieta, el enfoque del coaching se basa en escoger la opción que mejor funciona en sus circunstancias actuales. Para obtener resultados cardio/aeróbicos es posible que prefiera caminar, correr, practicar deportes como tenis, squash, danza del vientre o nadar, entre otros. Para fortalecerse y tonificar los músculos puede centrarse en disciplinas como yoga, pilates, levantamiento de pesas o artes marciales. En realidad, cuando se practican a un nivel avanzado, muchas de estas disciplinas combinan los beneficios para el sistema cardiovascular con el fortalecimiento y la tonificación.

La siguiente actividad puede ayudarle a seleccionar las opciones de ejercicio que mejor le vayan. Identifique hasta seis tipos de ejercicio que le permitan alcanzar una buena condición. Confirme que sean apropiados para su nivel. Escoja opciones que le parezcan atractivas, es decir, si en el colegio detestaba los deportes de coordinación ojo/mano como tenis y voleibol, sería una actitud masoquista practicarlos ahora. La mejor estrategia es ser creativo y empezar a combinar posibilidades:

1. **Escriba seis tipos de ejercicio en seis hojas de papel (uno en cada hoja).**

2. **Anote los nombres de seis personas que le servirían de apoyo al practicarlos (uno en cada hoja).**

3. **Anote el horario en que podría dedicarse a estas actividades (seis en total).**

4. **Baraje cada montón ("qué", "quién", "cuándo", sin revolverlos) y tome la hoja de encima de cada uno.** ¿Qué ha obtenido? ¿Le parece una opción atractiva? Tome el siguiente montón y considere si la combinación le parece satisfactoria. Siga repitiendo el ejercicio y barajando hasta que encuentre una combinación que le guste. De esta manera, probablemente obtenga una opción que lo haga correr al teléfono para organizar la estrategia cuanto antes.

Sus selecciones iniciales pueden parecerse a las que se presentan en la tabla 14-2.

Tabla 14-2	Opciones para tener una buena condición física	
QUÉ	*QUIÉN*	*CUÁNDO*
Danza del vientre	Amigos y amigas	Por las mañanas
Correr	Mi familia	A la hora del almuerzo
Caminar	Solo	Por las tardes
Tai chi	Con mis vecinos	Clase semanal
Natación	Con mis colegas	Curso intensivo
Tenis	Asociado a un club	Fines de semana

Bienestar mental y emocional

Investigaciones recientes acerca de la felicidad sugieren que el 20 por ciento de lo que nos hace felices proviene de características personales como la actitud frente la vida, la flexibilidad, la apertura al cambio y la fortaleza. Una personalidad robusta se recupera rápidamente de un tropiezo y por lo general mantiene su actitud positiva. Parte de su actitud hacia la vida es heredada y viene de su genética, pero usted puede hacer mucho para desarrollar su salud mental y emocional. El coaching es una excelente ayuda para establecer las bases que llevan a mejorar el estado emocional porque constantemente cuestiona los patrones de pensamiento y los comportamientos inútiles y lleva a establecer metas que implican retos y que lo ayudan a mantenerse motivado y satisfecho.

El control de las emociones

¿Por lo general expresa sus emociones o explota en el momento más inesperado? ¿Es siempre consciente de sus emociones, o a veces se siente molesto y no logra identificar la causa? Se necesita práctica para llegar a conocer las emociones y puede ser difícil describir los sentimientos que se tienen hacia otras personas.

Marshall Rosenburg, un especialista en la resolución de conflictos, lideró un enfoque llamado *comunicación no violenta*, que recomienda hablar desde el fondo del alma en todas las situaciones. Hacerlo le ayuda a expresar lo que quiere y necesita decir, respaldado por datos, de manera que los demás no se sientan amenazados. El punto de partida de la comunicación no violenta es expresar lo que siente su corazón. Piense en cómo se siente cuando sus necesidades están satisfechas: alegre, feliz, orgulloso, inspirado, motivado, sorprendido, entusiasmado, agradecido. Cada emoción es ligeramente diferente, pero es posible que se haya acostumbrado a emplear el mismo término para varias o todas; por ejemplo: "Hoy me siento feliz". Piense en cómo se siente cuando sus necesidades no están satisfechas: furioso, frustrado, confundido, molesto, solitario, amargado, desilusionado.

Cuanto más específico sea al identificar lo que está sintiendo, más claro será al expresar lo que necesita obtener en determinada situación. La siguiente actividad le ayuda a identificar emociones específicas:

1. **Anote tantas emociones positivas como pueda.** Recuerde las veces en que las ha experimentado y describa la sensación física asociada. ¿"Gozo" y "orgullo" son similares para usted, ya que en ambos casos siente un calor en el fondo de la garganta? ¿O "motivado" es una sensación agradable en el estómago? Observe las diferencias y semejanzas entre cada emoción positiva.

2. **Haga lo mismo con las emociones negativas.** ¿"Furioso" le pone tensa la espalda y "solitario" le deja un vacío en el estómago?

3. **Recupere algunas de las emociones agradables que identificó, centrándose en los recuerdos que le traen.** A medida que recuerde el momento en el que sintió "orgullo", observe cómo puede recrear la calidez en la garganta, incluso si acaba de experimentar una sensación desagradable. Tenga en cuenta cómo puede empezar a producir cambios rápidos en su cuerpo que afecten directamente a su estado de ánimo. Siga practicando esta actividad; a veces tarda algún tiempo afinar esta forma de controlar el estado de ánimo.

4. **Practique la nueva habilidad y observe cómo se siente.** Cuando alguien lo interrumpe en una presentación, ¿cómo se siente? ¿Furioso? ¿Frustrado? ¿Rechazado? Le sorprenderá descubrir la verdadera emoción que disparó esa sensación, y que puede variar según el estado de ánimo en el que se encuentre inicialmente.

Reconocer las emociones es sólo una parte de la batalla. El siguiente paso hacia el bienestar emocional consiste en expresarlas de forma que el mensaje quede claro y permita que la situación se desenvuelva de forma positiva. Piense en la última vez que tuvo una discusión acalorada con alguna persona cercana. ¿Acaso dijo u oyó cosas hirientes y difíciles de olvidar? Cuando se tranquilizó, se dio cuenta de que realmente no quiso decir lo que dijo. Liberar la ira puede ser bueno, pero rara vez es provechoso dejar que las emociones fuertes exageren la situación.

Retire parte del veneno de las discusiones centrando su atención en necesidades concretas. Quizá se sienta frustrado en una relación. Exprese las razones específicas que hacen que se sienta así, sin recurrir a una acusación general del tipo "nunca tienes tiempo para mí". Ayude a la otra persona explicándole qué acción puede contribuir a resolver la situación.

No deje de celebrar las emociones positivas. Puede tener un gran impacto en su bienestar emocional el simple hecho de observar las cosas que lo hacen sentirse bien y asegurarse de que formen parte de su vida. Esas mañanas en las que se despierta lleno de entusiasmo, sin una razón concreta, no aparecen de la nada. Algunas emociones ocultas lo hacen sentirse así, como la sonrisa de un extraño o un mensaje de correo electrónico. Si puede identificar las emociones ocultas, podrá embotellarlas como un bálsamo de felicidad para uso futuro.

Evite caer en trance

Las emociones disparan en el organismo sustancias químicas que afectan directamente a la condición física. La preocupación y la ansiedad pueden producir síntomas como sequedad en la garganta, manos sudorosas y sensación de náusea, que empeoran la situación, especialmente si está a punto de hacer una presentación en público, por ejemplo. De la misma manera que usted puede modificar su condición cambiando sus pensamientos (véase la sección anterior), también puede cambiar su estado emocional alterando su condición física. Considere las siguientes sugerencias:

✔ **No sólo piense en las afirmaciones positivas (véase el capítulo 5): repítaselas a gritos.** Ponga en ello toda su energía y déjese llevar. Sí, se siente ridículo, pero después se sentirá mejor. Si esto no le sirve, también funciona escribirlas en un papel y ponerlas en un lugar visible para que pueda verlas regularmente.

✔ **Actúe "como si".** Cuando se sienta tenso anímicamente, su cuerpo también estará tenso. Respire profunda y lentamente, camine erguido y mantenga la cabeza en alto, como si fuera la persona más segura del mundo. A medida que el oxígeno circule por sus venas empezará a sentir que la tensión abandona su cuerpo.

✔ **Dé una caminata enérgica o corra, si puede.** Cinco minutos pueden ser suficientes para modificar la condición física. Escuche música animada y baile.

✔ **Ríase a carcajadas de una broma o con una película cómica.** La risa no sólo puede modificar la condición física, sino que también puede actuar en el cerebro y transformar el estado mental. Las comedias funcionan bien porque sorprenden con una broma imprevista. Por eso son de gran ayuda para cambiar patrones de pensamiento y sentimientos indeseados (capítulo 15).

Desarrolle fortaleza mental

La salud emocional proviene del nivel de fortaleza mental y de lo rápido que pueda recuperarse de una caída. Si se siente al borde una crisis nerviosa por presiones externas, piense que no es la única persona en esas condiciones. Muchas personas hábiles para dominar situaciones complejas también han sufrido de estrés y depresión en algún momento.

La gente es mucho menos abierta acerca de su inestabilidad emocional que de sus enfermedades físicas. El primer paso para enfrentar un problema es detectar los signos de estrés que pueden llevar a la depresión o a la enfermedad física. En el capítulo 16 encontrará más información sobre cómo alcanzar el equilibrio adecuado entre el sano estrés que impulsa las acciones y el estrés perjudicial, con sus síntomas debilitantes.

¿Qué le proporciona fortaleza mental? Si lleva la vida que desea y tiene control sobre lo que hace es probable que se sienta fortalecido. ¿Qué lo agota mentalmente y cómo puede reducir ese impacto?

El desarrollo de la fortaleza mental comienza con cuatro estrategias básicas:

✔ **Busque apoyo.** Hable con personas que puedan ayudarle cuando se enfrente a un problema. A veces se necesita un amigo. No ganará el premio al valor por ir solo. Busque el consejo de un médico o un terapeuta si se siente deprimido.

✔ **No descuide sus prioridades.** Probablemente tenga que practicar de vez en cuando el arte de decir "no". Cuando no se sienta muy firme mentalmente, es posible que intente complacer a otros o que estalle con facilidad. Pensar en sus metas puede ser el salvavidas para reafirmar sus necesidades.

Bailar produce felicidad

Un equipo de profesionales de las ciencias sociales llevó a cabo un experimento fascinante para un documental de la BBC. Cincuenta voluntarios recibieron un Manifiesto de la Felicidad (una especie de misión sobre cómo ser feliz) que debían incorporar a su vida. Algunos de los resultados más importantes que arrojó el experimento son muy simples, como aprender a disfrutar de la naturaleza, reservar tiempo para conversar con un amigo, darse una pequeña recompensa todos los días ("30 minutos de tiempo-para-mí") o comprarse algún capricho de poco valor.

Fue muy interesante descubrir que el principal factor que reduce la felicidad era ver demasiada televisión. Aunque se trata de una actividad placentera para muchas personas, sentarse frente a la pantalla durante largos periodos de tiempo implica una actitud pasiva que produce hastío.

Fue sorprendente descubrir que los bailes populares campesinos podían proporcionar mucha felicidad. Es probable que esto se deba a que constituyen una actividad física en la que todo el mundo puede participar y a que es imposible pasar una velada de baile sin reírse a carcajadas. ¡Elija a su pareja y que empiece el baile!

✔ **Programe una actividad regular que fortalezca los músculos mentales y emocionales.** Piense en actividades que le proporcionen una sensación de paz y perspectiva, y asegúrese de que tengan prioridad en su vida (meditación o un deporte, por ejemplo).

✔ **Venza el miedo escénico.** Usted es la persona más importante en su mundo y todos a su alrededor están tan absortos en su propio miedo que no perciben el suyo. Recuerde que no ha de ser perfecto; siéntase satisfecho con ser muy bueno.

Capítulo 15

Desarrollo y crecimiento

· ·

· ·

Los cambios que propicia el coaching no sólo contribuyen a obtener mejores resultados en determinadas áreas sino que también nos ayudan a crecer como seres humanos. Incluso sin el compromiso que implica ser mejor, es preciso encontrar constantemente nuevas formas de crecer, adaptarse y cambiar. De otro modo, el gozo que produce vivir puede disminuir con el paso del tiempo. El coaching es un fantástico mecanismo para el crecimiento personal. Puede aprovecharlo para adquirir ciertas habilidades y conseguir que ser más sabio y más consciente de su vida se convierta en una meta.

Algunos aspectos del crecimiento personal tienen que ver con la actitud que adopte hacia las nuevas ideas y la información que recibe, sus expectativas respecto al tiempo libre y la diversión y la búsqueda del bienestar espiritual. El presente capítulo lo guiará para que consiga acelerar el logro de resultados en todas estas áreas apoyándose en sus talentos naturales, de modo que se impregne de nuevas experiencias y pueda integrarlos a su vida. También le ayudará a descubrir aquello que tiene un verdadero significado para usted.

Crecer gracias al aprendizaje

En necesario ser claro con quienes inician este proceso: el aprendizaje en el contexto de una vida plena tiene muy poco que ver con las experiencias escolares. El proceso de aprendizaje es muy sencillo: consiste en un ciclo en el que se evalúa la información disponible, se toman decisiones, se actúa y se reflexiona sobre los resultados para dar mejores pasos en la siguiente oportunidad.

Durante los últimos 20 años la investigación sobre el *aprendizaje acelerado* ha producido información fascinante que explica por qué algunas personas no obtienen de la primera etapa escolar tanto como otras. El aprendizaje acelerado implica la utilización de ambos hemisferios del cerebro, el izquierdo y el derecho (más adelante, en la sección "Aproveche el poder de su cerebro", encontrará más información sobre este tema).

Saque de usted lo mejor

¿Realmente cree que ha de estar preparado para todo lo que hace, que debe mantenerse en ese nivel y que le corresponde gozar del fruto de sus actividades? En realidad, estar preparado o ser idóneo en alguna actividad ya es una gran meta. Un nivel más avanzado siempre se encuentra más adelante; tarde o temprano, cuando quiera crecer y ser mejor, tendrá que aceptar que ha llegado a un punto de incompetencia y que debe esforzarse para pasar al siguiente nivel. Este proceso es similar a una espiral que lo va llevando a los niveles más altos, como puede verse en la figura 15-1.

Figura 15-1: La espiral del conocimiento.

Intente aplicar la espiral del conocimiento a unas clases de manejo. Probablemente sienta lo siguiente:

Etapa 1: Está entusiasmado y dispuesto a aprender, ingenuamente feliz ante los retos que lo esperan. De todas maneras, los demás parecen considerar muy fácil este aprendizaje. ¡Todavía no sabe todo lo que le falta!

Etapa 2: Empieza a sentir un poco de miedo y confusión; de repente se siente torpe. Tiene tanto que aprender y recordar, en la teoría y en la práctica, que empieza a preguntarse por qué creía que manejar iba a ser fácil. Es consciente de lo que no sabe hacer bien.

Etapa 3: Ya empieza a sentirse seguro, está orgulloso de su progreso, aunque a veces hace crujir la caja de cambios o se pasa una señal de tránsito.

Etapa 4: Un tiempo después de aprobar el examen ya puede manejar trayectos largos sin siquiera pensar en cómo maneja; simplemente actúa. La mayor parte del tiempo se siente bien, pero a veces se pregunta si es tan buen conductor como el día que se presentó al examen. ¿Será el momento de hacer un curso avanzado?

Llegar a la etapa 4 representa algunas veces una mezcla de sentimientos: usted se siente a gusto porque hace bien la tarea, pero si permanece demasiado tiempo en ese nivel empezará a crearse malos hábitos, unidos a la sensación de aburrimiento y de autosuficiencia. Piense ahora en las diferentes áreas de su vida. ¿En qué etapa se encuentra? Si está estrenando un puesto, probablemente sienta el optimismo de la etapa 1. Sin embargo, ¿se está preparando para la posible frustración de la etapa 2? Vive una prolongada relación: ¿cree que lo sabe todo sobre su pareja? Probablemente se vea invadido por la sensación de autosuficiencia de la etapa 4. ¿Cómo hacer entonces para llevar su relación a la siguiente etapa y descubrir nuevas facetas de ambos? Tal vez esté esforzándose mucho por mejorar su condición física, perfeccionando la técnica en un deporte nuevo. ¿Qué puede hacer para acelerar la llegada a la etapa 4, de manera que pueda tener la satisfacción que se obtiene cuando, inconscientemente, se hacen las cosas bien?

Aproveche el poder de su cerebro

Las decisiones que toma y las acciones que lleva a cabo determinan los resultados que obtiene, y todo esto depende de cómo utiliza el cerebro. Naturalmente usted tiene ciertas preferencias y tipos de pensamiento que funcionan bien y es probable que no vea la necesidad de esforzarse demasiado por hacer cambios en esta área. Sin embargo, si no modifica su manera de pensar, continuará obteniendo siempre los mismos resultados porque adoptará invariablemente los mismos comportamientos y emprenderá las mismas acciones. Sólo si involucra otras áreas del cerebro podrá desarrollar nuevas formas de pensar.

Expresándolo en términos muy sencillos: puede pensar en su cerebro como en dos mitades (hemisferios) de un todo que funciona en conjunto. La tabla 15-1 resume las diferencias entre el hemisferio izquierdo y el hemisferio derecho.

Tabla 15-1	Diferencias entre los hemisferios izquierdo y derecho del cerebro
Su hemisferio izquierdo se especializa en:	**Su hemisferio derecho se especializa en:**
Primero el detalle y después el conjunto	Primero el conjunto y después el detalle
Hechos	Intuición
Lógica	Imaginación
Teorías	Experimentos
Estructuras	Patrones
Organización	Espontaneidad
Ver lo tangible	Se pregunta sobre posibilidades

El hemisferio izquierdo es sumamente hábil para procesar datos precisos, elaborar secuencias y estructuras, producir teorías y aplicar la lógica a los problemas. Es muy útil para idear la estrategia necesaria para montar un rompecabezas de 5.000 piezas. Usted separa las piezas, primero busca los bordes, monta el marco y después empieza a juntar las otras piezas. Finalmente (después de unos meses) logra montar el conjunto. El hemisferio izquierdo reúne lógicamente la información partiendo de las partes hacia el todo. Las actividades del hemisferio izquierdo tienden a dominar en la educación tradicional porque son más fáciles de medir que las del hemisferio derecho.

El hemisferio derecho es una maravilla que le permite visualizar la imagen completa y desarrollar pasos intuitivos que no se sabe muy bien de dónde vienen. Este hemisferio le ayuda a dar un paso atrás, observar por unos segundos el rompecabezas, tomar una pieza aparentemente al azar y, sin saber muy bien cómo, colocarla en el lugar preciso. El hemisferio derecho toma la información intuitivamente desde el conjunto hacia las partes. Si usted tiene una fuerte preferencia por su hemisferio derecho, probablemente en el colegio aprendía mejor gracias a la imaginación y a las actividades flexibles, y quizá tuvo dificultades para coordinar la lógica y el orden del aprendizaje con el hemisferio izquierdo.

Confiar únicamente en la intuición (hemisferio derecho) no permite completar el rompecabezas más rápidamente que si sólo emplea la lógica (hemisferio izquierdo). En realidad, ambas partes del cerebro funcionan juntas, de manera que aplica la lógica junto con la intuición.

Al comparar las dos listas de la tabla 15-1, probablemente pueda ver qué hemisferio tiende a favorecer y descubre áreas en las que puede obtener mejores resultados. ¿Quiere disponer de toda la información antes de tomar una decisión? Tal vez desee ser su propio coach para atender de vez en cuando a su intuición y ver cómo afecta a los resultados que obtenga. O tal vez prefiera dedicarse a una tarea sin reflexionar demasiado al respecto. Para tener mejores resultados, intente aplicar más estructura organizacional.

La capacidad de controlar datos, cifras y lógica, y de aprobar un examen es sólo uno de los aspectos del éxito. El aprendizaje acelerado conduce a comportamientos equilibrados que le proporcionan resultados mejores.

Ser su propio coach significa ampliar sus opciones, probar aspectos nuevos y explorar rutas. Al hacerlo, descubre mejores formas de obtener lo que desea y necesita. Impulsar la parte perezosa del cerebro y ponerla a funcionar a la velocidad de la otra mitad significa que puede llegar a duplicar los resultados anteriores.

¿Cómo puede desarrollar toda la capacidad del cerebro para obtener mejores resultados en el coaching y en la vida? A continuación se presentan algunas ideas:

- ✔ **Cuando establezca sus metas, escríbalas (actividad del hemisferio izquierdo) e intente también visualizarlas o dibujarlas (actividad del hemisferio derecho).** Esto ayudará al cerebro completo a reconocer las instrucciones que le está dando.

- ✔ **Haga crucigramas o sudokus para entrenar todo el cerebro.** Los crucigramas son un buen ejercicio para el cerebro, ya que hacen aplicar la lógica y el lenguaje junto con el pensamiento intuitivo. Para resolver un sudoku no sólo usa números (hemisferio izquierdo) sino que también utiliza patrones de reconocimiento.

- ✔ **Establezca periodos de descanso.** El tiempo óptimo de concentración total del cerebro es de aproximadamente 90 minutos. Después, el cerebro necesita "descansar" durante unos 20 minutos (un cambio de actividad puede surtir tan buenos efectos como un descanso; no se trata de hacer una siesta sobre el escritorio).

El juego de la vida

¿Recuerda cómo jugaba cuando era niño? Se concentraba en lo que estaba haciendo, se relacionaba con otros niños, pasaba libremente de una actividad a otra, encontraba enfoques que desafiaban la lógica. El juego le permitía interactuar con los demás y adquirir habilidades sin sentirse bajo presión.

Los seres humanos tienen un proceso de aprendizaje muy concentrado durante los primeros siete años de vida. Cuando empieza la educación formal, se inicia el aprendizaje de otras habilidades, razonamiento y lógica. Tanto el juego como la lógica son útiles en la vida; sin embargo, el aprendizaje por medio del juego está más centrado en el hemisferio derecho del cerebro y es más difícil de medir, de manera que el sistema educativo favorece las actividades mensurables del hemisferio izquierdo. A medida que uno crece, va

La importancia del juego

Una fascinante investigación con un grupo de huérfanos demostró que el juego, lejos de ser una actividad frívola, es crucial en el desarrollo humano y probablemente también en la supervivencia. En 1999, el Hospital Pediátrico de Sighisoara, en Rumania, solicitó los servicios del más importante experto en juegos de Inglaterra, formado en el innovador programa Playwork, de Leeds Metropolitan University. Todos los niños del hospital habían sufrido traumas y abandono y estaban acostumbrados a pasar el tiempo sentados por ahí, atrapados en su soledad. En realidad, se había diagnosticado que sufrían de retraso grave y su destino era un hospital mental infantil.

El trabajo realizado por el experto durante algunos meses involucrando a los niños en actividades lúdicas produjo en todos algún tipo de progreso, algo que muchos expertos habían considerado imposible dada la gravedad de los trastornos. Una alta proporción de los niños pudo participar en programas de adopción o fueron acogidos por familias. Su rápida transformación se debió principalmente a la introducción de actividades lúdicas con propósitos específicos.

Si el juego es tan importante en el desarrollo del niño, piense en lo que puede lograr en su desarrollo como adulto.

dejando atrás actitudes y actividades infantiles y se siente ridículo al retomarlas. Aunque en secreto le encantaría ponerse a pintar con sus sobrinos, es probable que no le parezca bien tener un libro de colorear si no hay niños a su alrededor.

¿Qué actividad que le fascinaba cuando era niño ha dejado atrás? ¿Qué ha perdido como consecuencia de ello? ¿De qué forma podría volver a integrarla en su vida? Es posible que haya reemplazado actividades simples, como montar en bicicleta con sus amigos, por actividades más "adultas", como ir al gimnasio. Eso está muy bien; sin embargo, recuperar el sentido de diversión que tenía cuando niño puede traerle beneficios inesperados.

Beneffciese de un enfoque lúdico

Ser su propio coach en la búsqueda de un enfoque de la vida que incluya una actitud lúdica tiene beneficios prácticos, entre los que se encuentran:

- ✔ **Goza de una mayor creatividad en la búsqueda de soluciones.** Suponga que tiene la imaginación de un niño y hágase de vez en cuando preguntas ilógicas. Por ejemplo: "Si este problema fuera un color/animal/ciudad, ¿qué sería?"

- ✔ **Empieza a ver las cosas con más claridad.** Los niños suelen ser crueles en su manera de ver el mundo. Sin embargo, muy pronto aprenden que no pueden decirle a la tía Elisa que tiene la nariz muy larga; descubren la diplomacia y la necesidad de callar. Esto los lleva a decir mentiritas inocentes para no herir a los demás. Es probable que usted se haya acostumbrado a que la verdad puede disfrazarse y a veces resulta difícil ver la realidad. Los niños pequeños por lo general son honestos consigo mismos, hasta que aprenden a no serlo. Este talento innato puede reducir la angustia ante la posibilidad de cometer errores y al enfrentar problemas cotidianos. Pregúntese: "¿Qué es real para mí en este caso? ¿Cómo estoy disfrazando la verdad para evitar enfrentarme a ella?"

- ✔ **Disfruta más de su recorrido.** Pregúntese de vez en cuando: "¿Estoy disfrutando?" No se tome demasiado en serio su tarea. Busque formas de animar lo que esté haciendo.

- ✔ **Profundiza más.** De vez en cuando, juegue solo a los "cinco por qué". Este juego, inspirado en las eternas preguntas de los niños, implica tomar algún aspecto de la vida y preguntarse cinco por qué para llegar al meollo del problema. Por ejemplo: "¿Por qué sigo en este trabajo que detesto? Para ganar dinero. ¿Por qué? Para tener más vacaciones. ¿Por qué? Para pasarlo mejor. ¿Por qué? Porque me siento miserable la mayor parte del tiempo. ¿Por qué? Porque continúo en este trabajo que detesto.

Saque el mejor partido de su tiempo libre

Los hábitos que adquiere en el tiempo libre tienen un gran impacto en su manera de disfrutar de la vida. Los fines de semana y las vacaciones pueden ser la principal forma de recuperar el equilibrio en una agitada vida. Probablemente lo último que quiere hacer es asumir un reto más. Unas vacaciones perfectas para usted pueden consistir en tomar el sol al borde de la piscina, algo que le hará retomar la rutina diaria con una actitud fresca y relajada.

Sin embargo, revise de vez en cuando sus suposiciones. ¿Cuáles son las mejores vacaciones que ha tenido y por qué? ¿Vuelve todos los años al mismo lugar porque así se alimenta su alma o porque se ha convertido en un hábito? ¿Cree que cada vez necesita más tiempo para recuperarse? Tal vez esté llegando a un punto en el que el estrés en ciertas áreas va más allá de lo que se puede considerar un equilibrio sano (si es así, revise el capítulo 16 para informarse sobre el control del estrés, así como para aprender estrategias para recuperar el equilibrio).

La falta de energía puede tener otra explicación. ¿Conoce gente que nunca deja de hacer cosas? En el trabajo y en la vida familiar siempre emprenden proyectos y dedican las vacaciones a aprender a bucear o a escalar montañas. A veces, cuantas más cosas se hacen, mayor es el nivel de energía del que se dispone.

Revise cuidadosamente su uso del tiempo libre y piense cómo puede sacar el mejor provecho de ambos mundos, el descanso y la acción. ¿Se ha propuesto aprender otra lengua? En lugar de inscribirse en un curso nocturno que puede ser difícil de programar, puede buscar cursos de vacaciones en el exterior, dedicando las mañanas a las clases y las tardes a hacer turismo y descansar. Si siempre ha pasado las vacaciones con su familia, piense en variar esta vez y en reencontrarse consigo mismo.

Su tiempo libre es una excelente oportunidad para el crecimiento personal, así como un maravilloso espacio en el que simplemente "esté", antes de volver a la acción de su trabajo.

Busque un rincón tranquilo y hágase las siguientes preguntas para ser su propio coach en la búsqueda de opciones de aprovechamiento del tiempo libre, que pueda disfrutar más:

✔ **Pregunta poderosa:** ¿Qué importancia quiero que tenga el tiempo libre en mi vida?

✔ **Estilo personal:** ¿Soy de naturaleza activa o reflexiva? ¿Favorezco las actividades del hemisferio izquierdo o las del derecho? ¿Qué me proporciona energía?

✔ **Creencias:** ¿Qué creencias tengo sobre el tiempo libre que puedan limitarme? ¿Qué limitaciones pongo a mis vacaciones? ¿Cómo reduzco la prioridad que tiene el tiempo libre en mi vida?

✔ **Motivación:** ¿Qué puedo hacer en mi tiempo libre que se base en mis valores más profundos? ¿Cuál es la meta más convincente a la que debo apuntar para enriquecer mis intereses?

✔ **Los aspectos que funcionan bien:** ¿Qué funciona bien con las opciones que tomo en mi tiempo libre? ¿Qué compromisos me molesta haber hecho?

✔ **Exploración de las opciones:** ¿Cómo puedo experimentar diferentes enfoques para mi tiempo libre? ¿Cómo puedo probar que esas opciones son adecuadas?

✔ **Acción:** ¿Cuál es el primer paso que debo dar? ¿Cuánto tiempo puedo dedicar a planificar este enfoque? ¿Cómo sabré que estoy progresando? ¿Qué puedo hacer para celebrar?

Deje que aflore su espiritualidad

Parte del conocimiento que adquiere sobre sí mismo y del crecimiento personal consiste en buscar y desarrollar inquietudes espirituales. Empiece por aceptarse como ser humano capaz, con algunos defectos e infinitamente recursivo. Empiece a sentirse a gusto consigo mismo y a recuperar el sentido de lo que es importante para usted (en la parte II encontrará más información acerca del proceso de descubrimiento de sí mismo).

¿Qué significa la espiritualidad para usted?

A continuación se presentan algunas ideas que puede asociar con el concepto de espiritualidad:

✔ Emocionarse con algo que ve o experimenta: una puesta de sol espectacular, el vuelo de un ave o la sonrisa de un niño.

✔ Sentirse partícipe y que contribuye a algo importante.

✔ Estar dispuesto a establecer conexiones con otras personas por el mero hecho de compartir con ellas.

✔ Sentir que vibra con lo que está haciendo en el momento en el que está absorto en una tarea.

✔ Preguntarse por los más recónditos misterios del mundo a su alrededor.

✔ Advertir con qué frecuencia se le presenta la oportunidad que tanto ha buscado, sin haber hecho nada por conseguirla.

Acceso a su espiritualidad

El proceso del coaching le ayuda a ver que puede hacerle frente a cualquier situación. Al tener un profundo sentido de sí mismo, puede controlar incluso las peores circunstancias y empieza a comprender la verdad en la expresión "lo que no mata hace más fuerte". Usted crea su mundo cuando decide en qué aspectos quiere enfocarse. Gracias al coaching puede cambiar ideas, comportamientos y acciones para estructurar una vida que responda mejor a su auténtico yo (véase el capítulo 4). Todo ello puede conducirlo a buscar su papel en el mundo, ya sea en un entorno cercano o en la sociedad en general. Para muchas personas, el descubrimiento de la propia identidad puede ser en sí mismo un recorrido espiritual.

Incluso si no considera que la espiritualidad sea parte de su identidad, el coaching puede llenarlo de gozo. En cualquier etapa del recorrido y en cualquier nivel que alcance de conocimiento de sí mismo, establece una conexión con una parte de usted que no se puede definir y que muchas personas describen como *espíritu* o esencia.

¿Cómo puede acceder a su espiritualidad? A continuación se presentan algunas ideas:

¡Bendito sea!

Siempre que deseo recibir una bendición que me ayude en el camino de la vida, me conecto a www.mayyoubeblessedmovie.com. Esta corta película fortalece mis creencias acerca de mí y mi mundo (no hay que leerse toda la página, la película es el factor que motiva).

✔ La meditación lo relaja y es una excelente forma de vaciar la mente de las preocupaciones cotidianas, de manera que deja espacio a los grandes interrogantes y las conexiones que constituyen la base de la espiritualidad. Observar tranquilamente la llama de una vela puede ser una sencilla forma de meditación.

✔ Observe la naturaleza. Pregúntese cuánto tiempo lleva ese árbol en el bosque, cuándo se formaron las montañas o con qué frecuencia golpean las olas en la playa. Le comenzará a dar vueltas la cabeza pero pronto tendrá cierta perspectiva de los retos que enfrenta en la vida.

✔ Combine una práctica física —yoga, pilates o tai-chi— con una búsqueda espiritual. Al mover el cuerpo con un propósito, también libera la mente.

✔ Lea todo lo que pueda. Ficción, poesía, humor, filosofía. Lea lo que quiera, siempre y cuando eso represente un reto y amplíe sus horizontes.

✔ Disfrute del arte, la música y la danza siempre que pueda. Todos los grandes artistas expresan su propósito principal por medio de su arte y usted puede captar parte de esa magia cuando aprecia la belleza de ese trabajo.

Explore la espiritualidad por medio del coaching

El coaching tiene que ver con la búsqueda de maneras de disfrutar de lo que se tiene y de atraer lo que se desea. También es uno de los mecanismos más poderosos para encontrar lo que le da significado y sentido a la vida. A lo largo de este libro, en especial en el capítulo 20, encontrará preguntas importantes que le ayudarán a encontrar esa luz que busca.

Piense en aquello que es esencial para usted. Sus valores (véase el capítulo 6) son clave. ¿Qué hace que su vida valga la pena? ¿Qué impulsa sus pasos? ¿Qué lo hace sentir bien? ¿Cuándo cree que las cosas están muy bien? ¿Qué le ocurre cuando se encuentra en su elemento?

No tema hacerse preguntas poderosas. ¿Qué es la vida? ¿Por qué estoy aquí? ¿Cuál es mi verdadera aportación al mundo? ¿Qué cambiaría en el mundo si pudiera? En todas las épocas los filósofos se han preguntado lo mismo; usted tiene las mismas opciones que ellos para responder a esas preguntas y muchas más posibilidades de encontrar respuestas adecuadas para usted.

Manténgase fiel a su visión

Tomás encontró el propósito de su vida como coach. La historia de su recorrido es un despertar espiritual: una repentina visión de su propósito en la vida, la determinación de hacer lo correcto a costa de cualquier sacrificio y la sincronía en todos los eventos, que coincidían en el tiempo aunque aparentemente no se relacionaban entre sí. He aquí la pregunta que activó la transformación de Tomás:

¿Qué me atrevería a soñar si tuviera la garantía de que mi sueño se va a hacer realidad?

Tomás se vio a sí mismo en un cruce de caminos, con señales en todas las direcciones y huellas de pisadas en cada camino. Se vio guiando a la gente hacia sus caminos. De esta imagen nació su convencimiento de "yo ayudo a la gente a avanzar por el camino que ha escogido en la vida".

A finales de la década de 1990 se convirtió en uno de los principales coaches de tiempo completo en las industrias de la construcción y las fábricas, dejando atrás su proyecto de ser director operativo. Después de tomar la decisión de cambiar de profesión, varios signos y acontecimientos le ayudaron a consolidar lo que se convertiría en su empresa de coaching.

Parte IV
Una vida integral y armónica

The 5th Wave   Rich Tennant

"PIENSO QUE MIS CENTROS DE ENERGÍA ESTÁN BIEN EQUILIBRADOS: TENGO EL RADIOLOCALIZADOR EN EL CINTURÓN, EL CELULAR EN EL BOLSILLO DERECHO Y LA AGENDA DIGITAL EN EL BOLSILLO IZQUIERDO".

En esta parte...

Descubrirá cómo establecer el equilibrio en medio del vertiginoso ritmo de la vida. Avanzará por la terrible encrucijada del cambio sin retorno y navegará sin impacientarse. También verá cómo utilizar las posibilidades del coaching para ayudar a otras personas.

Capítulo 16

Cómo alcanzar el equilibrio

· ·

· ·

*E*n el coaching el *equilibrio* equivale a sentir que todos los aspectos de la vida forman un conjunto armonioso. El equilibrio es diferente para cada persona e incluso para una misma persona en distintos momentos. Por ejemplo, si trabaja demasiado, pero eso le produce las satisfacciones que busca y le deja suficiente tiempo para sus aficiones, probablemente se sentirá equilibrado. Pero cuando ese equilibrio desaparece, cualquier pequeñez lo agobia.

El equilibrio puede ser difícil de alcanzar y de conservar. El mero hecho de intentar mantenerse firme no le funcionará mucho tiempo porque, con seguridad, algo lo golpeará y hará colapsar toda la maquinaria. La clave del equilibrio está en mantener el control de sí mismo y de sus propósitos, avanzar siempre y aceptar que, a veces, es necesario retroceder o caminar de lado para mantener el impulso.

Este capítulo le ayudará a adquirir el sentido del equilibrio, a ver hasta dónde puede llegar (el punto límite), a identificar qué factores disparan en usted el estrés y a elegir los pasos más prácticos para recuperar el equilibrio.

Encuentre el equilibrio

El sentido del equilibrio cambia con las prioridades de la vida a medida que el entusiasmo por los nuevos compromisos se desvanece y usted empieza a sentirse más a gusto consigo mismo. El adulto joven puede volcar mucha energía en el trabajo y la vida social porque considera importante probarse a sí mismo, ganar el dinero al que aspira y divertirse. De los 40 en adelante, usted probablemente haya alcanzado gran parte de sus metas materiales y quiera dedicar más tiempo a redescubrirse y probar nuevos retos. A lo mejor ve el dinero con otros ojos y desea gozar de la vida de otra manera. La práctica regular del coaching le ayudará a identificar el impacto que tienen las decisiones cotidianas en su vida y a encontrar el equilibrio en cualquier circunstancia.

Integre a su vida la teoría del equilibrio utilizada por Ricitos de Oro

Ricitos de Oro, el personaje del cuento infantil *Los tres ositos*, era una excelente coach en el tema del equilibrio personal. Cuando ella miró los tres platos de sopa de los osos, decidió probarlos todos antes de sentarse a disfrutar del que le pareció mejor. Instintivamente sabía que la táctica de ensayo y error era la adecuada para asegurarse la mayor cantidad y el mejor sabor, y que ponerse a adivinar no era una buena opción.

¿Con frecuencia hace suposiciones sobre el equilibrio en su vida? Entonces tenga en cuenta estas consideraciones:

✔ Dinero insuficiente.

✔ Demasiado estrés.

✔ Falta de tiempo.

✔ Demasiadas exigencias.

✔ Poca diversión.

Muchas de estas suposiciones pueden ser reales en ciertos momentos y, con frecuencia, puede percibir instintivamente qué cambios podrían mejorar su sentido del equilibrio. Pero también puede descubrir que, después de hacer los ajustes que consideró necesarios (liberar tiempo para usted o abandonar alguna afición que le exigía demasiada atención), las cosas no mejoran. O tal vez encuentre en sus ajustes una inesperada consecuencia negativa que deteriora el beneficio conseguido. De hecho, es posible que eche de menos el torrente de adrenalina y la sensación de éxito que lo invadía al controlar las exigencias de su trabajo. No siempre se logra el equilibrio en el primer intento. A menudo el proceso de hacer ajustes le indica cuáles y cuántas cosas necesita.

Piense si tiene mucho o muy poco de algo. En efecto, se pueden tener buenas razones para explicar por qué orientó su punto de equilibrio en determinada dirección. Aunque a veces se aferre a la adrenalina que libera su exigente trabajo, es posible que siga sintiendo que "debería" pasar más tiempo con su familia. Pero si la calidad de ese tiempo es buena para los interesados, ¿podrá liberarse de esa preocupación? También puede querer ser generoso (tener tiempo para ocuparse de los problemas de los demás) con su grupo social; no obstante, siente que debe inclinarse menos a abandonar lo que hace con el argumento de ayudar a un amigo necesitado. Sea honesto sobre lo que quiere y no quiere en la vida.

Este ejercicio le ayudará a identificar su nivel actual de equilibrio:

1. **Dibuje un círculo en la mitad inferior de una hoja de papel.** Escriba dentro del círculo: "Mi centro de equilibrio".

2. **Dibuje dos brazos saliendo de los lados izquierdo y derecho del círculo.** Marque el brazo izquierdo así: "Muy poco e insuficiente". Y el brazo derecho: "Demasiado y mucho".

3. **Llene los dos brazos con cosas que son "demasiadas" para usted y con cosas de las que tiene "muy poco".** Cargue esos brazos como si cada cosa fuera una caja y forme una pila con unas sobre las otras. Comprobará que no tener suficiente de algo es tan duro como tener demasiado.

4. **Ahora dibuje un triángulo en la mitad superior de la hoja, encima de su centro de equilibrio.** Escriba dentro del triángulo: "Mi vida ideal". Imagine que el triángulo contiene todos los propósitos de su vida. Si lo desea, puede inventarse un símbolo que los represente. Por ejemplo, si escogió un corazón, una estrella, un árbol o una casa, elija lo que mejor represente su vida en el máximo punto de equilibrio. Imagínese parado en su centro de equilibrio, con los brazos extendidos a los lados del cuerpo y la vista fija en su vida ideal.

5. **Debajo del triángulo escriba: "Zona correcta".** El espacio entre su centro de equilibrio y su vida ideal es la zona correcta. Lo correcto para usted es ligero y vaporoso, como nubes a través de las cuales puede contemplar el claro escenario de su vida ideal. Dibuje nubes en la zona correcta y dentro de las nubes escriba aquello que es correcto para usted en este momento.

6. **Observe el equilibrio entre "demasiado" y "muy poco".** Si tiene demasiado o muy poco de un montón de cosas, probablemente su atención esté centrada en el funcionamiento del equilibrio en sí, frenando el impulso de su energía e impidiéndole enfocarse en su vida ideal.

7. **Piense qué puede quitar de cada brazo, de manera que traslade algo al espacio de la zona correcta y así alivie el peso**

de uno o ambos brazos. Tal vez esté dedicando demasiado tiempo al trabajo doméstico y no el suficiente a la diversión.

8. **Haga una lista de sus actividades y revise el equilibrio de la totalidad de su vida, tal como es en este momento.**

Observe en la figura 16-1 un ejemplo de un centro de equilibrio.

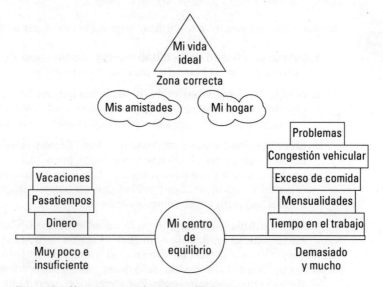

Figura 16-1: Un centro completo de equilibrio.

Compruebe diariamente el equilibrio en sus niveles de energía

"Es mejor que las cosas se gasten por el uso, que dejarlas enmohecer", dice la sabiduría popular. Probablemente prefiera mantenerse activo y comprometido con lo que hace, no aletargado y aburrido. Por eso, tal vez instintivamente se presione un poco (aunque dentro de unos límites razonables) para no sentirse enmohecido. Como lo opuesto a enmohecerse es quemarse, no se presione demasiado.

Observe la curva del equilibrio de la figura 16-2. Cuando se está comprometido con una tarea, por lo general se experimentan altos niveles de energía. A veces esta energía se origina en la sensación de excitación que produce el estrés "bueno" o en la percepción de la adrenalina bombeando para ayudarle a enfrentarse al vencimiento de un plazo u otra meta, especialmente si incluye un factor crítico de tiempo. Este estrés bueno se vuelve "malo" cuando las presiones alcanzan un punto límite. Por ejemplo, siente que su esfuerzo no basta y empieza a dudar de su propio criterio. El punto límite puede ser un asunto real o simplemente su estado de ánimo. Al llegar a dicho punto se siente agotado y su nivel de energía se puede ir a pique, con lo que se acentúa la sensación de estrés.

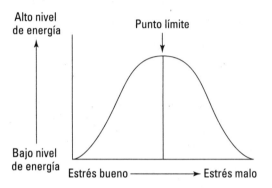

Figura 16-2: La curva del equilibrio.

Imagínese un típico día de trabajo en el que usted empieza tranquilo, posiblemente después de una buena noche de sueño. Mientras revolotea en la casa preparándose para las labores cotidianas, el estrés bueno empieza a elevarse. Se sobrepone al tráfico, llega a su destino y comienza a revisar su agenda. Aborda desafíos, examina plazos y resuelve problemas. Su nivel de energía iguala el ascenso del estrés bueno que experimenta, y tiene buenos resultados. De repente algo desvía su rumbo: un obstáculo inamovible, un recuerdo incómodo o una llamada de su casa para avisarle que la olla exprés explotó. Cualquiera que haya sido el detonante, es suficiente para proyectarlo más allá del tope de la curva. Ahora siente estrés malo, pierde el control, no sabe qué hacer, duda de decisiones y sus niveles de energía comienzan a naufragar a medida que se siente bloqueado. De hecho, el detonante pudo no haber sido diferente de todos los que controló hasta ese momento. Pero esa pequeña sobrecarga lo lanza por encima del límite.

Afortunadamente estos sucesos no se producen todos los días. Usted suele estar en el lado correcto de la curva, de manera que puede atender todos los flancos y proteger su nivel de adrenalina para que le rinda el tiempo. A veces el estrés malo le permite centrarse en algo muy importante durante el tiempo suficiente para sacarlo adelante.

¿Alguna vez ha vuelto sobre algo que hizo cuando estaba en el lado equivocado de la curva? Su rendimiento en el trabajo puede estar por debajo del promedio porque sus niveles productivos estaban disipados y la ansiedad se había cruzado en su camino. Piense también en los efectos dañinos del estrés en su salud física y mental (consulte más adelante en este mismo capítulo la sección "Identifique las señales de alerta").

¿Dónde está su límite? Piense en los días en que se sintió desestabilizado e identifique los detonadores internos y externos que lo descontrolaron, que pueden incluir:

✔ Una exigencia crítica e inesperada.

✔ Una crisis que no previó.

✔ Un comentario que lo sacó de sus casillas.

✔ Empezar a dudar de sí mismo.

✔ Algo que tardó demasiado en estar terminado.

Para ajustar el equilibrio diario, comience por cambiar de actitud frente al detonador del estrés, antes de actuar. Cuando se sienta agobiado, ensaye estos siete sencillos pasos:

1. **Pregúntese qué está sintiendo y qué lo descontrola.**

2. **Piense dónde se encuentra respecto a la curva de equilibrio.** A medida que se concentra en la energía buena que todavía siente, a veces aparece en escena una ligera ansiedad momentánea.

3. **Cambie de estado respirando profundamente por corto tiempo, caminando con energía allí donde se encuentre o haciendo un estiramiento prolongado.**

4. **Imagine que está observando desde lejos la ansiedad que siente ahora.** Pregúntese cómo sería esta sensación si se tratara de curiosidad en vez de ansiedad. Cambiar la ansiedad por curiosidad le ayuda a crear las condiciones necesarias para solucionar el problema y reduce la tensión del cuerpo.

5. **Piense qué debe hacer ahora.** ¿Actuar, explorar o reflexionar sobre el reto?

6. **Dé el primer paso hacia la solución.**

7. **Observe su curva de equilibrio y revise la ubicación de sus sentimientos en la curva. Si lo considera necesario, repita los puntos 1-6.**

Céntrese

Encontrar el sentido del equilibrio lo puede llevar a hacer cosas que, al principio, pueden hacerle pensar que avanza en el sentido contrario a la recuperación del orden. Por ejemplo, cuando se siente presionado por una fecha límite, está cansado, irritable y asustado cree que lo último que puede darse el lujo de hacer es tomar un descanso; sin embargo, tomarse un corto descanso es vital para hacer un buen trabajo.

¿Sabe qué significa estar centrado? Piense en un árbol de sólidas raíces y ramas flexibles meciéndose con el viento. Enraizarse físicamente le proporcionará claves para entender su equilibrio emocional y mental. Observe lo que hace su cuerpo instintivamente cuando no está en movimiento: ¿usted se relaja, se apoya en una pierna, cruza los brazos o se retuerce en una combinación de las tres posturas? Pararse erguido es extraño si está acostumbrado a estar relajado. Pero imitar a un árbol no sólo ayuda físicamente al cuerpo sino que también actúa como una especie de meditación y le recuerda la importancia de permanecer conectado a tierra.

El siguiente ejercicio es una actividad de equilibrio que puede poner en práctica en cualquier momento. Dura 5 minutos.

1. **Párese con los pies separados a la altura de los hombros.** Compruebe que los dedos de los pies apunten hacia el frente y no hacia los lados.

2. **Suelte los brazos a los lados, dejando espacio entre ellos y su cuerpo.** Sin forzarse, desplace los hombros hacia atrás.

3. **Respire profundamente hasta que su pecho se expanda.**

4. **Mire al frente, manteniendo la barbilla en alto.**

5. **Fije la atención en el centro físico de su cuerpo, justo por debajo del ombligo.** Si lo desea, repita un propósito o mantra, como por ejemplo "Soy fuerte y equilibrado". Imagínese la fortaleza de las raíces y de los recursos que lo sostienen.

6. **Continúe así por unos minutos, respirando controlada y profundamente hasta que se sienta listo para enfrentar el siguiente reto.**

Recupere el equilibrio

En esta sección examino las tres formas principales de recuperar el sentido del equilibrio: cómo abordar el control del tiempo, qué cosas dejar de lado y cómo expresar con claridad lo que necesita.

Organícese y administre bien el tiempo

Aunque el paso del tiempo es riguroso, en ciertas circunstancias parece que el tiempo volara o se detuviera. El tiempo no se puede administrar al ritmo del deseo o de las necesidades, pero usted sí puede programar lo que quiere hacer cada 24 horas. Diariamente dispone de 24 horas y de múltiples alternativas para utilizarlas. Si quiere mantenerse centrado en su propósito, pregúntese a lo largo del día:

¿Qué puedo dejar de lado ahora para recuperar el equilibrio?

Sus respuestas pueden sorprenderlo. A veces puede desistir de algo tangible, como uno de los elementos de su lista de "cosas por hacer". Pero otras veces simplemente puede liberarse de un sentimiento de ansiedad que usted mismo ha construido inconscientemente. Reflexionar sobre esta actitud le ayuda a librarse del sentimiento y a enfrentarse mejor a cualquier reto.

Deje de preocuparse, no tiene que disparar en dirección a todos los blancos cada segundo sin darse tiempo de hacer una pausa. A veces querrá cumplir las metas a toda velocidad y otras veces querrá avanzar con lentitud.

Existen muchos instrumentos para administrar mejor el tiempo. Pero antes de correr a inscribirse en un curso de gestión del tiempo o de invertir en más libros, examine qué clase de persona es usted:

✔ ¿Le gusta usar siempre los mismos sistemas para gestionar el tiempo o se entusiasma con nuevos métodos (un sistema de diario diferente, el último modelo digital de agenda de bolsillo, listas de tareas con códigos de color) y rápidamente pierde el interés en ellos? Tal vez tenga que cambiar sus sistemas de control del tiempo para lograr un mejor provecho.

✔ ¿A qué horas del día le rinde más el tiempo? ¿Es una alondra madrugadora o una lechuza nocturna? Entonces controle las fortalezas de su reloj biológico y adopte un sistema que estimule su actividad cuando sus niveles de energía estén en el punto más alto.

✔ ¿Prefiere trabajar hasta terminar una tarea o le parece mejor fragmentarla? Registre el paso del tiempo mientras adelanta un proyecto grande y observe en qué momento comienzan a disminuir su atención y productividad. En general, la gente necesita hacer una pausa cada 45 minutos, pero tal vez su reloj trabaje a un ritmo diferente.

✔ ¿Necesita un disparo para empezar a trabajar o es capaz de arrancar solo? Es decir, ¿responde mejor a la táctica de la zanahoria o a la del garrote? Algunas personas se sienten motivadas con recompensas y otras necesitan un empujón para lanzarse a la acción. Como norma (aunque usted crea sus normas), entre el 70 y el 80 por ciento de las personas obtiene mejores resultados con el estímulo, y sólo entre el 20 y el 30 por ciento con la táctica del empujón. Algunas tareas pueden necesitar un mayor impulso, especialmente aquellas frente a las cuales encuentra dificultad para sentirse motivado, en cuyo caso debe tener en cuenta los momentos en que sus niveles de energía están en el punto más alto, para obtener mejores resultados.

✔ ¿Es optimista o pesimista al determinar de cuánto tiempo dispone para terminar sus tareas? ¿Con frecuencia calcula menos o más tiempo del que necesita? Algunas personas consideran que es mejor pensar que una tarea les tomará más tiempo del necesario y luego entregarla antes del plazo convenido, con lo que ganan algunos puntos (antes de que el jefe descubra el truco). Sin embargo, el control más serio y el más saludable para el equilibrio es entrenarse para hacer cálculos precisos. Esto requiere de práctica y de mucha atención, de manera que siga esforzándose.

Plantéese diariamente sus alternativas al ser *reactivo* (responder a los acontecimientos o las personas) o *proactivo* (pensar antes y tomar la iniciativa).

Clara debía llevar todos los días a sus dos hijos a la escuela. Disfrutaba del trayecto de una hora en el automóvil, pero los niños la ponían nerviosa a esa hora del día. Además, durante el coaching manifestó preocupación porque rara vez encontraba tiempo para reflexionar sobre sus objetivos. Mientras conducía, la cabeza de Clara se llenaba de ideas para anotar en su agenda, lo que, combinado con las dos ruidosas fuerzas de la naturaleza que saltaban a su alrededor, no le ayudaba a llegar al trabajo tranquila y centrada. Entonces decidió preparar la agenda por la noche, antes de acostarse, en vez de hacerlo al llegar al trabajo.

Este pequeño cambio proactivo tuvo un notorio efecto positivo. En vez de ir pensando en los problemas que tenía que resolver ese día, mientras conducía se le empezaban a ocurrir las soluciones. Era como si su cerebro procesara los desafíos por la noche y liberara en el recorrido las soluciones.

Aprenda a delegar

Delegar o compartir una carga asignando a otras personas algunas tareas no es una habilidad limitada al contexto de los negocios. Una de las mejores formas de recuperar el equilibrio en la vida es delegar. Y actuar como coach frente a sus opciones es una manera de conseguirlo: es como si tuviera dos cabezas trabajando para encontrar una solución. Hablar abiertamente con un amigo puede proporcionarle también algunos de los beneficios de delegar, porque él puede ver las cosas desde otro punto de vista. Tenga en cuenta que en la vida cotidiana también puede delegar.

Aquí encontrará algunos consejos para delegar:

✔ **Identifique tareas que otras personas puedan hacer mejor que usted.** Tal vez esté acostumbrado a considerarse el más competente del equipo doméstico o del trabajo; pero lo valorarán más si permite a otras personas mostrar su talento. Por ejemplo, un hijo que descubre una insospechada habilidad para la jardinería después de que usted le encarga que corte el césped, o el buen rendimiento de un colega en la finalización de un informe mensual son resultados que hablan muy bien de usted.

✔ **Sea claro sobre lo que necesita y sobre el apoyo que puede ofrecer.** Debe asegurarse de que la persona en quien delega la responsabilidad cuenta con los recursos necesarios para asumirla. Enseñe a su hijo a usar la podadora o revise con su colega los pasos necesarios para redactar el informe mensual.

✔ **Explique cómo evaluará la tarea.** Elogie el césped y el informe mensual. Puede ofrecer retroalimentación constructiva dando su punto de vista.

Escoja qué ha de dejar de lado

Utilizar el coaching para lograr el equilibrio puede llevarlo a la conclusión de que debe dejar algo de lado para recuperar el control de su vida. Si ese algo es importante, como renunciar al trabajo, venderlo todo e irse a vivir fuera del país o poner fin a una relación, entonces lea el capítulo 17, donde encontrará ideas sobre cómo llevar a cabo un cambio mayor con el menor traumatismo y el máximo beneficio posible. Pero también es posible dejar de lado cosas relativamente pequeñas y mejorar el equilibrio. Y aunque parezca obvio (se ha dado cuenta de que podría dejar el turno nocturno en el trabajo), a veces puede encontrar resistencia en usted mismo porque no está acostumbrado a proceder así.

¿Quién dijo que usted es la única persona capaz de llenar y vaciar correctamente el lavaplatos? ¿Dónde está escrito que sólo usted puede coordinar la agenda de la reunión? Pregúntese si está cargando con tareas que alguien puede hacer mejor.

Revise algunas creencias que le impiden dejar algo de lado:

✔ "Si quiero que algo se haga bien, tengo que hacerlo yo mismo" se convierte en: "Confío en que otra persona haga esta tarea tan bien como yo".

✔ "Si delego esta tarea, pierdo control" se convierte en: "Si delego esta tarea tendré tiempo para hacer las cosas que me gustan y aumentará el control sobre mi vida".

✔ "Si yo no lo puedo controlar todo, seré un fracaso" se convierte en: "Tengo éxito porque sé cómo canalizar mis capacidades y cuándo pedir ayuda".

¿Qué creencias puede ajustar para darse un respiro?

Diga lo que piensa

El equilibrio se consigue sólo cuando aprende a identificar sus necesidades y las comunica con claridad y firmeza. De lo contrario, corre el riesgo de que otros le hagan reclamos y preguntas.

¿Hay equilibrio entre lo que da y lo que recibe de los demás? Si dedica tanto tiempo a su trabajo y no le queda nada para sus prioridades o empieza a sentirse utilizado, ¿cómo va a encontrar formas de hacer valer sus necesidades? Decir lo que piensa no significa expresar el sentimiento negativo que se está acumulando en su interior. Tiene que ir más allá de las emociones y expresarse de la manera más positiva y clara posible. Practique estos planteamientos:

✔ **En el trabajo.** En vez de decir "Estoy demasiado ocupado con el informe de fin de mes y no puedo ayudar en ese proyecto; es increíble que me lo pida", diga: "Me alegra poder ayudarle con ese proyecto y espero que usted también pueda ayudarme con el informe de fin de mes, que me tiene agobiado".

✔ **En casa.** En vez de decir "¡Es muy desconsiderado de tu parte que tengas en desorden tu cuarto! ¿No crees que tengo derecho a un poquito de tiempo para mí, en vez de estar recogiendo tu tiradero?", ensaye: "Cuando no ordenas tu cuarto, tengo que limpiarlo yo y eso me hace enfadar contigo porque me queda menos tiempo para mí. ¿Cómo podemos asegurarnos de que tu cuarto se mantenga ordenado y yo pueda recuperar una parte de mi tiempo?"

✔ **Con los amigos.** En vez de decir "Odio ir a un bar todas las noches porque son ruidosos y acabo bebiendo demasiado y trasnochando", ensaye: "Me encanta estar con ustedes y he estado pensando que, cuando vamos a un bar, perdemos la oportunidad de hablar. Además, me levanto cansado al día siguiente. Así que me gustaría proponer que vayamos a un restaurante una vez por semana".

Controle el estrés a largo plazo

El estrés bueno es el combustible que ayuda a conseguir grandes resultados. Se percibe como una sensación de agitación y un sentido de urgencia, a pesar de que produce hormigueos en el estómago y temor al fracaso. El estrés malo, por el contrario, aparece cuando una tarea es tan agobiante que el nivel de energía desciende en vez de aumentar. Usted generalmente consigue tolerar ese agobio, pero otras veces se siente bajo una presión sostenida que le impide gozar de la vida. Incluso en condiciones aparentemente normales, no se permita llegar al límite: aprenda a identificar sus señales de alerta y tenga a mano un plan de acción listo para poner en práctica.

Identifique las señales de alerta

Hay señales de alerta que le advierten cuando está bajo demasiada presión. Identificar estas señales en una etapa temprana es vital para garantizar el bienestar físico, mental y emocional.

Sus señales de alerta pueden incluir:

✔ No dormir bien.

✔ Sentir ansiedad.

✔ Estar siempre cansado.

✔ Experimentar falta de concentración.

✔ Experimentar exagerados cambios de ánimo.

✔ Sentirse deprimido.

✔ Tener problemas de memoria.

✔ Comer en busca de sosiego o beber en exceso.

✔ Notar bruscos síntomas físicos (dolores de cabeza, de estómago...).

Muchas de estas señales pueden tener otras causas subyacentes pero, si se producen varias al mismo tiempo, probablemente está viviendo en el lado equivocado de la curva del equilibrio.

Puede comenzar a recuperar el equilibrio cambiando de actitud frente al estrés, pero posiblemente eso tenga un impacto limitado. Cuando las cosas llegan a este punto, la única solución efectiva a largo plazo es cambiar drásticamente la situación. Una indicación de que necesita cambiar la situación estresante puede ser empeñarse en no aceptar que puede realizar ese cambio o negar que lo necesite. Sea honesto consigo mismo: el estrés extremo conduce a la depresión y produce otras enfermedades; además, suele venir acompañado del sentimiento de estar atrapado y privado de alternativas.

Utilice el siguiente plan para lanzarse a la acción:

1. **Pregúntese qué opciones tiene para reducir el estrés sin afectar otras áreas.** Imagine una solución ideal, aunque no la crea posible en su estado. Si el trabajo le está provocando estrés, las soluciones ideales pueden incluir trabajar menos horas, tomarse un año sabático, buscar un trabajo nuevo, renunciar a su trabajo o conseguir apoyo para mejorar su rendimiento. Para cada solución, pregúntese: "¿qué pasaría si hago esto?" y "¿qué pasaría si no lo hago?"

2. **En cualquiera de los casos anteriores, pregúntese qué información adicional necesita para seguir avanzando.** Tal vez descubra que necesita información de su jefe o del departamento de recursos humanos sobre su contrato, o que debe verificar con el banco si puede obtener un préstamo para costearse un año sabático.

3. **Pregúntese qué recursos necesita y qué le impide conseguirlos.** Además de la gente de quien necesita información, tal vez pueda pensar en alguien que lo escuche y le ayude a analizar sus opciones. Su coach puede ser la persona indicada, así como alguno de los miembros de su familia. O tal vez deba hablar con su jefe. En este caso, aborde el tema planteando primero los beneficios para la organización.

No dude en buscar ayuda cuando atraviese situaciones estresantes. No es bueno enfrentarlas solo y es más conveniente que utilice su energía en la búsqueda de otros recursos.

La página web de la Asociación Internacional para el Control del Estrés dispone de muchos recursos en el campo del estrés y del control del tiempo. Consulte www.isma.org.uk.

Practique el coaching en las situaciones de estrés

Las situaciones estresantes suelen suprimir el pensamiento lógico y producir pánico. Actuar como su propio coach en estas ocasiones paga buenos dividendos porque la próxima vez que lo ataque el estrés encontrará opciones con más facilidad. Los siguientes puntos están enfocados en el uso de preguntas poderosas para ayudarle a tomar distancia del pánico y para que pueda analizarlo en perspectiva (el capítulo 7 ofrece más información sobre las habilidades necesarias para hacerse preguntas poderosas).

Aquí tiene unas guías de comportamiento para cuando lo ataque el estrés:

✔ **Revise sus valores, su visión y sus propósitos.** Dedique el tiempo necesario a obtener una visión clara de su vida y cuantifique cada decisión que tome en relación con esta visión.

Pregunta poderosa: "¿Qué quiero ahora en mi vida?"

✔ **Comprenda que el cambio de circunstancias puede modificar sus propósitos, así como también los pasos que ha de dar para conseguirlos.** Acepte que los periodos de estrés ocurren y permítase hacer los ajustes necesarios.

Pregunta poderosa: "¿En qué puedo ser más flexible ahora?"

✔ **Pregúntese qué puede dejar de lado.**

Pregunta poderosa: "¿Qué interfiere con mis intereses principales?

✔ **Tome decisiones que aumenten su autoestima.**

Pregunta poderosa: "¿Cómo me fortalece esta decisión?"

✔ **Sea consciente de que afrontará situaciones que no puede cambiar, gente a la cual no puede ayudar y resultados que no puede alcanzar.** Pero, en cambio, podrá ganar otras batallas.

Pregunta poderosa: "¿Qué puedo aceptar con decorosa humildad?"

✔ **Aproveche la ayuda de personas bien intencionadas.** No permita que su ego se interponga en el camino de aunar esfuerzos con sus mejores aliados.

Pregunta poderosa: "¿Quién me puede apoyar, estimular o inspirar?"

✔ **Tenga siempre uno, dos o tres planes alternativos.** Adquiera la costumbre de reflexionar sobre sus planes de contingencia para las áreas fundamentales de su vida o para las situaciones realmente estresantes.

Preguntas poderosas: "¿Cuáles son mis alternativas?" "¿Qué más puedo hacer?" "¿Qué opción todavía no he podido identificar?"

Capítulo 17

Cambios radicales de vida

Diariamente usted toma decisiones grandes y pequeñas. Incluso la determinación de no tomar decisiones modifica la vida. En la película *Dos vidas en un instante,* el protagonista representa dos versiones antagónicas de su vida, las cuales muestran la diferencia entre tomar un tren y perderlo por unos segundos. Tal vez recuerde una situación similar en su vida; por ejemplo, puede haber conocido a su pareja por pura casualidad, un día en que decidió ir a una cafetería en lugar de quedarse en casa.

Pero algunas decisiones, como la de tener hijos, cambiar de profesión o irse al extranjero, son grandes e importantes: son muy notorias y consumen mucha energía en todas las etapas del proceso. Es posible que se oponga a sus decisiones, que luche contra ellas o que se atormente con sentimientos encontrados porque el proceso de decidir le parece eterno. Pero en algún momento terminará diciéndose: "Suficiente, ¡ha llegado el momento!" Y entonces, para bien o para mal, dará un salto a lo relativamente desconocido.

Este capítulo le ayuda a dar el salto en una forma más segura y controlada. Encontrará métodos para tomar decisiones cruciales que maximizan los beneficios y minimizan el dolor por lo que, inevitablemente, tiene que dejar de lado.

Cómo afectan las condiciones de vida a su actitud frente al cambio

¿Sabía usted que la crisis de los 40 puede sobrevenir a cualquier edad? Una apreciación popular errónea sostiene que hacia los 40 hay crisis personales drásticas.

Se experimentan al menos tres o cuatro periodos de transición a lo largo de la vida, tal como podrá observar en la tabla 17-1 (la tabla es una adaptación del trabajo del psicólogo Daniel Levinson, quien en la década de 1980 estudió "las estaciones" de la vida en dos grupos de mujeres y hombres). Obviamente los periodos de transición se producen en edades y condiciones particulares para cada persona, pero existen tendencias generales que se repiten y se convierten en patrones. Conocer cómo se desplaza usted de los periodos de transición a las fases de estabilidad puede ser útil para entender por qué algunos son caóticos y otros casi ni los siente.

Tabla 17-1	Periodos estables y de transición más comunes
Edad	**Etapa**
De la adolescencia avanzada hasta los 20 años. (Transición)	**Comienza la vida adulta** Identifica su voz como la de un joven adulto; hace amistades, las pone a prueba y entabla relaciones sentimentales; piensa qué clase de trabajo puede ser mejor para usted.
De mediados a finales de los 20. (Estable)	**Elige un camino** Asume compromisos laborales, con sus amigos y con su pareja.
De finales de los 20 a inicios de los 30. (Transición)	**Explora opciones** Ajusta decisiones tempranas. Posiblemente cambie la dirección de su carrera o inicie otras relaciones. Tal vez considere el matrimonio o la paternidad.
De mediados de los 30 a los 40. (Estable)	**Se establece** Adquiere nuevos compromisos y se sume otra vez en sus ocupaciones.

(continúa)

Tabla 17·1 *(continuación)*

Edad	Etapa
De comienzos a mediados de los 40. (Transición)	**Dudas de la mediana edad** Se pregunta, una vez más, en quién se ha convertido y qué quiere lograr en la siguiente etapa. Este hito puede parecérsele a la primera transición a la edad adulta.
De finales de los 40 a principios de los 50. (Estable)	**Renovación** Puede haber hecho algunos cambios significativos y está empezando a sentir que evoluciona. Mientras piensa en lo que es importante para usted, puede inclinarse a creer que algunos de sus valores han cambiado de lugar en su escala.
De comienzos a mediados de los 50. (Transición)	**Explora opciones** Consigue llegar a esta etapa de transición más seguro de sí mismo y considera en qué áreas clave debería centrarse el resto de su vida. Podría pensar en una segunda carrera o en sus alternativas al jubilarse.
De mediados de los 50 en adelante. (Estable)	**Le importan el significado, el propósito y el legado** Percibe mejor el propósito de la vida, siente una nueva vocación e interés en dejar un legado.

Estas etapas no están grabadas en piedra ni son iguales para todo el mundo. Usted puede vivirlas en un par de décadas o, por el contrario, seguir buscando la estabilidad cuando tenga 50 años. Todo depende de las elecciones que haga y de las experiencias que lo moldean e impulsan hacia adelante. Por ejemplo, Levinson demostró que, para las mujeres, las etapas estaban más fuertemente asociadas al ciclo de la vida familiar. Y tanto las etapas estables como las de transición pueden durar mucho tiempo. Si usted "optó" por el matrimonio y la vida familiar hacia los 20 años, es posible que permanezca estable durante años y solamente alcance una transición importante cuando sus hijos crezcan y abandonen la casa, y entonces disponga de un espacio mental para decirse: "¿Y ahora qué?" Ese periodo de transición puede ser muy significativo y caótico para usted, comparado con el de alguien que ha pasado ya por varias etapas y ha tenido tiempo para acostumbrarse a los vaivenes de la vida. Por otro lado, si tiene unos 40 años y se ha sentido en etapa de transición durante los últimos 15 años, probablemente esté ansioso ante la posibilidad de no encontrar nunca la vida que quiere.

Cuando acepta dónde está, por qué está allí y por qué se siente así por estar allí, se encuentra en un punto de partida realmente bueno para dirigirse hacia la inevitable gran decisión de hacer un cambio radical que lo llevará a la etapa siguiente.

El siguiente ejercicio le ayudará a reconocer en qué etapa se encuentra:

1. **Tome una hoja de papel.**

2. **Dibuje en la mitad una línea horizontal recta.** Ésta es su línea personal de vida.

3. **Analice los eventos importantes de su vida y dibuje una línea ascendente para los periodos de transición y una descendente para los de mayor estabilidad.** Si lo prefiere, puede indicar la edad que tenía cuando tuvo esas experiencias (esto puede ser bueno o, por el contrario, bastante traumático).

4. **Analice estos ascensos y descensos y medite sobre los principales sentimientos y las emociones que experimentó.** Puede decorar la curva con imágenes o con caritas felices para señalar su percepción de esos periodos o simplemente anotar un par de palabras en cada fase, que describan cómo se sintió (tal como aparece en la figura 17-1).

5. **Hágase algunas preguntas poderosas.** ¿Qué tendencias ha identificado en las etapas de su vida? ¿Las etapas tienen más similitudes que diferencias? ¿Hasta el momento ha tenido una vida relativamente estable, o ha habido grandes altibajos? ¿Controla el cambio? ¿Qué le falta por aprender? ¿Busca transiciones? ¿Disfruta más de los periodos estables que de los de transición? ¿Cuál es su predicción sobre su próxima transición? ¿Cómo se preparará para ella?

Reconozca la necesidad de tener un cambio radical

Algunos cambios radicales llegan acompañados de un campanazo (una reacción emocional fuerte ante las circunstancias, determinados acontecimientos o múltiples opciones). Los campanazos

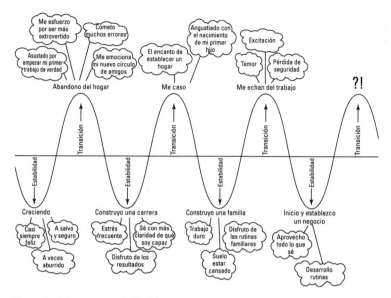

Figura 17-1: Las etapas de la vida.

siempre se perciben como opciones de vida o muerte. Piense en la diferencia entre hacer una dieta rápida porque ya no le quedan sus pantalones preferidos y la necesidad de cambiar completamente de estilo de alimentación porque ha sufrido un infarto de corazón.

Cambiar de trabajo para que éste coincida con su plan profesional es un tipo de cambio diferente del que se produce cuando comprende que su vocación no es la que creía y que su trabajo actual lo enferma. Generalmente los grandes cambios ocurren porque siente que no tiene otra alternativa. Es posible que se vea obligado a dejar de lado todas sus reglas sobre el equilibrio para enfocarse en la supervivencia del cuerpo, de su salud mental y emocional y de sus valores.

No todos los cambios radicales están impulsados por factores negativos. Se puede ser feliz con la parte que le ha tocado en la vida y de todos modos saber que necesita un cambio drástico que lo lleve al siguiente nivel. Decidir tener hijos o casarse con alguien que ya los tiene, trasladarse al exterior o tomarse un año sabático para trabajar en una causa humanitaria son ejemplos de tímidos pasos hacia lo desconocido, impulsados por estimulantes fuerzas positivas.

Tal vez sienta el impulso de moverse en dirección a algo positivo, como un cambio de carrera o el ardiente deseo de cumplir una aspiración. Aunque la motivación sea positiva, siente que debe decidirse porque las consecuencias de quedarse donde está le causan dolor por la ausencia de placer que vislumbra hacia el futuro.

Estas secciones le ayudan a encontrar algún equilibrio en el proceso de cambio.

Pase del sufrimiento al placer y a la determinación

A menudo la gente soporta situaciones dolorosas hasta que llega el momento en que el sufrimiento que produce seguir soportándolas es mayor que el placer que se puede obtener de ellas, como en el caso de una relación nociva o de un hábito. Tal vez parezca extraño pensar que una situación que causa angustia también pueda ser fuente de placer; al fin y al cabo, nada es particularmente grato acerca de una relación o de un trabajo que se han vuelto penosos, o de una adicción que menoscaba la salud. Pero tomar decisiones que nos alejen de las situaciones dolorosas puede ser duro, por muchas razones. Tal vez haya dedicado muchos años a esa relación o a ese trabajo y se resista a abandonarlos. O quizá obtenga un alivio inmediato comiendo, bebiendo o fumando en exceso. Y una parte de usted puede incluso sentirse más cómoda afrontando el desagrado de pagar las cuentas mensuales que reuniendo el coraje necesario para luchar por una vida mejor.

Piense en las causas de su sufrimiento. ¿Qué obtiene de ellas, bueno o malo? ¿Qué pierde si las deja de lado?

El cambio radical llega cuando el dolor es tan grande o la llamada para recuperar el placer es tan imperiosa que usted se siente obligado a actuar. Llega también cuando se prepara para enfrentar las consecuencias.

Observe los indicios en sus emociones

Con frecuencia puede darse cuenta de que ha llegado el momento de hacer un cambio radical porque sus emociones se lo indican. Cuando el cambio es impulsado por el sufrimiento, tal vez experimente cualquiera de las siguientes sensaciones:

✔ Irritación.

✔ Resentimiento.

✔ Rabia.

✔ Indiferencia o falta de compromiso.

Registre con qué frecuencia o intensidad experimenta estos sentimientos y cuánto lo alejan de la armonía laboral, de las relaciones importantes para usted y de otros factores significativos. Tenga cuidado con la irritación, que se convierte en resentimiento. Esto puede suceder en el trabajo cuando usted se resiente porque no es tenido en cuenta en las reuniones y le es difícil expresar esos sentimientos y disfrutar de los aspectos positivos de la relación con su jefe y colegas. Cuando se enfada, encuentra formas de quejarse de la injusticia de cualquier situación nefasta. Sin embargo, la etapa mortal es la indiferencia: si llega al punto en que siente que sus actos son inútiles y no tienen trascendencia, posiblemente desista de comprender la situación y no logre ver el lado positivo de las cosas.

Todo el mundo experimenta periodos de emociones negativas extremas, pero pregúntese con qué frecuencia y por cuánto tiempo los padece usted, comparados con los buenos momentos que experimenta.

Puede tomar con más confianza una decisión radical si empieza a afrontarla antes de sumirse en estados de rabia e indiferencia. Estos sentimientos no contribuyen a la toma de buenas decisiones. Esté alerta a la naturaleza, frecuencia e intensidad de sus emociones para convertirse en su propio coach y conseguir recuperar la armonía o tomar una decisión bien estudiada que le permita avanzar.

Las emociones indican cuándo el cambio va en dirección al placer o a un objetivo específico. Un traslado al exterior, a una cultura y estilo de vida nuevos puede evocar sentimientos tales como:

✔ Emoción.

✔ Ilusión.

✔ Esperanza.

✔ Pasión.

Aunque este ejemplo nos muestra emociones positivas, con frecuencia vienen acompañadas de recelo y temor. Si bien las emociones positivas pueden llevarlo hacia el cambio, vigile a su crítico interior porque intentará convencerlo de que tal vez no esté listo para asumir el desafío. Vaya al capítulo 5 para fortalecer sus creencias positivas y al capítulo 13 para recordar cómo reforzar la autoestima en momentos como éste.

Intente convertirse en alguien mejor

Melvin, el protagonista de la película *Mejor... imposible* (título original, *As Good as It Gets*), desempeña el papel de un individuo incorregible. A primera vista da la impresión de ser un sensible y romántico novelista, pero en la vida privada evita todo contacto, exhibe un comportamiento compulsivo-obsesivo hacia la rutina y la limpieza, es vengativo con sus vecinos e incluso pretende liquidar al perro del vecino tirándolo por el basurero de su lujoso apartamento. El perro es rescatado y Melvin se ve forzado a cuidar del animal cuando el dueño es hospitalizado después de un brutal atraco. Todo esto, sumado a la relación que empieza a construir con una mesera del vecindario y con su hijo enfermo, da un giro a su vida a medida que comienza a vislumbrar la posibilidad de vivir de otro modo. Melvin ha evitado toda la vida un cambio radical. Ahora el cambio simboliza un acercamiento al amor, la confianza y una auténtica relación con la gente que tiene a su lado.

La decisión de ser auténtico

Normalmente uno desempeña muchos papeles en la vida: el de empleado, padre, hijo, amigo o vecino, entre otros. La gente ve diferentes cualidades en usted, según el comportamiento que adopte socialmente. Incluso en determinados roles usted puede creer que debe actuar de cierta manera. Pero a veces el cambio más drástico está en decidir ser auténtico (consulte el capítulo 4 para ver cómo ser auténtico). Esto no quiere decir que, frente a ciertas personas y situaciones, no afloren aspectos de su autenticidad; pero sí significa ser fiel a sus valores.

¿Qué tan lejos está de ser auténtico y qué tan fiel es a sus valores? Es posible que su trabajo sea insoportable, pero el dinero que gana responda a su deseo de seguridad, que a lo mejor tiene prioridad en ciertos momentos. En otras situaciones ve que no está viviendo según sus valores. Piensa que el fin justifica los medios y ajusta los procesos para producir algo en menos tiempo del habitual, en vez de admitir que necesita más tiempo para obtener un resultado de óptima calidad. ¿Qué valora realmente y cuál es su propósito en la vida? ¿Cree que sus valores son siempre evidentes? ¿Qué está dispuesto a soportar para hacer lo correcto? ¿Pondría la mano en el fuego por algo en lo que cree? ¿Qué sería ese algo? ¿Qué impacto tendría eso en su vida?

Tome la mejor decisión

Usted ha decidido, finalmente, que es preciso tomar una decisión drástica. Seguramente quiere terminar una relación dañina o renunciar a un trabajo agobiante. Concluye que debe actuar de inmediato y de manera significativa. ¿Cuáles son sus opciones? Primero eche un vistazo a los pro y los contra de afrontar esa decisión desde una óptica basada en el problema.

Remedie la situación

Poner remedio a una mala situación proporciona enormes beneficios. El primero y más obvio es que resuelve el problema; el segundo, y tal vez el más importante, es que produce maravillas en su autoestima. Se convertirá en el héroe que hace acopio de todas las reservas de fortaleza y talento para encontrar opciones que salven su mundo. Descubre tantas cosas en el recorrido del cambio que puede poner en práctica sus estrategias de solución de problemas, aunque también puede llegar al punto en el que intentar arreglar algo denote terquedad o incluso baja autoestima, en vez de sabiduría. Un ejemplo exagerado de este tipo de situación es continuar una relación ofensiva que no da señales de cambio.

Formúlese las siguientes preguntas positivas sobre cómo remediar una mala situación:

- ✔ ¿Qué será de mi vida? Si esta noche ocurriera un milagro, ¿cuál sería?
- ✔ ¿Qué voy a ganar y qué sacrificios tengo que hacer?
- ✔ ¿Qué impacto tendrá en mi vida arreglar esta situación?
- ✔ ¿Qué apoyo necesito?
- ✔ ¿Dónde puedo comenzar y qué puedo hacer para mantenerme firme?

Aléjese de las situaciones negativas

Alejarse de una situación desagradable a veces parece ser la única opción viable y suele ser una elección angustiosa. Si está viviendo una relación dañina, ha tratado inútilmente de arreglarla, pero no soporta la idea de terminarla de una vez por todas, es posible que se vea tentado a buscar el catalizador del cambio en la figura de otra

Escapada a la Florida

Tina estaba hastiada de fingir que seguía comprometida con su trabajo y pensó que un cambio de vida sería apropiado para renovar sus energías: renunció a su trabajo y entregó su departamento para irse a pasar una temporada en la Florida, donde había disfrutado de unas maravillosas vacaciones. Tina había confiado tanto en una transformación súbita de su destino que se quedó extrañada cuando, al bajarse del avión en la Florida, no sentía el vigor renovado y necesario para afrontar una nueva carrera y encontrar al hombre de sus sueños. En vez de revitalizarla, el sol la deshizo y sintió que estaba arrastrando sus viejos problemas dondequiera que fuera.

Después de entender que el viaje a la Florida había sido una manera de escaparse de la situación, Tina empezó a sentirse mucho mejor. Acortó la estancia, buscó un coach y comenzó a investigar qué opciones la entusiasmaban realmente (consulte los capítulos 2 y 3 para obtener información sobre cómo encontrar un coach).

De hecho, volvió a la Florida seis meses después habiendo firmado un contrato temporal como representante de una agencia de viajes. Todavía estaba en la etapa de transición y tomando decisiones sobre su vida, pero esta vez se había comprometido con la experiencia y sabía que no estaba huyendo de nada.

persona. Podría comenzar un romance que luego se convierta en la excusa para abandonar su relación, sin haber resuelto los problemas subyacentes. Obviamente la gente se enamora y, como resultado, puede escoger terminar con las relaciones existentes; es un hecho agridulce de la vida. Pero enamorarse de la persona adecuada es más fácil si ha tenido antes la oportunidad de descubrir por qué las cosas salieron mal la vez anterior.

Hágase las siguientes preguntas si desea apartarse de una mala situación:

✔ ¿De qué estoy escapando?

✔ ¿Qué utilizo como disculpa para no encarar el problema real?

✔ ¿Qué impacto tiene esto en mi autoestima?

✔ ¿Cómo sería mi vida si me alejo de esta situación?

✔ ¿Qué creencias me hacen tomar el camino fácil?

✔ ¿Qué puedo aprender de la situación?

✔ ¿En qué tipo de ambiente podría superar esta situación?

Construya sobre sus fortalezas

Uno de los enfoques más constructivos para tomar la mejor decisión es dejar de enfocarse en el problema y comenzar a identificar los elementos que sí funcionan en su situación actual como punto de partida para hacer un cambio drástico. Piense en un cambio importante, como independizarse a nivel laboral, y examine la siguiente conversación que podría tener con su coach:

P: ¿Qué tiene de bueno la situación actual?

R: La seguridad económica, las excelentes relaciones interpersonales que tengo y el horario fijo de trabajo.

P: ¿Con qué sueño a nivel laboral?

R: Con más libertad y autonomía. Quiero ser dueño de mis decisiones, invertir el dinero como mejor me parezca y desarrollar mi creatividad en nuevos mercados.

P: ¿Cómo puedo combinar lo mejor de ambos mundos?

R: Si comienzo ya a identificar socios potenciales, estaré listo para negociar con beneficios en el término de un año, cuando renuncie a mi trabajo actual. Ahora, en mi tiempo libre, puedo empezar a desarrollar ideas de productos y servicios, lo que me ayudará a precisar lo que debo aprender para manejar el nuevo mercado. Si trabajo menos horas en los próximos seis meses, tendré más tiempo para consolidar el comienzo de mi nueva actividad con una base económica y personal sólida.

Este enfoque positivo, basado en una técnica del coaching llamada *appreciative inquiry*[1], puede ayudarle a apartarse de los problemas y a desplazarse hacia el terreno más fértil de las posibilidades.

Cuando el cambio parece enorme y lejano, puede medir su progreso haciéndose las siguientes preguntas:

✔ En una escala de 1-10, ¿dónde estoy ahora con relación a mi objetivo?

✔ ¿Qué me haría acercar al 10?

✔ ¿Qué atributos me ayudan a estar donde me encuentro?

✔ ¿Cómo puedo fortalecer esos atributos?

---

[1] En palabras de su creador, David L. Cooperrider, el término se refiere a centrar la atención en "lo mejor del pasado y el presente", de manera que "encienda la chispa de la imaginación colectiva". (N. del T.)

La técnica del *appreciative inquiry* se utiliza a menudo en las organizaciones para ayudar a crear cambios positivos. Más información en `www.appreciative-inquiry.org`.

Suelte lo anterior y acoja lo nuevo

Un cambio drástico puede sobrevenir en cualquier etapa de la vida, ya sea motivado por usted o por factores externos incontrolables tales como la falta de empleo o un duelo.

Si elige un cambio radical o éste le es impuesto, debe entenderlo y asumirlo.

Trabaje en el cambio

Aunque el cambio radical sea positivo y lo haya propiciado usted, afronta un proceso de pérdida similar a un duelo: se está despidiendo de una parte de su vida e incluso puede sentirse profundamente angustiado y triste.

Piense en las siguientes situaciones:

✔ Victoria ha oído rumores de que la compañía para la cual trabaja fue adquirida por la competencia, que tiene una visión altamente comercial de los negocios.

✔ La pareja de Pedro se ha enamorado de otra persona y le pide el divorcio.

✔ María está considerando la posibilidad de dejar su carrera como abogada corporativa para obtener un título como profesora de español e irse a trabajar a Portugal.

✔ Raúl está a punto de renunciar a su bien remunerado cargo administrativo en una gran compañía para establecer un negocio propio.

Ahora examine cómo controla cada persona los penosos procesos de negación, rabia, tristeza y aceptación que experimentan:

1. **Negación:** Victoria está desconcertada con las noticias y al principio no puede creerlas. No consigue aceptar que la junta directiva haya vendido la compañía.

2. **Rabia:** Después del enfrentamiento inicial y la negación, Pedro siente rabia con su pareja porque traicionó su con-

fianza. No consigue superar ese sentimiento para discutir las opciones calmadamente.

3. **Negociación:** Al principio María luchó contra su necesidad de conservar su estatus profesional y el impulso de comenzar otra carrera. Antes de llegar a la etapa de negociación y ajuste consigo misma, también sintió rabia por no poder tenerlo todo. Después concluyó que un receso laboral sería lo mejor para centrar sus energías en su nueva aspiración.

4. **Tristeza:** Raúl pasó por etapas de negación al considerar cómo hacer para establecer un negocio, y de rabia por su descontento. También pasó por la etapa de negociación a medida que intentaba evaluar sus opciones. Ahora está triste porque debe despedirse de la sensación de seguridad de la que ha disfrutado durante mucho tiempo. Percibe su renuncia como un paso enorme y teme no estar listo para la siguiente etapa.

5. **Aceptación:** Las cuatro personas lograron la aceptación y están listas para apartarse del viejo camino y dar paso a las nuevas posibilidades. Incluso los resultados negativos —Victoria pierde su trabajo y Pedro se divorcia— son más fáciles de tolerar porque los involucrados los han aceptado, conscientes de los cambios que están viviendo.

Evolucione hacia la siguiente etapa

Después de aceptar que el cambio es inevitable y de enfrentar el sentimiento de pérdida que permite llegar a la etapa de aceptación, comienza otro recorrido. Los siguientes pasos conducen a la etapa de transición:

1. **Comience por el final.** Acepte lo sucedido. Tal vez quiera simbolizarlo de alguna manera, visualmente o mediante una limpieza a fondo de documentos de trabajo o los objetos asociados a un pasado que ya no necesita. De esta manera se distanciará del pasado para abrazar el futuro. Posiblemente se sienta aliviado y con libertad de avanzar, pero temeroso ante lo que está por venir.

Después de perder su empleo, Victoria logró aceptar la situación con el apoyo de sus amigos y familiares. Se dio cuenta de que había permanecido muchos años en esa compañía pero que en realidad la rutina la tenía algo aburrida. Le entusiasmaba el cambio pero no sabía cómo hallar la confianza necesaria para volver a enfrentarse a un ciclo de entrevistas laborales.

2. **No se detenga durante la transición.** La transición de lo viejo a lo nuevo puede ser caótica mientras se ajusta a las consecuencias de su reciente elección. Su nivel de energía aumenta a medida que crece la confianza de estar en el camino correcto, aunque todavía no tenga todas las respuestas que necesita. También puede sentirse tentado a permanecer en esta fase durante largo tiempo antes de contraer compromisos definitivos, mientras explora cómo enfrentarse al nuevo desafío.

Victoria pasó el periodo de transición trabajando con un coach. Al principio le sorprendió que el proceso de coaching se centrara menos en las técnicas de la entrevista y en escribir un extenso currículo que en investigar qué le gustaba de su trabajo y qué le había ayudado a recuperar la confianza. Rápidamente se dejó llevar por el proceso y se puso a hacer llamadas telefónicas en busca de un nuevo empleo.

3. **Dé inicio a lo nuevo.** Usted se siente seguro de sus nuevos propósitos. Es un momento de gran compromiso y acción. Se siente fortalecido y puede mirar con aceptación su pasado, sus luchas y sus desafíos.

Después de un tiempo, Victoria concretó varias entrevistas ¡y recibió dos ofertas de trabajo el mismo día! El día que empezó en el nuevo trabajo le envió una nota al jefe en la compañía anterior para agradecerle que la hubiera obligado a irse.

Capítulo 18

Utilice más ampliamente sus habilidades para el coaching

Aunque el coaching es una profesión especializada, se basa en ciertas cualidades humanas básicas que todo el mundo tiene. Utilizando las ideas de este libro usted puede convertirse en un coach más hábil e incluso desarrollar la destreza necesaria para utilizar sus aptitudes con otras personas. El coaching no es una actividad para pusilánimes y exige además integridad, dedicación y humildad. Pero si su experiencia personal de transformación por medio del coaching lo impulsa a enriquecer la vida de otras personas, este capítulo puede ser un buen punto de partida.

El capítulo revisa primero las habilidades necesarias para el coaching y muestra cómo usarlas. Si quiere llevarlas al siguiente nivel, el apéndice incluye información sobre cómo convertirse en un coach profesional.

Vaya más allá del coaching

Intente recordar una película que lo haya impactado o el irresistible fragmento de un libro que haya leído. Probablemente entonces se haya apresurado a recomendarlos a sus amigos. De igual manera, si el coaching ha ejercido su magia en usted, es posible que esté pensando en transmitir el secreto al resto del mundo o, a lo mejor, que contemple la posibilidad de convertirlo en su profesión. Muchos

profesionales del coaching llegaron a ese nivel después de haberlo
experimentado consigo mismos; posteriormente, a raíz de los resultados positivos que obtuvieron, cambiaron su vocación por la práctica de tiempo completo.

Hay una gran diferencia entre el coaching con uno mismo y el
coaching con otras personas, en particular si su meta es vivir de
esta actividad. El punto de partida para decidir qué enfoque del
coaching desea seguir es determinar si ya es o si podría llegar a convertirse en un coach natural, alguien a quien le apasiona ayudar a
los demás a cumplir sus objetivos y es capaz de hacerlo con pericia
y dedicación.

¿Es usted un coach natural?

Un coach natural respira y vive sus valores en todo lo que hace; a lo
mejor usted ya manifiesta el comportamiento que lo hace ser competente en el coaching con otras personas, ya sea informal o profesionalmente. A continuación se presentan diez características de un
coach natural:

✔ **Demuestra un compromiso total con el desarrollo personal.**
Un coach natural hace lo que predica y siempre está dispuesto a desarrollar el conocimiento personal y las habilidades
para conseguirlo. También recibe coaching con regularidad,
ya sea personal o profesionalmente, porque conoce el efecto
positivo que tiene en su propia transformación. Los capítulos
de la parte II amplían las maneras de propiciar este desarrollo.

✔ **Es hábil para comunicarse.** Un coach natural hace preguntas poderosas y verifica constantemente que todo haya sido
comprendido bien. Escucha a los demás con atención. Se comunica de manera clara y directa y ofrece retroalimentación
sincera y constructiva. El capítulo 7 explica las técnicas para
hacer preguntas importantes. La sección "¡Escuche, escuche!
El arte de escuchar" en este capítulo se refiere a técnicas eficaces para escuchar.

✔ **Exterioriza empatía.** Se pone fácilmente en el lugar de los
demás y es capaz de ver diferentes perspectivas. Jamás permite que su visión del mundo le impida facilitar el progreso
a los demás. Comprender el comportamiento personal (capítulo 4) es un magnífico punto de partida para entender el de
los demás.

✔ **Logra fácilmente la conexión.** Un coach natural es sensible y respeta el estilo de los demás, consiguiendo que se sientan cómodos en su presencia. También estimula el respeto y la confianza mutuos (encontrará más información sobre la compenetración en la sección "El arte de la conexión", más adelante).

✔ **Desafía lo preestablecido.** Un coach natural ayuda a los demás a ver nuevas perspectivas y posibilidades y desafía las suposiciones y los patrones de pensamiento anticuados o improductivos. Sus técnicas para hacer preguntas tienen un enorme valor para conseguir este propósito, así como su habilidad para conseguir que alguien identifique una creencia errada (capítulo 5).

✔ **Facilita el darse cuenta.** No pretende ser un experto, pero sí ayuda a otras personas a comprender la situación en que se encuentran y a sacar buenas conclusiones. En el capítulo 1 encontrará algunas definiciones sobre el papel que juega un buen coach en la señalización del camino que conduce hacia las soluciones apropiadas.

✔ **Estimula e inspira.** Un coach natural siempre estimula la acción positiva y expresa un aprecio incondicional por los demás en la búsqueda de cambios efectivos. Su capacidad para identificar los valores que motivan a la gente es muy útil aquí (el capítulo 6 tiene más información sobre valores).

✔ **Es objetivo.** En su trabajo con los demás, nunca se involucra personal ni emocionalmente. Es capaz de crear un espacio apropiado para que las personas se distancien de las situaciones que les preocupan y consigan verlas en perspectiva. Tal vez quiera consultar el capítulo 14 para encontrar ideas sobre cómo manejar las emociones.

✔ **Entiende y usa el concepto de potestad.** Ayuda a los demás a definir los resultados que desean obtener y los anima a asumir las consecuencias de sus actos con responsabilidad.

✔ **Estimula las soluciones a largo plazo.** Desconfía de las soluciones fáciles e intenta facilitar la solución más adecuada e integral.

Utilice la tabla 18-1 para medir sus capacidades actuales para el coaching en una escala de 1 (incompetente) a 10 (muy competente). Anote sus percepciones en la columna A y pídale a alguien que lo conozca bien que llene la columna B. ¿Qué diferencias encuentra?

Tabla 18-1 Capacidades naturales para el coaching	A	B
Demuestra compromiso con el desarrollo personal		
Es hábil para comunicarse		
Muestra empatía hacia los demás		
Consigue conectarse con los demás		
Desafía lo preestablecido		
Facilita el entendimiento		
Motiva e impulsa la acción		
Ve objetivamente las situaciones		
Entiende el concepto de potestad y lo aplica		
Fomenta las soluciones a largo plazo		

Desarrolle habilidades clave para ofrecer coaching

Gracias al coaching usted ha reunido ya un magnífico conjunto de habilidades. Está sintonizado con la voz de su coach interior (consulte el capítulo 1), se hace preguntas poderosas para desafiar sus conjeturas (capítulo 7) y propicia la concienciación de lo que juzga importante, creando las condiciones apropiadas para los cambios que quiere propiciar (capítulo 6). Todas estas habilidades se utilizan también en el coaching con otras personas. Pero si el coaching va a jugar un papel más amplio en su vida, debe potenciar dos habilidades adicionales: saber escuchar y propiciar la conexión.

¡Escuche, escuche! El arte de escuchar

El acto de escuchar ha sido llamado la "destreza olvidada", y muchas personas nunca llegan a dominarla. Tome nota de sus aptitudes en este campo y observe con cuánta frecuencia se desliza entre los tres niveles de escucha que se presentan a continuación.

Nivel 1

El nivel 1 se presenta cuando su atención no está centrada en la otra persona, sino en cómo puede aplicarse a usted lo que está oyendo.

Por ejemplo, si un desconocido comienza a contarle que estuvo buceando, usted pretende establecer un buen nivel de comunicación con él y se las ingenia para comentar rápidamente sus propias experiencias acuáticas. Considera que ya tomó nota de la información que intentaba transmitir esa persona, entendió la esencia del mensaje y puede establecer un diálogo. Pero también deja escapar algunos detalles porque su atención está centrada en sus experiencias y en lo que va a decir a continuación.

Este nivel de escucha es bueno en la mayoría de las interacciones rutinarias, pero en ciertas circunstancias es necesario escuchar con más atención para adquirir una visión global. Es posible que esté tan ocupado pensando en su caso, que le ocurra como al personaje que comenta: "Bueno, ya he hablado suficiente sobre mí; ahora dígame, ¿qué piensa sobre mí?" Cuando apenas comienza a ofrecer coaching puede sentirse tan ansioso por hacerlo bien y por formular las preguntas correctas que puede terminar buscando la aprobación de la otra persona, en lugar de escucharla atentamente.

Nivel 2

Éste es el nivel de la atención conciente. Toda su atención está centrada en su interlocutor, lo cual no impide que le haga preguntas para profundizar o aclarar algo. Si la conversación es cara a cara, el contacto visual y su lenguaje corporal demuestran que está atento. A este nivel su interlocutor se siente realmente escuchado. Así como su coach interior escucha su diálogo sin juzgarlo, este nivel permite a los demás ordenar sus ideas y encontrarse a gusto en el espacio que usted crea para ellos (las personas que escuchan a este nivel tienen fama de ser fascinantes ¡porque dejan que los demás sean fascinantes!)

Nivel 3

Cuanto más escuche en el nivel 2, más inspirado estará para ayudar. El nivel 3 se produce cuando intuye los sentimientos que su interlocutor no comunica verbalmente. Combinando sutiles y eficaces técnicas para hacer preguntas, puede plantear sugerencias útiles para que aclare sus ideas e identifique sus opciones.

El arte de la conexión

La *conexión* surge cuando usted muestra respeto hacia su interlocutor y se pone a su nivel para que se sienta cómodo en su presencia. Es fundamental en el coaching, pero no implica que deba convertirse en el mejor amigo de todo el mundo. Durante el coaching se puede construir la conexión de cuatro maneras diferentes.

Comunicación no verbal

Si ambas personas están presentes, el lenguaje corporal del coach es tan importante como lo que dice o la forma en que lo dice. El proceso es una relación entre iguales, así que olvídese de asumir una actitud que lo haga parecer experto. Sentarse tras una mesa transmite formalidad. Para conseguir una comunicación natural y en actitud de charla, siéntese al lado de la otra persona o en ángulo con ella.

Su lenguaje corporal debe mostrar que toda su atención está centrada en la otra persona, sin invadir su espacio personal. Respete las distancias y esté atento a las pequeñas señales de incomodidad. La gente se acerca o aleja instintivamente para sentirse cómoda con su espacio personal; si eso no produce el resultado deseado, puede bloquearse la comunicación.

Busque un equilibrio en el lenguaje corporal sin caer en la mímica y tómeselo con calma si su interlocutor parece estar tenso. Tomárselo con calma significa mostrarse relajado para estimular a la otra persona a imitarlo, liberando la tensión. Adopte una actitud abierta y tranquila y establezca un contacto visual frecuente pero no intenso.

Utilice su voz

Las características de la voz son muy importantes en el coaching. Busque sintonizarse con el tono y el volumen de la voz de la otra persona para alcanzar la compenetración y generar confianza. Establecer ese ritmo puede hacer que ella adopte una actitud más receptiva. Si durante el curso de una interacción su amigo o colega se desanima un poco, usted lo notará en el tono de su voz y en las palabras que usa. Hágale entonces una pregunta poderosa (para más información sobre las preguntas poderosas, vaya al capítulo 7) y acelere el impacto de su pregunta imprimiéndole optimismo a su voz.

Utilice el silencio

Durante el coaching el silencio puede ser tan beneficioso como el diálogo. La mayoría de la gente necesita tiempo para reflexionar sobre sus respuestas antes de expresarlas en voz alta; además, muchos expresan opiniones adicionales segundos después de haber contestado. Si usted está demasiado ansioso por mantener el ritmo del encuentro y por llenar todos los intervalos con preguntas importantes, su interlocutor no tendrá tiempo para digerirlas.

Adopte la regla de los tres segundos: espere tres segundos antes de asumir que su pregunta necesita una aclaración y espere otros tres segundos a partir del momento en que la otra persona haya dejado de hablar. Incluso periodos mucho más prolongados de silencio pueden ser de gran ayuda. Cierto coach comentó que el periodo más largo de silencio que experimentó durante una sesión de coaching fue de 30 minutos y el cliente le dijo que esa sesión había sido ¡una de las más productivas para él! Permanezca sintonizado con las necesidades de su interlocutor y sea flexible para darle lo que él necesita, no lo que usted piensa que debe recibir.

Escoja el lenguaje

La gente tiende a encontrar sentido al mundo a través de alguna de las tres *modalidades* que se explican a continuación. Las modalidades no son más que un término elegante para referirse a los sentidos. Estar atento a las preferencias de la otra persona en términos visuales, auditivos o emocionales, o una mezcla de éstos, le ayuda a escoger el lenguaje más adecuado para lograr la compenetración.

Veamos las tres modalidades principales:

- ✔ **Visual.** Las personas que dan predominio a lo visual trabajan con imágenes mentales y esto frecuentemente se hace evidente en su lenguaje y actitud. Frases como "Veo lo que quieres decir" o "¿Cuál es el escenario?" surgen de una preferencia visual. Estas personas por lo general toman muchos apuntes, garabatean y buscan encontrar conceptos en las páginas impresas. Algunas son netamente visuales y otras son visuales/verbales (crean imágenes partir de las palabras). Por ejemplo, si usted menciona la palabra "verde" en presencia de una persona que da predominio a lo visual, ella puede ver la imagen de algo verde (hierba, por ejemplo) o la palabra verde escrita en los ojos de su mente. Una persona visual puede preferir las sesiones cara a cara y las actividades posteriores porque le ayudan a "ver" el proceso del coaching.

- ✔ **Auditiva.** Las personas que dan predominio a lo auditivo suelen sentirse a gusto con el coaching telefónico. Las frases que las motivan pueden ser: "Oigo lo que está diciendo" o "¡Eso no me suena!" o "¿Cómo le suena?" Una persona auditiva puede hacer asociaciones tales como oír una voz que le dice "Bien hecho" o el sonido de un aplauso mientras camina por un escenario para recibir un premio.

- ✔ **De sinestesia.** Las sensaciones y emociones son el motor de las personas orientadas a la sinestesia. Usan palabras y frases emotivas como "No me parece correcto" o "Eso no va conmi-

Oír con un solo oído

Antes de aprender sobre las modalidades, yo tenía un jefe que daba preferencia a lo auditivo. Su actitud a veces chocaba con mi fuerte tendencia hacia lo visual y a la sinestesia. Recuerdo una reunión en la que yo intentaba conseguir su aprobación para un proyecto muy importante. Trataba inútilmente de lograr contacto visual con él para hacer que se interesara en mis excelentes gráficos, cuadros y tablas. Pero él seguía examinando un montón de facturas con la cabeza vuelta hacia otro lado y mascullaba algo de vez en cuando. Le dije que no estaba escuchándome. Él sonrió, señalando su oído derecho, que estaba en dirección mía. Era su manera de escucharme. Posteriormente hicimos algunos ajustes para mejorar la comunicación entre los dos y nuestras relaciones mejoraron (si bien nunca aprobó mis proyectos, pero ésa es otra historia).

Logrará la compenetración si concede importancia a la modalidad de comunicación preferida por su interlocutor. No reconocer esas señales podría producir una lamentable ruptura de la compenetración o incluso rabia y frustración.

go". El coaching con una persona con este tipo de inclinaciones generalmente implica ponerse a tono con sus características particulares y con las emociones que hay detrás de lo que dice para ayudarle a desprenderse de los sentimientos que le causan sufrimiento o ansiedad.

Utilice sus habilidades éticamente

El coaching es un mecanismo poderoso para el cambio y conlleva la obligación de parte del coach de actuar con responsabilidad y delicadeza. Si usted aplica el coaching a nivel personal o lo ofrece a otros de manera informal, siga estas orientaciones para asegurarse de hacerlo éticamente:

✔ **Revise sus intenciones.** ¿Por qué quiere utilizar las técnicas del coaching? Si el menor asomo de ego acompaña su motivación, desista. Experimentar y observar un proceso de coaching eficaz es algo maravilloso, pero no es un espectáculo de circo, y el objetivo siempre debe ser el de facilitar el resultado correcto a la otra persona.

✔ **No recomiende nada para lo cual no se sienta capacitado.** ¿Sabe identificar cuándo algo va más allá de sus capacidades?

Por ejemplo, si alguien menciona que a veces tiene inclinaciones suicidas y esta situación va más allá del espectro de sus conocimientos, explíquele que necesita otro tipo de asistencia y que más bien pueden utilizar las técnicas del coaching para explorar otras opciones de ayuda, como la ayuda psicológica. ¿Tiene contacto con especialistas que puedan ayudar en un caso así?

✔ **Permita que la otra persona encuentre respuestas propias.** ¿Tiene claro que su papel no es apadrinar ni aconsejar, aunque vea el mejor curso de acción en una determinada situación? Su papel es ayudar a quien está estancado a generar opciones, no presentar sus sugerencias como las mejores; la otra persona debe tomar decisiones propias y usted sólo debe ayudarle a ver las posibilidades que tiene a su disposición. ¿Tiene claro que su papel es esforzarse por construir la seguridad en los demás, sin fomentar dependencia de usted?

✔ **Manténgase informado de los desarrollos del coaching.** Si elige convertirse en un coach profesional o incorporar activamente el coaching en su trabajo, debe seguir un código ético. Encontrará más información sobre este tema en el apéndice.

Comience a aplicar el coaching

¿Cómo empieza a emplear las habilidades que ha adquirido? A veces los puntos de partida más obvios pueden ser los más difíciles. Esta sección arroja algunas luces sobre cómo ofrecer coaching informal a otras personas.

El coaching con familiares y amigos

Si integra sus habilidades para el coaching a su vida y las expresa con su comportamiento, puede mejorar significativamente la calidad de sus relaciones con sus seres queridos. Y si ellos están en un proceso similar al suyo y se muestran dispuestos a trabajar con usted, pueden ser excelentes compañeros de coaching y pueden proporcionarle apoyo a medida que usted ensaya ideas y técnicas.

No obstante, también es posible que encuentre una fuerte resistencia al buscar el acercamiento mediante el coaching con sus seres queridos, precisamente porque son muy cercanos y existen patrones preestablecidos de comportamiento. Si considera que podría involucrarse emocionalmente con sus familiares y amigos durante el coaching (a menudo es difícil no hacerlo), le sugiero que busque otras alternativas. Tal vez alguien que esté haciendo coaching con usted pueda trabajar con los miembros de su familia, en lugar de usted. Los siguientes principios le ayudarán a integrar el coaching a su vida personal y familiar:

✔ **Escuche atentamente antes de actuar.** De toda la gente con la cual se comunica, es posible que escuche con menos atención a su familia y a sus amigos. Le sorprenderá lo que oiga y aprenda de ellos cuando se acostumbren al nuevo usted, que ahora se abstiene de dar consejos, aunque sean bien intencionados, y que deja a los demás encontrar sus propias soluciones en un ambiente de calma.

✔ **Absténgase de juzgar.** Es tentador correr a arreglar los problemas ajenos y ser crítico o indulgente. Para ayudar a sus seres queridos a caminar en la dirección correcta, adquiera el hábito de preguntar qué impacto tendría una determinada decisión o alternativa. Ha de usar un lenguaje que coincida con la forma habitual de comunicarse en su familia. Inste a sus familiares a ser objetivos y a pensar en las consecuencias, buenas y malas, de escoger un determinado camino. Use con cautela sus preguntas importantes (vaya al capítulo 7) y esté alerta a los signos que indiquen que un familiar o un amigo necesita un coach profesional u otra ayuda más específica.

✔ **Sea un discreto modelo.** Usted no es un santo, un mártir ni el próximo gurú. Es un ser humano con potencial y talento, pero también con imperfecciones. No se coloque por encima de los demás, como si hubiera alcanzado la cima de una montaña que nadie hubiera escalado jamás. No olvide que desconoce el terreno ajeno. Un coach natural acepta con modestia que su papel es facilitar el cambio y que éste solamente es posible cuando llega el momento adecuado. No tiene que parecer perfecto ante sus seres queridos para demostrarles los beneficios del coaching. Sin embargo, sí debe mostrarse deseoso de seguir adelante con su propio proceso a pesar de los retrocesos y periodos de poca motivación. El doctor David Hawkins, psiquiatra y escritor de filosofía espiritual, dice: "Cambiamos el mundo no por lo que digamos o hagamos, sino como consecuencia de aquello en lo que nos hemos convertido".

El coaching en el trabajo

Puede adoptar en el trabajo cualquiera de las técnicas de coaching que se mencionan en este libro, ya sea usted el gerente o sólo un miembro más del equipo. Si el coaching no forma parte de sus responsabilidades laborales, las mismas orientaciones que utiliza con su familia y sus amigos suelen ser apropiadas para el coaching en el trabajo (vea la sección anterior).

A continuación encontrará algunas áreas en las que puede aplicar sus habilidades para el coaching:

✔ Piense en las reuniones que tienen lugar en su trabajo. ¿Qué oportunidades tiene de contribuir durante ellas con preguntas de coaching y buenas dosis de objetividad?

✔ Considere cómo puede estimular el sentido de la responsabilidad en el trabajo para evitar que las metas laborales sean impuestas.

✔ Identifique a los que están haciendo bien su trabajo y ayúdeles a ver qué los convierte en empleados exitosos. Con frecuencia la gente piensa demasiado en los errores que comete y da por sentados sus logros. Como coach natural puede ayudar a sus colegas a ver qué factores contribuyen a alcanzar el éxito.

✔ Piense en usted como "líder y como coach". Un coach natural sigue instrucciones y también lidera, y puede hacer de ello el sello de su liderazgo. Así que mire a su alrededor en busca de ejemplos discretos, pero importantes de buen rendimiento, reconózcalos y estimúlelos.

Parte V
La parte de los diez

The 5th Wave   Rich Tennant

"YA HEMOS INTENTADO AJUSTAR SU DIETA Y DARLE MEDICINAS PARA CONTROLAR LA ANSIEDAD. AFLOJEMOS AHORA ALGUNOS TORNILLOS…"

En esta parte...

*E*ncontrará muchas ideas. ¿Busca una pregunta poderosa que le ayude a enfocar su proceso de cambio?
¿Necesita mantener el equilibrio cotidiano? ¿Desea garantizar la motivación para alcanzar el desarrollo personal? No
busque más, aquí están las respuestas.

Capítulo 19

Diez ideas del coaching sobre usted

* *

* *

Las cosas siempre suceden porque crees en ellas; y creer en las cosas hace que sucedan.

—Frank Lloyd Wright

Las creencias personales nos ayudan a avanzar o nos dejan estancados, y uno puede decidir conservarlas o desecharlas. Este capítulo le ofrece diez verdades sobre sí mismo que puede utilizar para reemplazar esas creencias viejas o inútiles, como "Soy perezoso" o "Nunca tengo éxito". En el capítulo 5 encontrará mucha más información sobre el modo en que puede influir el coaching positivamente en sus creencias.

Al principio puede resultarle difícil aceptar las nuevas creencias pero si persevera puede convertirlas en realidad.

Usted es único

Lo que hay delante y lo que hay detrás nuestro es pequeño en comparación con lo que hay en nuestro interior. Y cuando sacamos lo que está dentro, suceden milagros.

—Henry David Thoureau

Aunque tenga un mellizo idéntico, nadie en el mundo es idéntico a usted. Nadie ha sido nunca como usted ni lo será jamás. Esto no quiere decir que sea más especial que otra persona. Quiere decir que nadie distinto de usted conoce su potencial. Nunca es tarde para empezar a identificar cuáles son esas cualidades que lo hacen único. La historia está llena de gente que lo descubrió tarde y luego avanzó hasta lograr la grandeza.

La grandeza no tiene que implicar fama y fortuna; con frecuencia la grandeza es simplemente lograr lo mejor que uno puede ser, un modelo sencillo de cómo vivir la vida. Inspírese en el capítulo 4, que se centra en este tema.

Su vida es el lienzo sobre el cual puede pintar su actividad de coaching

He aprendido que no se puede tener todo y hacer de todo al mismo tiempo.

—Oprah Winfrey

¿Cuántas veces ha oído decir cosas como "Mi vida sería maravillosa si pudiera conseguir un trabajo... o encontrar una pareja... o costearme más vacaciones... o... o... o?" Cuando finalmente consigue ese escurridizo elemento que "necesita", hay consecuencias inesperadas. Por ejemplo, el trabajo que consiguió le produce tensiones que afectan el tiempo que pasaba con alguien importante para usted. O cuando encuentra una pareja permanente descubre que le hacen falta las actividades de antes. Parecería como si nunca estuviera satisfecho.

Gracias al coaching empezará a aceptar que este malabarismo forma parte del hecho de estar vivos. Identifique los tres elementos que necesita para vivir mejor: gozo (lograr las cosas que lo hacen feliz), sentido (lo que le da interés a la vida) y equilibrio (hacer las paces con el proceso que lo conduce hasta allí). Entonces, aunque es muy normal llegar al coaching con el interés de revisar un área específica de la vida, sólo cuando se asume la totalidad de la vida éste puede ejercer realmente su magia.

En el capítulo 1 encontrará más información sobre estos tres elementos clave y verá cómo encajan en su vida.

Lleve su propia agenda

Reconocerá su camino cuando esté frente a él, porque de repente le llegará toda la energía y la imaginación que necesita.

—Jenny Gillies

Tal vez le parezca improbable tener que someterse a la agenda de otra persona durante el proceso de coaching pero, para su sorpresa, podría caer en esa trampa. ¿Intenta perder peso porque su pareja piensa que lo necesita? ¿Se ha ofrecido como voluntario a un proceso de coaching ejecutivo para agradar a su jefe? ¿Cree que debe dejar de fumar porque sus amigos se quejan de usted? ¿Quiere conseguir buenos resultados para complacer a su coach?

Todas estas situaciones impulsan el cambio y de vez en cuando surten resultados positivos, pero el coaching comienza realmente en usted. No es posible ser lo suficientemente enérgico en el cambio si la motivación principal para el cambio responde al deseo de otra persona. Tarde o temprano las grietas comienzan a aparecer. Comience con sus deseos más íntimos y luego añada otras razones para cambiar: obtendrá una estrategia sólida para el éxito.

Sea recursivo

No sea tímido ni aprensivo. La vida es un experimento. Cuantos más experimentos haga, mejor.

—Ralph Waldo Emerson

¿Recuerda lo eficiente que era de niño para conseguir lo que quería? Contaba con todos los elementos del éxito: determinación, creatividad e imaginación, flexibilidad para cambiar de táctica según la necesidad, capacidad de persuasión y, según la ocasión, el factor sorpresa. Y todo eso le permitía quedarse levantado hasta un poco más tarde o asegurarse un helado.

Bueno, todos esos recursos siguen guardados en su interior. ¡Y no tiene que recurrir a una rabieta para obtener lo que quiere! El coaching le ayuda a rescatarlos de la polvorienta buhardilla y a comenzar a utilizarlos.

Consulte el capítulo 8 para hallar más información sobre estos recursos.

Usted es capaz de lograr grandes resultados

Cambie de manera de pensar y cambiará su mundo.

—Norman Vincent Peale

¿Alguna vez ha quedado sorprendido de lo que es capaz de hacer? Tal vez aprobó una asignatura complicada o consiguió un importante ascenso. O comenzó un programa de ejercicios y después de 12 semanas se dio cuenta de que podía correr 30 minutos seguidos, cuando antes sólo conseguía dar la carrera de 30 segundos para tomar el autobús. O tal vez superó el miedo a hablar en público cuando propuso un brindis por una pareja de novios.

Independientemente de la satisfacción que sintiera con los resultados, el mero hecho de superar los límites personales produce una enorme satisfacción. El coaching intenta preservar la energía de esos momentos para que siga esforzándose por conseguirlos. Lo importante es la definición que tenga usted de "grandes resultados", no la que tenga otra persona.

Usted es capaz de lograr las mejores soluciones

Todas las verdades son fáciles de entender cuando han sido descubiertas; el punto es descubrirlas.

—Galileo Galilei

Esta verdad puede necesitar algo de fe. Cuando la gente acude a una sesión de coaching, puede pensar que encontrará quién le diga cómo arreglar algo que no va bien. No obstante, la función del coaching es dejarlo en libertad para abordar sus problemas y objetivos de maneras novedosas, con el fin de que pueda encontrar la respuesta que siempre ha estado esperándolo. Una de las virtudes del coaching es que las soluciones perfectas están siempre en el interior de cada persona, listas para que las descubra. Nadie puede vivir por usted: el coaching le permite explorar sus opciones, jugar con sus ideas y ensayar soluciones hasta que encuentre la adecuada. Consulte cómo generar soluciones en el capítulo 9.

Siéntase libre de los juicios de los demás

Algunas personas solamente ven los errores, como si las recompensaran por ello.

—Zig Ziglar

Si hace coaching con alguien o si usted es su propio coach, ha de suspender todo juicio sobre lo que le parece correcto o incorrecto. Naturalmente, esto no significa que pueda apartarse de la ley. Los juicios dañinos en el coaching son aquellos que están llenos de expresiones como "debe", "tiene" y "es necesario". Con frecuencia este lenguaje autoritario es indicio de que el juicio de otra persona tiene una influencia poderosa. El coaching le permite mirar con curiosidad lo que está pasando. De esta forma consigue ser neutral y descubre lo que sucede.

Tome decisiones firmes

Si limita sus opciones a lo que es posible o razonable, se desconecta de lo que realmente quiere y no queda más que un compromiso.

—Robert Fritz

Sentirse atrapado en un callejón sin salida es traumático. Aunque el trabajo que hace no le guste, tal vez considere que ninguna otra empresa valorará sus capacidades. Quizá el sueldo actual sea bueno y no vea cómo podría responder a sus compromisos financieros actuales con un trabajo más agradable, pero menos bien remunerado. Son decisiones difíciles. Puede ser complicado ver los beneficios de renunciar a la seguridad económica a cambio de algo desconocido y a veces toca sacrificar algo que nos gusta por algo que nos gusta aún más. Nunca se puede tener todo y, aunque parezca extraño, si lograra quedarse con todo posiblemente lo conseguiría a un precio que no estaría dispuesto a pagar.

Sin lugar a dudas se le ocurrirán opciones que lo hagan avanzar de una manera inesperada. Tal vez decida capacitarse después del trabajo o reducir su jornada para planificar sus opciones. Puede sentirse tentado a emprender acciones grandes y audaces, pero las pequeñas opciones suelen ser las más firmes y viables.

Asuma la potestad de sus resultados

No solamente somos responsables de lo que hacemos sino también de lo que no hacemos.

—Jean Baptiste Molière

El coaching no garantiza resultados inmediatos. Como su espíritu consiste en dar permiso de ensayar opciones, existe una razonable posibilidad de que algunas de esas opciones no surtan el efecto que usted quiere lograr. Lo que sí le proporciona es un mayor conocimiento y toma de conciencia que lo prepara mejor para el siguiente reto. A veces el coaching se dificulta y usted puede sentir que no está llegando a ningún lugar. Pero si realiza acciones positivas y asume la potestad de los resultados, su paciencia será premiada.

Confíe en sus sentidos

Cuando aprenda a confiar en sí mismo, sabrá cómo vivir.

—Johann Wolfgang von Goethe

Usted usa la mente consciente para pensar en sus problemas y diseñar soluciones, lo cual está muy bien. Pero el coaching también sugiere que complemente el análisis con la información de otros sentidos. ¿Qué siente? ¿Qué imágenes están asociadas con lo que está viviendo? ¿Qué sonidos y sensaciones acompañan sus pensamientos sobre sus problemas y metas? Los sentidos pueden ofrecerle claves a un nivel subconsciente sobre las acciones que son correctas para usted.

Aprender a confiar en los sentidos implica tiempo y práctica. Empiece tomando nota de lo que le sucede y en poco tiempo comenzará a elaborar conexiones que le ayudarán a encontrar respuestas que no sólo surgen de su mente, sino también de las señales que le da el cuerpo. Por ejemplo, tal vez esté de acuerdo con asumir una nueva responsabilidad en el trabajo, que según su jefe es interesante y vale la pena. Pero usted tiene una duda persistente y siente que esa posibilidad le traerá problemas. Atienda esas sensaciones: pueden ser producto de la aprensión natural ante un reto nuevo o un aviso de alerta para que investigue un poco más.

Capítulo 20

Diez preguntas
para mantener el rumbo

· ·

En este capítulo

▶ Hacerse preguntas poderosas todos los días

▶ Desafiar las suposiciones

▶ Avanzar

· ·

Cuando comienza una nueva rutina de ejercicios seguramente le pregunta al entrenador qué ejercicio puede beneficiarlo más, si lo hace con regularidad. En el coaching una de las mejores rutinas que puede adoptar para mantener el rumbo es hacerse preguntas poderorsas a lo largo del día.

Las preguntas de este capítulo pueden iluminarlo para que vea mejor su camino o descubra una perspectiva diferente.

Escriba estas preguntas en tarjetas y guárdelas en la cartera o en la agenda para que pueda consultarlas en cualquier momento. Cuando pierda el control sobre una situación o se sienta inseguro de lo que está haciendo, deténgase un momento y hágase una de estas preguntas. Le ayudarán a no perder de vista sus prioridades.

Al comienzo de cada sección he incluido una cita que invita a la reflexión.

¿Qué haría si supiera que no puedo fallar?

> _Mi valor está muerto de miedo, pero de todos modos ensillo mi caballo._
>
> —John Wayne

El fracaso es el mayor temor de mucha gente. Tanto, que a veces la gente prefiere esquivar un reto que enfrentarlo.

Sin embargo, la noción del fracaso es una construcción mental. El capítulo 5 explica por qué el miedo al fracaso es una fantasía y cómo puede controlar sus fobias. No obstante, la idea de fracasar puede impedirle lograr ser mejor. Una buena forma de superar este temor es imaginar cómo sería la vida si no lo sintiera.

Pregúntese qué haría si supiera que no puede fallar. Esta pregunta le permite tener grandes ilusiones, libres de los limitantes temores al fracaso. Imaginar que supera este tipo de fenómenos adversos le permite seguir sus sueños sin contratiempos y le ayuda a decidir si realmente quiere buscarlos.

No sólo las grandes acciones se benefician de esta pregunta. Tal vez evite defender un argumento en una reunión sólo porque piensa que parecerá estúpido, o se arrepienta de iniciar una conversación con alguien que parece interesante porque le preocupa que piense que es un entrometido. Imagine que hace estas cosas sin la camisa de fuerza del temor al fracaso y comprobará que, después de dar el primer paso, todo es más fácil.

¿En quién me estoy convirtiendo?

> _No es que cambiáramos después de hacernos mayores; simplemente nos volvimos más explícitos._
>
> —Lynn Hall

Quién es usted aquí y en este momento es el resultado de la suma total de sus decisiones hasta la fecha. Todas las células del cuerpo se renuevan con el tiempo y, en términos físicos, usted no es la misma persona que era hace diez años. Emocional y mentalmente cambia, se desarrolla y adquiere habilidades. Hace diez años, ¿se imaginaba como es hoy? Cuando piensa en los próximos diez años, ¿en qué clase de persona cree que se convertirá? ¿Le gustan las tendencias que está desarrollando? Tal vez se vea cansado y con una vida laboral o un hogar inestable.

Siempre tiene la opción de convertirse en alguien diferente, sin importar cuánto tiempo sienta que ha estado a la deriva en un camino que no le gusta. Usted fija la trayectoria de su futuro ser, que es feliz, está satisfecho y goza con las pequeñas decisiones diarias.

¿Qué estoy haciendo bien con relación a mis valores?

Si su éxito no responde a sus convicciones, aunque al resto del mundo le parezca bien, no es éxito.

—Anna Quindler

Sus valores son la esencia de lo que usted es. Cuando vive de acuerdo con sus valores se siente en armonía con el mundo. Hacerse diariamente la pregunta arriba escrita puede evitar que adopte actitudes que lo alejen de sus valores. Por ejemplo, puede hacerse esa pregunta cuando se estén diciendo cosas de alguien en su ausencia, que no se dirían si esa persona estuviera presente. O puede hacerse esa pregunta cuando intente acelerar un proceso de una manera mediocre para cumplir con una fecha de entrega.

Después de haber identificado sus valores (véase el capítulo 6), piense en un símbolo visual que le recuerde esa brújula interior. Puede escoger una foto familiar que le refuerce la importancia del amor o una piedra del bosque.

¿Para qué hago esto?

He llegado a este punto por culpa mía. Es inaceptable hasta dónde he llegado. Por lo tanto, debo dejar de hacer lo que he estado haciendo.

—Alice Koller

¿Cuántas veces termina aceptando un compromiso o tolerando una situación molesta sin oponerse? Tal vez se trate de un trabajo que no lo satisface, una amistad que agota sus energías o una relación que mina su espíritu. El capítulo 17 le ayuda a llevar a cabo cambios trascendentales cuando tiene que dejar de lado algo importante. Pero también es posible que el problema sea algo tan sencillo como un lugar de trabajo desaliñado, un jardín desatendido o una alcoba que necesita pintura. Resolver las cosas sencillas puede tener tanto poder de motivación como las cosas grandes y más retadoras. Y los pequeños pasos para dar prioridad a sus necesidades pueden proporcionarle el valor necesario para continuar. Entonces, ¿dónde están la brocha y la pintura?

¿Qué aporto yo?

Conviértase en el cambio que quiere ver en el mundo.

—Gandhi

Su aportación no tiene que ser evidente después de haberse ido a la tumba. Es lo que usted le da a su mundo ahora mismo. Puede ser educar a sus hijos, apoyar a sus amigos, cuidar de sus familiares ancianos, hacer un trabajo voluntario, conseguir que prospere un negocio, producir una obra de arte o incluso los pequeños actos espontáneos positivos.

Esa contribución toma forma cada día a medida que encuentra maneras de compartir sus energías con los demás.

¿Dónde centro mi atención?

La energía es la esencia de la vida. Todos los días usted decide cómo va a usarla sabiendo lo que quiere y necesita para alcanzar ese objetivo.

—Oprah Winfrey

Si se dedica a lamentar su suerte, no importa cuál sea el motivo, lo más probable es que su suerte sea cada vez peor. Su vida es lo que usted enfoca. Sus hábitos de pensamiento la definen. Si continuamente tiene pensamientos pesimistas sobre los desastres que podrían estar esperándolo a la vuelta de la esquina, se sentirá nervioso todo el tiempo. Visualizar los objetivos de la vida no es solamente una forma placentera de pensar, sino que también ayuda a ejercitar la mente para emprender la acción que le permita alcanzarlos.

El capítulo 8 le ayuda a dirigir su atención hacia los objetivos positivos que lo pueden conducir por el buen camino.

¿Cómo utilizo mis dones?

> *Si tiene un don, úselo de todas las formas posibles. No lo atesore. No sea avaro con él. Gástelo a manos rotas como un intento millonario de irse a la quiebra.*

—Brendan Francis

Usted tiene dones únicos y nadie puede emplearlos como lo hace usted. Por ejemplo, mucha gente es capaz de seguir el ritmo de la música, pero usted tiene el don de alegrar a todo el mundo cuando canta. O puede tener un talento que todavía no ha reconocido. También puede dar por hecho su don natural para escoger la combinación de colores correcta para la remodelación de su casa, o su instinto para crear un cálido ambiente cuando tiene invitados en casa.

¿Cómo está utilizando esos dones para enriquecer su vida y su mundo? No los subestime: la gente se los envidia. Una de las maneras más eficaces de ser feliz es buscar oportunidades de utilizar sus dones y moverse cómodamente en su elemento natural. Así atraerá el éxito con menor esfuerzo y disfrutará mucho más.

Consulte el capítulo 4 aprender a emplear los dones naturales en su beneficio.

¿A qué me sigo aferrando que ya no necesito?

> *El problema no es cómo tener pensamientos nuevos e innovadores, sino cómo eliminar los viejos. La mente es un edificio lleno de muebles viejos. Despeje un rincón y la creatividad lo llenará inmediatamente.*

—Dee Hock

¿Tiene un armario lleno de ropa que nunca usa? ¿Documentos que conserva por si acaso? ¿Revistas y periódicos viejos por si algún día desea desenterrar un artículo? ¿Libros, videos, CD y DVD que compró, pero nunca le gustaron mucho? La limpieza anual cumple una función liberadora porque se desechan trastos que desordenan el espacio físico. Si puede encontrar a quién darle estas cosas, se sentirá feliz. Entonces, también es posible que su espacio mental se abra más ampliamente.

¿Se está aferrando a cosas más significativas que meros cachivaches? ¿A una creencia antigua, un hábito inútil o un patrón de conducta destructivo? A medida que progresa en su jornada de coaching encontrará más fácil dejar de lado las cosas que ya no necesita porque quiere ese espacio para otros compañeros de viaje más placenteros. Consulte los capítulos 16 y 17 para más información sobre este tema.

¿Cuánto tiempo paso con las personas que me inspiran?

El encuentro de dos personalidades es como el contacto entre dos sustancias químicas: si se produce una reacción, las dos sustancias se transforman.

—Carl Jung

La gente con quien pasa más tiempo tiene una fuerte influencia en usted. Si tiene un trabajo desmoralizador, rodeado de personas que se sienten como muertas en vida, no puede evitar absorber parte de esa tristeza y negatividad. Para modificar esto necesita una buena dosis de motivación de la gente que está verdaderamente viva. ¿Quiénes son las personas que más lo motivan? ¿Son amigos, colegas o miembros de la familia? ¿Acude a diversas personas para conseguir inspiración? ¿Sus amigos saben cómo y por qué lo inspiran y cuánto los valora? Prométase mantener y ampliar una red de estrellas que mantenga su fortaleza y motivación.

Si fuera a cambiar un solo aspecto para mejorar, ¿cuál cambiaría?

El deseo crea poder.

—Raymond Holliwell

Tal vez ese aspecto único sea perder peso, dejar de fumar o moderar el consumo de alcohol. O tal vez desee mejorar sus relaciones afectivas, lograr un ascenso en el trabajo o establecer un negocio propio. ¿Qué le ofrecería el máximo beneficio si hubiera un cambio? ¿Qué le impide hacer ese cambio? ¿Qué pequeño paso puede dar hoy para conseguir que esto bueno le suceda?

Identifique lo que quiere cambiar en favor de su bienestar e inspírese leyendo el capítulo 2.

Capítulo 21

Diez acciones diarias que mantienen el equilibrio

Dedicar unos minutos al día a equilibrar el nivel de energía devuelve enormes dividendos frente al pequeño esfuerzo que esto implica. Y hacerlo es la forma más rápida de poner en práctica el coaching. Ensaye las sencillas recomendaciones de este capítulo y notará cómo mejora su vida diaria. La felicidad es un hábito, no un destino.

Tenga una visión clara

Al menos una vez al día dedique unos minutos a revisar la totalidad de sus metas en la vida y hágalo también siempre que se sienta tenso (consulte el capítulo 8 para más información sobre cómo establecer metas y crear esa visión). Está "visualización creativa" es como "soñar despierto". Cuanto mejor se imagine su día perfecto, más se motivará para avanzar hacia él. Con sólo disfrutar del lujo de ver, oír y sentir sus ideales podrá relajarse, poner en la mira sus objetivos y regresar a la lucha cotidiana.

Vea con claridad.

Tome el tónico de la gratitud

Toda emoción fuerte tiene un efecto físico en el cuerpo que dura hasta seis horas. Cuando siente mucha rabia, frustración o ansiedad, los efectos dañinos de esos sentimientos siguen agitando su ser interior mucho tiempo después de que usted los ha superado. Esa indeseable basura puede contribuir al estrés y a la depresión. Los sentimientos buenos, fuertes y positivos también permanecen en el flujo sanguíneo emocional.

Es posible contrarrestar el efecto de las toxinas que aparecen en un día corriente con la sencilla técnica de repasar y valorar las bendiciones que ha recibido en la vida.

Anna Maravelas, escritora y consultora corporativa, describe cómo el hecho de valorar las bendiciones que ha recibido le ayudó a superar la ira incontrolable que una vez la llevó a lanzar una silla por la ventana de un segundo piso:

> *Al repasar de manera consciente las bendiciones que he recibido, dos veces al día, creé en mi cerebro un circuito para la gratitud. Ahora, dondequiera que esté puedo hacer acopio de la energía positiva que hay dentro de mí; no necesito que nadie la active.*

Si usted siente un fuerte dolor físico, se toma un analgésico. Y si desea crear una barrera eficaz contra los efectos del dolor emocional, debe hacer algo parecido: dedique cinco minutos, dos veces al, día a recargarse de emociones positivas que liberen bienestar por todo su sistema. Las primeras horas de la mañana son un magnífico momento para examinar todas las bendiciones que ha recibido en la vida y las cosas por las cuales se siente agradecido, incluso si se trata simplemente del calor del hogar o del suave ronquido de su mascota a los pies de su cama. Adminístrese otra dosis de gratitud hacia la tarde, para que le sirva durante el resto del día.

Piense con atención.

Tenga un gesto de amabilidad

Usted pasa buena parte del tiempo pensando en sus necesidades y propósitos. Si equilibra esos pensamientos con un gesto espontáneo de amabilidad inyectará un factor de bienestar en su vida y podrá ver las cosas en perspectiva. Aquí tiene algunas ideas:

✔ Acompañe a alguien hasta la estación del autobús.

✔ Coloque en bolsas las compras de la persona mayor que está a su lado en la fila del supermercado.

✔ Elogie a quien le presta un servicio.

✔ Envíe una sencilla nota de agradecimiento a su jefe por apoyarlo en una reunión difícil.

✔ Recoja basura de la calle.

✔ Deje una moneda para obras de caridad en una de las cajas que suele haber en los supermercados para ese propósito.

No notará la falta de lo que da, pero percibirá un nuevo ritmo en su paso. Esté alerta a las cosas buenas que recibirá como retribución.

Dé en abundancia.

Empápese de palabras sabias

Las palabras tienen el poder de cambiar mentes y vidas, y muchas palabras sabias lo pueden conducir a una serie de verdades. Reúna citas inspiradoras y téngalas a mano. Podrá absorber su sabiduría cuando se sienta perdido.

Lea con sabiduría.

Alterne acción y reflexión

Aunque esté disfrutando de un excelente momento y vaya a toda velocidad por la vida, debe pasar con regularidad al estado reflexivo para conseguir el equilibrio. Y si dedica el tiempo necesario a reflexionar sobre sus experiencias, podrá tomar mejores decisiones. De igual manera, si ha invertido mucho tiempo reflexionando, teorizando o explorando sus opciones mentalmente, cambie al estado de acción para recuperar el equilibrio.

Asegúrese de no olvidar estas recomendaciones: programe la alarma de su teléfono cada hora para acordarse de cambiar de energía; este pequeño cambio despertará ideas creativas en usted. Le irá mejor si alterna los estados de actividad y de reflexión y le rendirá más el tiempo.

Juegue con la acción y la reacción.

Respire hondo

Respirar profunda y controladamente es como tomarse un fresco vaso de agua el día más cálido del año. La respiración profunda revitaliza y calma de inmediato. Basta con que tome conciencia de sus inhalaciones y exhalaciones durante cinco minutos, en especial cuando esté ansioso, estresado e hiperactivo; eso también le ayudará a tomar conciencia de sí mismo.

Busque un lugar tranquilo y respire profundamente. Piense en sus exhalaciones. Repita mentalmente la palabra "fuera" con cada exhalación. A medida que lo hace, imagine el estrés negativo saliendo de su cuerpo; se sentirá relajado.

Cuando esté agotado, busque ese lugar tranquilo y piense en sus inhalaciones. Repita mentalmente la palabra "dentro" e imagine que le entra energía positiva al cuerpo y lo pone alerta, dejándolo listo para la acción.

Respire con un propósito.

Comparta una sonrisa

La risa es un maravilloso acto de equilibrio e incluso una simple sonrisa puede aliviar tensiones y generar armonía. ¿Se ha dado cuenta de que es casi imposible sonreír a alguien sin obtener una sonrisa como respuesta? Cuando la energía de quienes lo rodeen no sea armoniosa, reestablezca el equilibrio con una radiante sonrisa. Al menos se preguntarán qué lo hace estar de tan buen humor y probablemente respondan de igual modo por cortesía.

Sonría con entusiasmo.

Permítase un capricho

Su agitada rutina se beneficiará con la inyección de un regalo ocasional y espontáneo para usted. Así como establece recompensas asociadas con el progreso de sus objetivos, también puede encontrar o hacer algo cada día que le recuerde que usted se merece un poco de cariñosa atención.

Ese lujo debe ser pequeño pero significativo. Busque un momento que aprecie tanto por la experiencia como por lo que se va a regalar. Aquí tiene algunas ideas:

- ✔ Compre una postal y envíesela.

- ✔ Busque el fruto más jugoso del mercado.

- ✔ Póngase los auriculares y, con los ojos cerrados, escuche su música favorita.

- ✔ Baile con su gato o con su osito de la infancia.

- ✔ Prepare un pastel pequeño sólo para usted.

- ✔ Prémiese con una estrella dorada.

- ✔ Estírese quieto y relajado mirando al cielo.

- ✔ Ponga una flor en un jarrón frente a usted, mientras desayuna.

Pase tiempo con usted.

Estírese

Todas las mañanas haga ejercicios de estiramiento durante 2 a 5 minutos para lograr un efecto positivo en el equilibrio.

Párese erguido y extienda los brazos sobre la cabeza, tratando de alcanzar algo que está muy arriba. Sienta cómo una cuerda; hala su cuerpo desde la parte alta de la columna vertebral. Manténgase en esa posición durante 20 segundos, suelte y repita.

Mientras se estira, sienta cómo se estira y alarga su cuerpo y recuerde todos sus objetivos.

Estírese con energía.

Sea natural

Seguramente algunas fuerzas de la naturaleza lo trasladan a un estado libre de tensiones. Tal vez su conexión con la naturaleza es el olor de la tierra después de la lluvia, los pulmones llenos de aire fresco o la presencia de una planta o una flor. Es posible que le en-

cante caminar descalzo sobre la hierba o que un paisaje le recuerde
unas maravillosas vacaciones o una aventura.

No es necesario abrazar a los árboles para entrar en comunión con
la naturaleza. Pero contemplar un fuerte y sólido roble durante unos
minutos aporta una cierta dosis de perspectiva...

Absorba la belleza del mundo natural.

Capítulo 22

Diez recursos que inspiran

El coaching le ayuda a desarrollar una filosofía particular de vida. Puede crear e innovar, como hacen los novelistas, guionistas, gurús de autoayuda y poetas, pero necesita motivación para hacerlo. A veces los momentos cumbre de inspiración salen de su propia vida y otras veces llegan de libros, películas, poemas y otras fuentes. Cualquier influencia es un recurso válido para el coaching (incluso un *reality show* le sirve para decidir cómo no quiere conducir su vida).

Este capítulo lo guía hacia un cofre lleno de recursos inspiradores que pueden motivarlo a lo largo del proceso.

La vida es como un viaje

Es verdad: la vida es muy generosa con aquellos que buscan su destino.

—Paulo Coelho

El alquimista, el libro de Paulo Coelho, es una fábula sobre Santiago, un joven pastor que busca el tesoro que ha soñado encontrar. Él obedece a su sueño y emprende un largo viaje, recogiendo sabiduría y conocimiento por el camino. De repente llega a su destino y se siente amargamente decepcionado porque no pudo encontrar la esperada riqueza. Pero ése no era el final del viaje y finalmente encuentra su tesoro en el lugar menos esperado.

La determinación de Santiago por hacer lo que sea necesario para encontrar el tesoro y aprender de su experiencia es un gran ejemplo de cómo enfrentarse a la realidad, vivir los sueños y, por último, descubrir que hacer el viaje es también una recompensa.

Céntrese en vivir

El miedo apresa... la esperanza libera.

—*Cadena perpetua*

La película *Cadena perpetua*, ganadora del Oscar, despertó lentamente el interés de los espectadores, y con razón: ¿quién quiere ver una película sobre dos hombres que pasan veinte años juntos en prisión? Pero la película aparece en la lista de películas imprescindibles porque el tema es un edificante elogio a la amistad, la esperanza y el poder del espíritu humano. Además, ofrece una de las mejores demostraciones de la creación consistente y exitosa de metas; al final, ¡la paciencia y el esfuerzo inquebrantables valen la pena!

Vea las cosas como quiere que sean

Piense en lo que quiere, no en lo que teme.

—Brian Mayne

Sam, el genio mágico, la encantadora fábula para niños de todas las edades, escrita por Brian Mayne, lleva a su joven héroe, José, de paseo en una alfombra mágica a través de su propia mente, presentándole las maravillas del Árbol del Yo, el Delfín Fe y el Estanque de la Confianza. Finalmente, Sam anima a José a desafiar a los Dedos del Temor para que alcance su Mar de Potencias. Los mensajes del libro demuestran que la realidad se crea al decidir en qué escogemos pensar y que el amor propio es el punto de partida para lograr el crecimiento personal.

Mate a sus demonios

¿Está listo para ser fuerte?

—*Buffy, la Cazavampiros*

La serie de televisión *Buffy, la cazavampiros,* de Jos Whedon, se ha convertido en un referente obligado. Lleno de vampiros, el espectáculo enseña cómo volverse lo suficientemente poderoso para enfrentar y matar a los propios demonios y para definir el propósito de la vida, aunque todos los demás quieran definirlo de otra forma. La serie es ingeniosa, aguda, algunas veces valerosa y siempre comprometedora. Así que cuando sienta que su mundo se está acabando, inspírese mirando un episodio de *Buffy* y vea cómo un asesino se ocupa de un encuentro apocalíptico con los monstruos de la vida.

Sea creativo

Cuando las cosas cambian y aparece nueva información, ya no es posible resolver los problemas actuales con las soluciones de antes.

—Roger von Oech

El *Whack Pack Creativo*, un juego de mesa diseñado por Roger von Oech, funciona como una baraja de naipes. Cuatro colores representan las cuatro etapas del pensamiento creativo o proceso de toma de decisiones. El azul es para el explorador —la fuente de su idea—, el naranja es para el artista —el creador—, el verde es para el juez —quien lo ayuda a evaluar— y el rojo es para el guerrero —la carta que le ayuda a iniciar la acción. Las cartas contienen historias, citas e ideas relacionadas con diferentes momentos del proceso mental. Usted utiliza las cartas para "golpear" (*whack,* en inglés) con fuerza su forma de pensar y generar nuevas perspectivas escogiendo cuatro cartas al azar, una de cada color, y considerando de qué modo le puede ayudar la información de las cartas a descubrir una alternativa que le permita resolver un problema. Así que cuando su coach se esconda, el *Whack Pack* puede intervenir incitándolo a alcanzar nuevos niveles de pensamiento sobre sus retos (puede comprar la baraja en Amazon).

Mejore sus habilidades como malabarista

Estamos más próximos que nunca a nosotros mismos cuando logramos la seriedad del niño mientras juega.

—Heráclito

¿Quiere llevar una vida más equilibrada? ¡Aprenda malabarismo! ¿No lo cree posible? Lea *Lecciones del arte del malabarismo*, de Michael Gelb y Tony Buzan, y elimine otra creencia limitante. Este libro es útil no sólo si quiere aprender malabarismo, sino también si necesita un agente liberador del estrés. Asimismo, puede ayudarle a mejorar su capacidad de aprender y de usar todo el cerebro en el proceso (consulte el capítulo 15 sobre actividades para el cerebro que pueden hacer que goce más de la vida). Se relajará en el momento en que aprenda a enfocarse en el lanzamiento más que en el agarre y consiga hacer las paces con la idea del "fracaso" (además, ¡recoger las bolas del suelo es fantástico para ejercitar los músculos de piernas y glúteos!).

La poesía crea movimiento

Los poemas nos hacen… más completos, más alertas al mundo, más vivos, más humanos.

—Neil Astley

La poesía ya no está de moda. Hay quienes piensan que los poemas son oscuros, difíciles e irrelevantes. Pero si dedica el tiempo necesario a encontrar la clase de poesía que lo conmueva, descubrirá un magnífico recurso que lo llevará lejos de sus preocupaciones. El hecho de que un poema exija alguna aclaración puede incluso hacerlo más atractivo porque obliga a ejercitar el cerebro. Además, la buena poesía deja huella, aunque no captemos todo su significado de inmediato.

Leer un poema toma menos tiempo que leer una novela, tiene el mismo efecto que la meditación para calmar la mente y puede hacerse en cualquier momento. ¿Ya está casi convencido?

No hay nada como el hogar

Si las aves vuelan sobre el arco iris, ¿por qué no puedo hacerlo yo?

—Dorothy, *El mago de Oz*

En *El mago de Oz*, Dorothy, el Espantapájaros, el Hombre de Hojalata y el León toman el Camino de Baldosas Amarillas para buscar la sabiduría del mago. Descubren que ya tienen el cerebro, el corazón y el coraje necesario, y que Dorothy puede encontrar el camino de regreso a casa en el momento que quiera, con un rápido toque de sus zapatos color rubí. *El mago de Oz*, que hace parte del repertorio de libros clásicos, trata sobre travesías y amistad, concienciación y crecimiento personal.

Su vida es significativa

Todos los finales también son comienzos. Pero no lo sabemos a tiempo.

—Mitch Albom

En el libro *Las cinco personas que te encuentras en el cielo,* Mitch Albom cuenta la historia de Eddie, una persona que muere en un trágico accidente tratando de salvar a una niña. Eddie se despierta en el cielo y se entrevista con cinco personas que conoció en la Tierra, quienes le explican el sentido de sus vidas. A lo largo de la conmovedora historia de su encuentro con las cinco personas, un interrogante queda sin resolver: ¿Eddie salvó a la niña o su último acto en la Tierra fue en vano?

La historia es conmovedora porque subraya que todo lo que se hace tiene un significado y que, por ser auténtico, cumple un propósito.

Permita a su coach interior salir a jugar

Cada persona define qué significa tener éxito.

—Spencer Johnson

De todos los recursos inspiradores que tiene a su disposición, tal vez el más importante sea la voluntad de experimentar el mundo en el momento presente. Así que aprenda de su pasado, centre su atención en sus sueños y luego haga que éstos se vuelvan realidad aquí y ahora. Lea el libro de Spencer Johnson, *El presente,* para encontrar consejo sobre cómo darse el mejor de los regalos —la atención total al presente—, que lo recompense con gozo y éxito en todo lo que haga. A lo largo del día sintonícese con lo que vea, oiga y sienta. Deléitese con la posibilidad de "sólo ser".

Apéndice

Considere su futuro profesional como coach

●●●

*E*l coaching es una profesión fascinante: el trabajo parece un juego con un propósito claro, le da sentido a mi vida y me permite contribuir a establecer una diferencia en la felicidad y el éxito de otras personas; ¡es una sensación maravillosa!

Sin embargo, convertirse en coach profesional no es una actividad para todo el mundo. Tener la posibilidad de llegar a ser coach no significa que exista un mercado fácilmente accesible que solicite estos servicios. El coaching funciona en las empresas y a nivel personal, pero para muchos es todavía un concepto etéreo, un poco esotérico, de manera que necesitará promocionar tanto el trabajo que ofrece como los beneficios de éste. No se embarque a la ligera en este proyecto ya que, además de gustarle mucho la actividad, también ha de estar preparado para llevar la carga de establecer y mantener una empresa exitosa.

La iniciación

Los programas de formación varían ampliamente en rigor y calidad. Los que ofrecen diploma o certificado por lo general brindan una combinación de actividades presenciales y a distancia (véase el capítulo 2). El componente presencial inicial puede durar un día o un fin de semana y en algunos casos puede ser más extenso; por lo general está enfocado a la práctica de habilidades esenciales (comunicación efectiva) y conocimientos (comprensión de los modelos básicos del coaching, los valores y las creencias). El trabajo a distancia implica el desarrollo de materiales que comprueben el aprendizaje adquirido. También se realizan prácticas de coaching con los compañeros de curso, por parejas o por tríos. En la mayoría de los cursos se exige un trabajo final escrito acerca de un aspecto relacionado con el coaching. Es posible que también tenga que presentar un examen oral en el que se evalúe su estilo.

Obtener una certificación o acreditación de cierto prestigio puede tomar entre tres meses y un año, según el curso que escoja y el tiempo que le pueda dedicar.

También puede embarcarse en un programa más académico. En la actualidad, muchos programas de postgrado en las universidades incluyen el coaching y atienden principalmente a los alumnos interesados en esta disciplina en el entorno empresarial. Los programas de postgrado suelen estar enfocados en la comprensión de las teorías que sustentan la actividad del coaching y lo presentan como una parte del desarrollo del recurso humano, junto a aspectos pertinentes de psicología y cultura organizacional. Con frecuencia estos cursos también tienen un poderoso componente práctico. Muchos implican un compromiso de uno a tres años (especialmente si la vinculación es parcial); la carga de trabajo suele ser fuerte en términos de tareas, conferencias y tutoriales.

Cuando inicie su actividad como coach, asegúrese de contar con el apoyo de un formador profesional que le ayude con sus habilidades, experiencia práctica y orientación en el terreno de la ética profesional.

Anuncie sus servicios

Cuando se haya certificado, un formador profesional puede ayudarle a mercadear sus servicios. Con toda seguridad ya habrá establecido relaciones con otros coaches al terminar el curso y, mientras se prepara para iniciar la práctica, se beneficiará de la red de contactos que ha conformado. Si piensa trabajar solo, no subestime la necesidad de tener a su disposición personas afines para compartir experiencias y prestarse apoyo mutuo.

El punto de partida para promocionar sus servicios es estar seguro de que ésta es la profesión apropiada para usted y de que cree ciegamente en el valor del coaching. Si la nueva profesión responde a sus valores (si necesita revisarlos, vuelva al capítulo 6), hará cualquier cosa para dar a conocer lo que ofrece. Siempre encontrará formas naturales de atraer a la clientela apropiada a su estilo si le desagrada la idea de ir a la caza de clientes. El marketing es un trabajo duro y le exigirá dedicación, energía y compromiso, como ocurre con cualquier nuevo negocio.

Muchos coaches personales trabajan desde la casa y realizan la mayor parte de su actividad por teléfono, de manera que los gastos iniciales son muy reducidos. También es posible trabajar por las noches y los fines de semana para conservar la seguridad de un empleo durante el día, hasta que esté listo para comprometerse de tiempo completo. En realidad, la mayoría de los coaches empiezan ofreciendo sesiones de coaching gratuitas para ir fortaleciendo sus habilidades. Será más fácil de lo que imagina atraer a sus primeros clientes por referencias de familiares y amigos.

Decídase

Fiel al sentido del coaching, antes de tomar la decisión de convertirse en coach, hágase las siguientes preguntas:

- ✔ ¿Qué obtendré si me convierto en coach profesional? ¿Qué perderé si tomo este rumbo?

- ✔ ¿Tengo la estabilidad económica necesaria para hacer los cambios de vida que se requieran mientras termino mi formación? ¿Podré estudiar con dedicación parcial y conservar mi empleo, o debo comprometerme de tiempo completo desde el principio? ¿Estoy convencido del valor financiero de lo que ofrezco? ¿Cómo establezco el precio de mis servicios? ¿Cómo voy a anunciarlos?

- ✔ ¿Cuál será el valor de mi negocio? ¿Estoy listo para ser el mejor coach y para llegar a las personas que necesito encontrar?

- ✔ ¿Qué habilidades debo desarrollar para dar lo mejor de mí y ser el mejor coach? ¿Qué entrenamiento es el más apropiado? ¿Qué formación podrá proporcionarme las mejores bases? ¿Un curso presencial corto? ¿Educación a distancia? ¿Formación académica?

- ✔ ¿Estoy listo para administrar mi tiempo y mis recursos? ¿Cómo voy a mantenerme motivado y a conservar el enfoque apropiado? ¿Quiero trabajar con otros coaches que puedan apoyarme?

- ✔ ¿Me voy a especializar en un área específica?

Busque consejo y asesoría en todos los campos, investigue a fondo y hágase preguntas poderosas para asegurarse de que usted realmente quiere ser coach. No es posible asumir el compromiso a medias: este trabajo es demasiado importante para usted y para las personas en las que influirá. Si de todas maneras decide convertirse en coach, ¡felicidades y bienvenido a una profesión que le cambiará la vida!

Índice